U0448145

河出图处（作者　拍摄）

洛出书处（作者　拍摄）

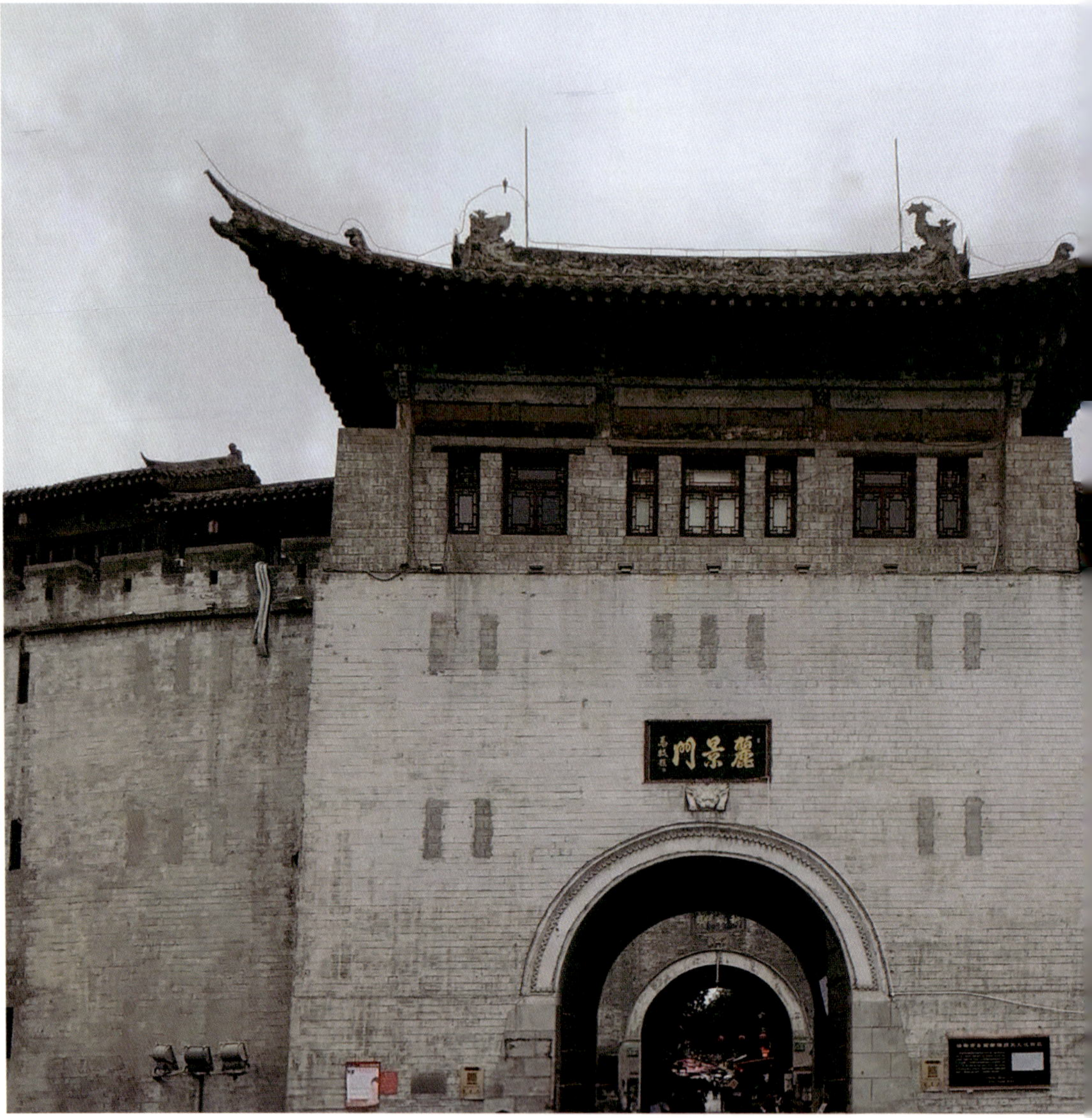
麗景門

洛阳老城丽景门及门前的石狮子（杨艳丽　拍摄）

周公是按照都城的建制来规划洛邑的。人们为了纪念周公，建造了周公庙。（作者　拍摄）

伊川的山水（作者　拍摄）

汉魏洛阳城遗址（作者 拍摄）

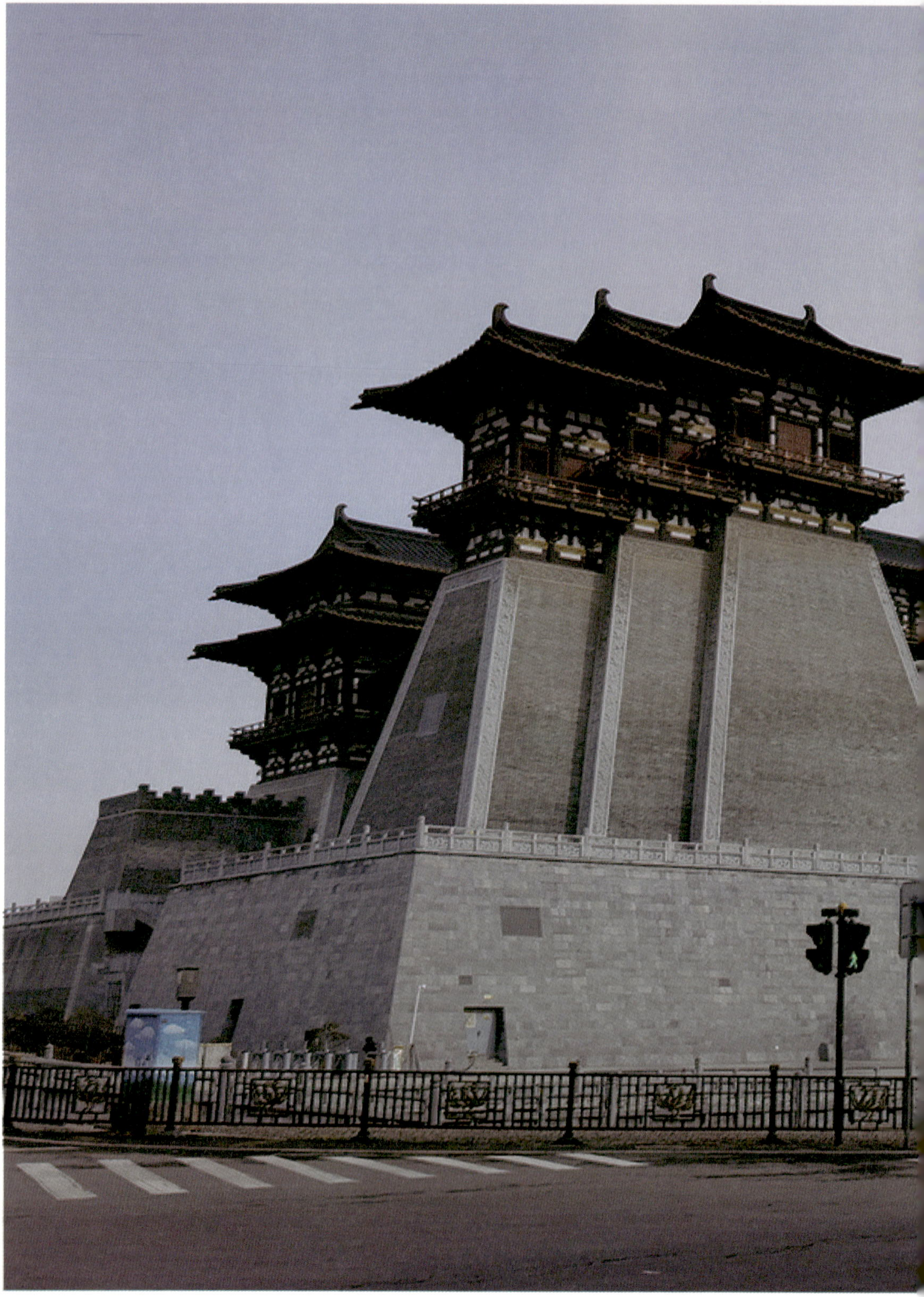

重建的应天门（作者 拍摄）

复建的明堂(作者 拍摄)

复建的天堂(作者 拍摄)

龙门石窟的卢舍那大佛（作者 拍摄）

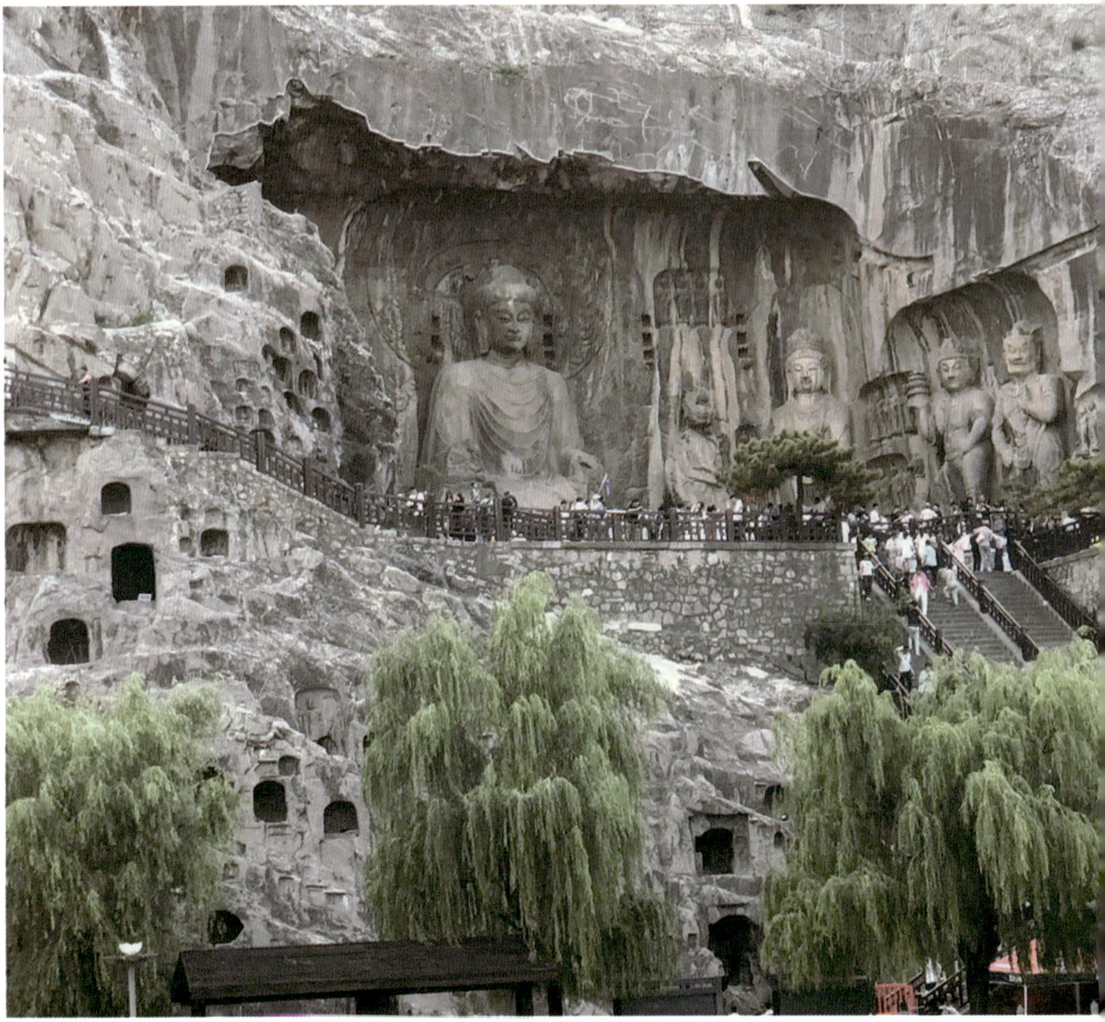

伊阙关（今龙门），在洛阳城西南（作者 拍摄）

白马寺及门前守护的白马（作者 拍摄）

老君山山顶，相传老子归隐修炼于此（作者　拍摄）

洛陽十字街

洛阳老城（作者　拍摄）

洛阳牡丹阁（作者　拍摄）

洛阳牡丹甲天下，花开时节动京城（唐·刘禹锡诗，作者　拍摄）

洛阳
天下之中

曹胜高 著

华文出版社

图书在版编目（CIP）数据

洛阳：天下之中 / 曹胜高著. — 北京：华文出版社，2025.3. --（城市里的中国）. -- ISBN 978-7-5075-6036-7

Ⅰ. K296.13

中国国家版本馆CIP数据核字第20250H1C16号

洛阳：天下之中

作　　者：曹胜高
策划编辑：杨艳丽
责任编辑：杨艳丽
助理编辑：朱晓奕
出版发行：华文出版社
地　　址：北京市西城区广安门外大街305号8区2号楼
邮政编码：100055
网　　址：http://www.hwcbs.cn
电　　话：总编室 010-58336210　编辑部 010-58336191
　　　　　发行部 010-58336267　010-58336202
经　　销：新华书店
印　　刷：北京新华印刷有限公司
开　　本：710mm×1000mm　1/16
印　　张：23.75
彩　　插：16
字　　数：380千字
版　　次：2025年3月第1版
印　　次：2025年3月第1次印刷
标准书号：ISBN 978-7-5075-6036-7
定　　价：98.00元

版权所有，侵权必究

目录

序　洛阳，我们共同的故乡◇◇1

一、最早的中国……………………………………………3
二、时间里的洛阳…………………………………………9
三、洛阳的山川地理形势………………………………17
四、洛阳的文明意义……………………………………24

第一章　河图洛书的真相◇◇31

一、最早的河图…………………………………………34
二、河图洛书作为祥瑞…………………………………40
三、汉儒眼中的河图……………………………………47
四、汉代的洛书…………………………………………53
五、宋儒制作的《河图》《洛书》……………………63

第二章　最早的中国◇◇71

一、早期文明汇河洛……………………………………73
二、早期秩序的形成……………………………………80
三、有夏之居在斟寻……………………………………86
四、太康造酒的纶国……………………………………92
五、西亳的文明史贡献…………………………………96

第三章　礼乐文明的形成 ◇◇ 103

一、殷商灭亡的缘由 … 105
二、周公如何摄政 … 112
三、周公怎么营洛 … 118
四、周公为何制礼 … 124
五、周公如何作乐 … 127
六、洛阳的天下之中 … 133

第四章　民族融合在洛阳 ◇◇ 141

一、"披发伊川"的典故 … 144
二、披发之叹为哪般 … 146
三、十六国的华化 … 151
四、中华制度的延续 … 154
五、北魏华化的进程 … 156
六、洛阳的南北交融 … 161
七、民族认同的形成 … 164

第五章　崤函帝京的建制 ◇◇ 169

一、东汉的迁都之争 … 171
二、熹平石经的刊刻 … 177
三、魏晋玄学的突破 … 185
四、客家始迁第一站 … 189
五、北魏的制度开创 … 193

第六章　东方神都的确立 ◇◇ 199

一、老子在洛阳 … 202
二、孔子问道于老子 … 207
三、佛教祖庭白马寺 … 214
四、武则天在洛阳 … 221

第七章　东都洛阳的流光 ◇◇ 227

一、唐代的分司东都 … 229
二、岑夫子隐居九皋 … 236
三、"洛下唱和"的风流 … 241
四、三乡题诗的风采 … 249

第八章 西京洛阳的溢彩◇◇261

一、西京留守的设置 …………………………………………… 263
二、伊川山水洛阳花 …………………………………………… 269
三、程朱理学的形成 …………………………………………… 273
四、《资治通鉴》的创作 ………………………………………… 282

第九章 洛阳才子◇◇289

一、伊尹如何兴商 ……………………………………………… 291
二、贾谊的悲剧根源 …………………………………………… 297
三、盐铁专卖的桑弘羊 ………………………………………… 303
四、唐玄奘的取经译经 ………………………………………… 308
五、李贺歌诗的风物 …………………………………………… 313
六、王铎的书法意义 …………………………………………… 321

第十章 风俗之美◇◇331

一、东汉的礼乐教化 …………………………………………… 333
二、牡丹花会的形成 …………………………………………… 338
三、葬于北邙的传统 …………………………………………… 348
四、洛阳羹汤的由来 …………………………………………… 356

余　论◇◇362

参考文献◇◇365

后　记◇◇370

序

洛阳，我们共同的故乡

一万年前，最早的洛阳人在黄河、洛河和伊河交汇的区域聚集。仰韶文化开始汇聚、形成、传播开来，河图洛书开始形成。人类能在大脑之外储存信息，文明的火种迅速被点燃。

五千年前，黄河和洛河交汇处形成了河洛古国，早期文明终于开花结果，很多学者认为这是黄帝时期修筑的城池。先进的城池、精美的陶器，显示出仰韶文化日渐壮大，文明程度开始加深。中华文明从此开枝散叶，影响周边。

四千年前，夏、商、周依次在河洛地区的二里头、西亳和斟鄩（或作斟鄂）建立都城。它们是三代的文化中心，也是中华文明的集散地。中华文明的火种四方星散，洛阳成为天下之中。在早期中国，哪个部族掌握了先进生产力，就有力量征服或者兼并其他部族，建立新的王朝。

夏崛起于水土治理，商使用区田生产，周更重视人文理性。中华文明就这样选择了最先进的文化类型，让二里头文化替代了龙山文化，让二里岗文化替代了二里头文化，也让周文化替代了商文化，成为中华文明的主流。理解中华文明如何形成，如何吐故纳新，只要到洛阳看看考古学上的灰层，就能知道一代有一代的文化，有细节的异同。文明是穿越灰层后才能体悟得到的革故鼎新。

两千年前，西晋在洛阳修建了中华东门和中华西门。那时人们就用"中华"指代洛阳。西晋变乱后,第一批中原人从都城洛阳的铜锣大街出发,踏上漫漫的南迁之旅。他们一步一个脚印地走到信阳、南阳,跨过淮河,走过长江,走向珠江,走向全世界。走到哪里,便定居在哪里,用洛阳和洛阳的地名命名哪里。至今江西、福建、广东乃至日本等地都有"洛阳""洛下"的命名,这是迁徙的洛阳人放不下的文化记忆。

塑造着中华文明基本格局的夏、商、周,在洛阳生根发芽,根柢槃深,枝叶繁茂。西晋有"中华"东门和西门,南北朝所称呼的"中华",主要指洛阳,进而指代西晋所统治的土地和人民。"中华"从这里起源,经历了隋唐的迭代,成为我们共同的身份称呼。

一部中国史,半部在洛阳。理解洛阳,就理解中华文明如何守正出新,正在哪里,新在何方。

洛阳,现在被称为"十三朝古都",是我国建都最早、时间最长、历经朝代最多的历史文化名城。这里曾是夏、商、西周、东周、东汉、曹魏、西晋、北魏、隋、唐、后梁、后唐、后晋的都城。洛阳曾经是全国的交通、政治和文化中心,人称"天下之中"。它经历过无尽的繁华,也经历了无数次的沧桑。

洛阳还做过西汉、新莽、后赵、隋、唐、北周、北宋、金的陪都,延续了京都的无尽荣光。无数文人墨客心存梦想,到这里寻觅机会,畅想人生的发展。唐、宋常有退休高官和候补官员在此唱和,留下一段段洛下唱和、西京雅集的浅斟低吟。

中华文明选择了洛阳,洛阳没有辜负中华文明的缔造。在洛阳,文明深处的一段段紫陌红尘得以呈现,许多耳熟能详的故事得以形成,一部部人生传奇得以书写。洛阳的历史文化,足以写作一本本故事,让我们知道文明从哪里来,该到哪里去。

理解洛阳,就理解了中华文明如何创造、怎么更新,也就理解了中华文明曾经的选择和未来的走向。

一、最早的中国

最早的"中国"在哪里？为什么"华夏"被称为"中华"？

这要从洛阳的历史和位置说起。

在早期文献中，《尚书·禹贡》载洛阳属豫州，其中提到"伊、雒、瀍、涧既入河"。伊、雒、瀍、涧四水贯穿洛阳地区，至今仍在流淌。洛河之北、邙山之南属于阳，这座城池位于洛河之北，邙山之南，故名洛阳。

现在一些《尚书》本子中仍写"洛阳"为"雒阳"，说明《尚书》是在洛阳写定、流传。西晋张华所撰的《博物志·地理考》中记载："旧洛阳字作水边各，火行也，忌水，故去水而加隹。又魏行次为土，水得土而流，土得水而柔，故复去隹加水，变雒为洛焉。"

东汉用火德，相信天下一切都是火的"炎上"属性所带来气运，并影响着王朝气数。洛、汉皆"水"字旁，五行属水，太过湿寒，不利东汉对应的火德，故改"洛"为"雒"。

曹魏用土德，土得水而润，将"雒"重新改回"洛"。东汉通用"雒阳"，经东汉写定的前代文献也保留有"雒阳"。《尚书》就保留有"雒阳"，表明流传下来的这个本子是经过东汉人写定的。"雒阳"只是东汉的写法，其余的时间皆写作"洛阳"。

我们读古书时，知道了"雒"是"洛"的异体字，就不会心生疑惑了。

洛河是黄河流域的交通要道："厥贡漆、枲、绨、纻，厥篚纤纩，锡贡磬错。浮于洛，达于河。"[1]洛阳被视为天下贸易的中心。伪托孔安国作注的《尚书传》说："伊出陆浑山，洛出上洛

---

[1]〔西汉〕孔安国传，〔唐〕孔颖达疏：《尚书正义》卷六《禹贡》，北京：北京大学出版社，1999年，第152—153页。

山,涧出渑池山,瀍出河南北山,四水合流而入河。"虽然此说起于西晋,将洛河、伊河、涧河、瀍河四水交汇的区域视为洛阳,却是夏、商、周、秦、汉形成的历史共识。

西周初年,周武王描述的洛阳地理空间,比《尚书》以水界定的区域要清晰一些。《逸周书·度邑解》中说:

> 自洛汭延伊汭,居阳无固,其有夏之居。我南望过三途,北望过有岳,鄙顾瞻过河宛,瞻于伊洛。无远天室,其日兹曰度邑。

周武王决心在洛河和伊河交汇的区域建都。《史记·周本纪》延续了同样的说法。汭是河流汇合的地方。洛汭是洛河入黄河处,伊汭是伊河入洛河处。伊河、洛河、黄河交汇的河洛地区,韩、秦称之为三川,曾设三川郡来管理三河交汇的区域。《史记·封禅书》也说:"昔三代之居,皆在河洛之间。"即是说夏、商、周皆曾定都在河洛地区。

周武王划定了中国的具体范围:南望有三涂山,北望有太行山,大致区域在黄河之南,伊河、洛河北岸。天室为太室山,据《左传·昭公四年》载,晋国司马侯曾言:"四岳、三涂、阳城、大室、荆山、中南,九州之险也,是不一姓。"西晋的杜预注"三涂",说:"在河南陆浑县南。"[①]他认为三涂是在洛阳嵩县以南的崇山峻岭,是实指。东汉经学家服虔却说:"三涂,山名,大行、轘辕、崤渑也。"[②]他认为是洛阳周边四通八达的山,乃虚指。

孔颖达正义引用《左传·昭公十七年》所载,晋国出征时,为求吉利,先祭祀所征伐的洛河与三涂。孔颖达说:"三涂是山,

[①]〔西晋〕杜预注,〔唐〕孔颖达正义:《春秋左传正义》卷四十二《昭公四年》,北京:北京大学出版社,1999年,第1191—1193页。

[②]〔西晋〕杜预注,〔唐〕孔颖达正义:《春秋左传正义》卷四十二《昭公四年》,北京:北京大学出版社,1999年,第1192页。

非三道也。"① 可见三涂为现实的山,而非服虔所谓的三道。他认为三涂是古名,当为现今嵩县西南的横贯熊耳山、外方山的山系,特指现在嵩县南边具体的崇山峻岭。

狭义的洛阳,作为可见的都邑,是位于伊河、洛河交汇处的城池。现在东周主城遗址、汉魏古城遗址、隋唐洛阳城遗址被长期视为洛阳,那时是全国的政治、文化中心。广义的洛阳,作为区域,其北到太行山,南到三涂山,东到天室山,西到函谷关。

洛阳城的大规模营建,是在夏、商时期。至今到二里头都城遗址,仍能看到完整的城市布局。城市已经有了分区设计,有了中轴线布局和城垣,也有象征着等级的青松石立成的龙形图案,还有祭天的牙璋和玉璧,都呈现出王朝的气象,有的考古学者主张将之定名为夏都。②

文明的形成,从来不是一蹴而就,而是渐次积累。周武王所说的"有夏之居",强调河洛地区曾是夏人所居之所。东晋的徐广说:"夏居河南,初在阳城,后居阳翟。"③他认为,夏朝最先定都登封阳城。司马贞则说:"言自洛汭及伊汭,其地平易无险固,是有夏之旧居。"④认为周武王所说的"有夏之居"实际是夏朝的都城,那时有大批夏人居住于此。但张守节说:"《括地志》云:'自禹至太康与唐、虞皆不易都城。'然则居阳城为禹避商均时,非都之也。"⑤阳城只是夏启之前夏族的聚居之所,不是都城。

夏人是来回迁徙的,从大禹时聚居的阳城迁到了洛阳,营建

---

① 〔西晋〕杜预注,〔唐〕孔颖达正义:《春秋左传正义》卷四十二《昭公四年》,北京:北京大学出版社,1999年,第1192页。
② 参见许宏《最早的中国》,北京:科学出版社,2009年。
③ 〔西汉〕司马迁撰,〔南朝宋〕裴骃集解,〔唐〕司马贞索隐,〔唐〕张守节正义:《史记》卷四《周本纪》,北京:中华书局,2014年,第167页。
④ 〔西汉〕司马迁撰,〔南朝宋〕裴骃集解,〔唐〕司马贞索隐,〔唐〕张守节正义:《史记》卷四《周本纪》,北京:中华书局,2014年,第167页。
⑤ 〔西汉〕司马迁撰,〔南朝宋〕裴骃集解,〔唐〕司马贞索隐,〔唐〕张守节正义:《史记》卷四《周本纪》,北京:中华书局,2014年,第167页。

了新的都城，作为聚居之地。《帝王世纪》曾说："禹封夏伯，今河南阳翟是。"①据此观点，阳城是大禹未即位之前的居所，不是夏启即位之后建立的城池。《汲冢古文》直接说："太康居斟寻，羿亦居之，桀又居之。"②据此观点，夏初太康时期作为都城的城斟寻在这里，太康之后就没再变化。《括地志》直接确定："故鄩城在洛州巩县西南五十八里也。"③据此观点，鄩城在巩义西南的二里头附近。

历史学家讲历史，看重的是文献记载，有一条记载说一句话。考古学者重实物，按图索骥，有一份证据说一次话。有夏之居被界定在河洛地区，但具体位置到底在哪里？夏朝是否形成大的都城，若有，其究竟如何？在历史学家的叙述中，有虞、夏、商、周都有完整的国家治理制度，建成了王权、祭祀、军事、监狱、警察及四代区别明显的制度。但考古学者讲究眼见为实，需要一一印证文献的记载，才能最终断定。

二里头遗址的发掘经历了很长时间，现在那里已经建起了二里头夏都遗址博物馆。

那里是否为夏都，考古界还有争论，主要是因为没有文字作为直接证据。假设哪天再出土一个更大规模的遗址呢？况且，现在的二里头遗址出土的文物只有零散的符号刻画，尚没有明确表明这就是斟寻。按照考古学界通常的法则，既然尚无文字能够直接证明二里头遗址就是夏都，那就让怀疑者拭目以待地存疑吧。未来或许夏都在哪里将水落石出，现在的二里头遗址只是二里头遗址。我们这个时代的人，只能做这个时代的界定。

---

① 〔西汉〕司马迁撰，〔南朝宋〕裴骃集解，〔唐〕司马贞索隐，〔唐〕张守节正义：《史记》卷四《周本纪》，北京：中华书局，2014年，第167页。
② 〔西汉〕司马迁撰，〔南朝宋〕裴骃集解，〔唐〕司马贞索隐，〔唐〕张守节正义：《史记》卷四《周本纪》，北京：中华书局，2014年，第167页。
③ 〔西汉〕司马迁撰，〔南朝宋〕裴骃集解，〔唐〕司马贞索隐，〔唐〕张守节正义：《史记》卷四《周本纪》，北京：中华书局，2014年，第167页。

两千年前，司马迁没有见过夏都，我们也无法进入两千年之后的未来去看夏都遗址。二里头遗址与夏都的关系，还需要更长的时间来考证。就像现在洛河入黄河处发现的"河洛古国"，是不是黄帝的都城，还需要讨论。或许在未来还有更大更多的考古发现，证明仰韶文化可以塑造出更辉煌的城池。

一代学者有一代学者的使命，考古有时需要不断修正成说，才能够发展。有时候我们太重视文献的记载，迫不及待地把某处考古发现确定为文献记载的某地，后来，新的考古发现才证明其更接近某地。我们的睿智，就是把我们所处的时代知道的一切保存下来，让这个时代更加活色生香。未来的事，交给未来的学者去做，或许他们会有新的结论。

但可以确定的是，周公营洛就是洛阳的王城和成周。王城是周王居住的地方，富丽堂皇，在瀍河以西。成周在现在汉魏故城一带，主要是迁来的殷商遗民居住地，更像烟火气十足的居民区。

当时，洛阳是镐京的门户，是西周管控山东诸侯的枢纽。山东诸侯是指崤山以东的诸侯。西周的军队是战车和步兵混同作战，洛阳西边的崤山和函谷关是天然的屏障。洛阳以东是一望无际的原野，相对镐京的山河相依，洛阳基本无险可守。

后世学者将洛阳称为周地："周地，柳、七星、张之分野也。今之河南雒阳、榖成、平阴、偃师、巩、缑氏，是其分也。"[1]西周王室直接统辖王畿地区，即洛阳和镐京之间的土地，畿地有千里之说。

东周时的王畿，只剩下西到三门峡，东到嵩山，北到焦作，南到许昌以北的区域，后来这里被称为"周地"。武则天在洛阳建立的大周，就是以"周"为号。

---

[1]〔东汉〕班固撰，〔唐〕颜师古注：《汉书》卷二十八下《地理志下》，北京：中华书局，1962年，第1650页。

谷城在现在的新安东部。汉高帝二年（前205年），新安东境为谷城县，新安原属于弘农郡。平阴在孟津县东，主要指现在黄河以北的焦作南部。它们在东周被周王一点点赐给了晋国，慢慢地，周王统辖的只有黄河以南的区域，西汉称之为河南。偃师仍在洛阳区域内；巩为巩县，现在的巩义市，历史上一直属洛阳管辖，1949年划出洛阳。缑氏在嵩山北麓，因境内有缑氏山而得名，北宋熙宁八年（1075年）废县为镇，属偃师县。

这是西周时王畿洛邑的大致范围。班固认为：

> 昔周公营雒邑，以为在于土中，诸侯蕃屏四方，故立京师。至幽王淫褒姒，以灭宗周，子平王东居雒邑。其后五伯更帅诸侯以尊周室，故周于三代最为长久。八百余年至于赧王，乃为秦所兼。初雒邑与宗周通封畿，东西长而南北短，短长相覆为千里。至襄王以河内赐晋文公，又为诸侯所侵，故其分堕小。①

西周时洛邑与镐京，皆为王畿。周公、召公分陕而治，分别治理陕州以东和以西的王畿地区。班固提到周襄王赐河内之地给晋文公，是指僖公二十五年（前635年）晋文公朝王，周襄王赐以阳樊、温、原、州、陉、䌹、组、欑茅之田，将黄河以北、太行山以南的土地赐给了晋国管辖。

《诗经·王风·扬之水》说，周王曾派士卒戍许、申、甫。申为西周所立申国，在现在的南阳；甫为甫田，在现在的中牟；许为许国，在现在的许昌。春秋时三地与北上的楚国接壤，分别是东周王畿的南境、东南境、东境。《诗经·小雅·车攻》记载，西周时周宣王大会诸侯，在敖举行军事演习。杜预注："荥阳京

---

① 〔东汉〕班固撰，〔唐〕颜师古注：《汉书》卷二十八下《地理志下》，北京：中华书局，1962年，第1650页。

县东北有管城,敖、鄩二山在荥阳县西北。"①现在该地在郑州境内,说明西周的王畿东达荥阳。

西周时洛阳地域最为广阔,北至黄河之北的温地,西至灵宝的函谷关,南至南阳盆地,东至郑州以东。经过春秋诸侯的蚕食、战国诸雄的吞并,至周赧王时,王畿只剩下王城和成周。中间的大片沃野,被称为"郊"。

从历史上看,洛阳有三个身份:一是作为都城的洛邑,统辖着王朝的全部疆域。二是作为城市的洛阳,管辖着城内的百姓。三是作为郡治或府治的洛阳,管辖着王朝划定的周边区域。

洛阳就在这三个身份之间,变换着自己的角色。历代看到的洛阳是不一样的。有的看到了王朝的兴衰,有的读懂了历史的沧桑,有的品味了都城的轮回。

夏、商、周时期的"中国"指代的是以洛阳为中心的王畿地区,还包括采用王朝礼仪的地区。这些地区被称为"华夏",孔颖达说:"中国有礼仪之大,故称夏;有服章之美,谓之华。华、夏一也。"②"华夏"就是采用中国风俗习惯的地区。这个地区从夏到商再到周,渐次扩大,"中国"的范围也就越来越大。

二、时间里的洛阳

秦汉时,洛阳为郡治之所。庄襄王元年(前249年),秦灭东周,取成皋、荥阳,置三川郡管理河、洛、伊三川流经区域。郡治在洛阳,辖区为黄河以南,灵宝以东,及汝河上游地区。

汉高帝二年(前205年)设河南郡,郡治在洛阳成周,就是现在的汉魏洛阳故城一带。洛阳下辖洛阳、荥阳、偃师、京、平

---

① 〔西晋〕杜预注,〔唐〕孔颖达正义:《春秋左传正义》卷二十三《宣公十二年》,北京:北京大学出版社,1999年,第643页。

② 〔西晋〕杜预注,〔唐〕孔颖达正义:《春秋左传正义》卷五十六《定公十年》,北京:北京大学出版社,1999年,第1587页。

阴、中牟等二十二县。以洛阳为郡治的河南郡，管辖着今洛阳、焦作、郑州、开封的大部分区域。

东汉定都洛阳，设洛阳尹专门管理京师洛阳。汉灵帝中平元年（184年），河南尹何进出任大将军，为守护洛阳，设函谷、伊阙、广成、大谷、辘辕、旋门、孟津、小平津八关，置八关都尉

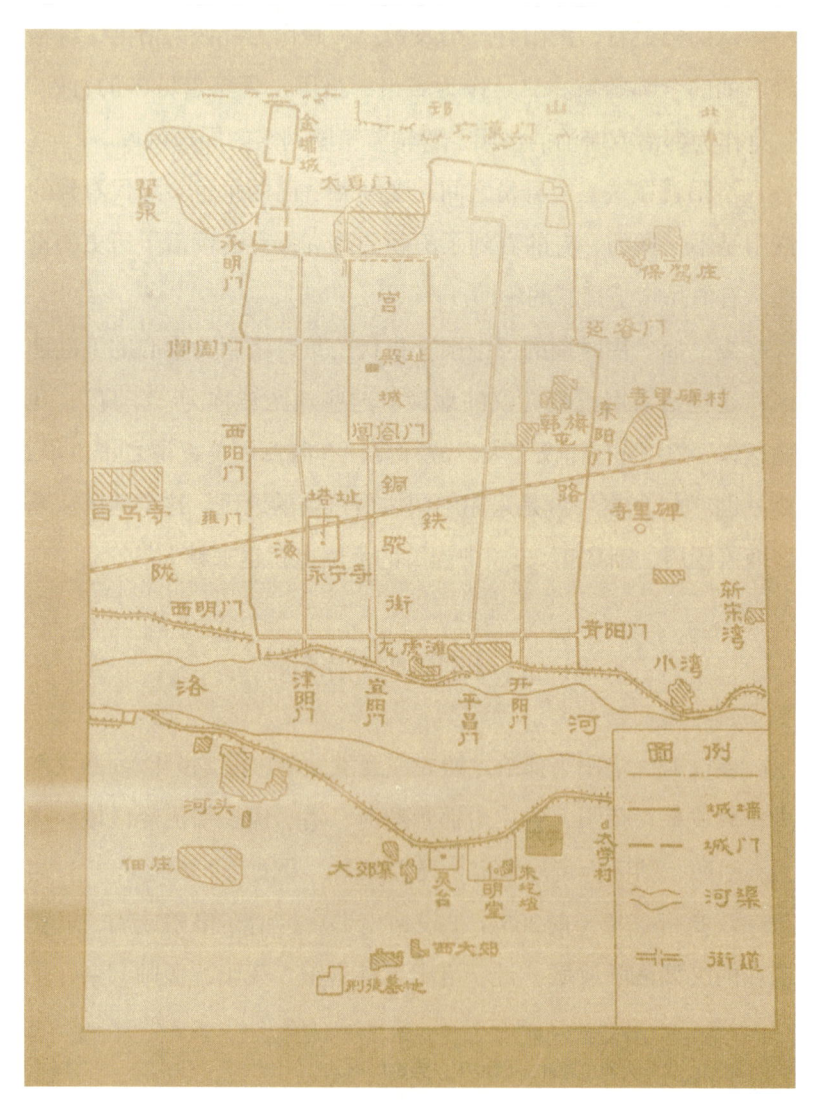

◇◇汉魏洛阳城图（作者 拍摄）

统领，八关之内为京师之地。

函谷关在洛阳之西，因其深险如函而得名。周初设为关隘，后为秦所据，又称秦关。周秦常以函谷关为界，西为关中，称为秦地。

老子出函谷关，是离开东周，入秦。有人说他到了楼观台，有人说他到了华山，还有人说他到了老君山。这些都是后起的传说，司马迁承认，他也弄不清楚老子是谁，去了哪里。

西汉封功臣为关内侯，既尊且贵，楼船将军杨仆被派到关东监督。他觉得自己不是关内侯，感到郁闷。于是上疏汉武帝，建议将函谷关从现在的灵宝东移至现在的新安县。这样做可以扩大关中面积，封更多的关内侯。汉武帝欣然同意，朝臣皆大欢喜。

从此，中国历史上就有了两个函谷关：一是位于今灵宝市西北15千米处王垛村的周函谷关；二是位于洛阳新安县城以东东关村的汉函谷关。东汉以新安函谷关为八关之首，其最为雄奇，位置也最为重要，是阻隔周、秦的雄关。

伊阙关（今龙门）在洛阳城西南，是熊耳山与万安山余脉夹峙的阙口。两岸香山（东山）、龙门山（西山）对峙，伊水穿流其中，望之若阙，故名伊阙。隋炀帝定都洛阳，因皇宫大门正对伊阙，因此得名"龙门"。这是周楚古道必经之路的关口。过了伊阙，或到了洛阳，或出了洛阳。李白、杜甫、欧阳修都曾在伊阙内外留下足迹，写下人生感悟。白居易居住在伊阙东侧的香山上，号称"香山居士"，时常望着对面的龙门，写下许多人生体验。

广成关在洛阳之南。东汉在广成泽畔设广成苑，位于今汝州市临汝镇至温泉一带。这里是东汉时校猎之所，湖光山色，恍若仙境。刘秀封邓禹为梁侯，令其守广成关。广成关在广成苑南，控扼汝州、颍川，控制着洛阳通往淮河地区的通道。

大谷关在洛阳东南，又名通谷。遗址位于嵩山与万安山之间

◇◇伊河如一条碧绿的绸带,轻轻绕过龙门山,将山体一分为二,形成了天然的"门阙",这便是"龙门"(杨艳丽 拍摄)

的偃师区水泉村,是通往许昌、周口、南阳的要道。出入洛阳需要翻山越岭才能通过,这里的山川是天然屏障。

辕辕关位于偃师东南,道路形若辕而又辕曲,既去复还,故名。辕辕有十二曲。《管子·地图》言:"凡兵主者,必先审知地图。辕辕之险,滥车之水,……必尽知之。"辕辕作为险关,是洛阳倚仗山区的交通天堑形成的自然门户。

旋门关在洛阳之东,为警戒东方的哨卡。旋门关遗址在今荥阳汜水西南十里铺一带,洛阳以东为成皋平原,一马平川,无险可守。

孟津关在洛阳北,又称河阳关。相传,周武王伐纣前,曾与诸侯会盟于此,故此地又称盟津,是倚仗黄河天堑而成的关口。最近的大渡口是孟津。

小平津关也是黄河上的津渡,位于今孟津花园村西。地位次于孟津关，故名。二关都是以河津为关，没有船只，只能望洋兴叹，是以为津。

八关之内的区域，是东汉洛阳统辖的地域，曹魏、西晋时仍为洛阳直接管辖。陆机在《洛阳记》中将之概括为："汉洛阳四关，东成皋关，南伊阙关，西函谷关，北孟津关。"成皋在汜水镇西北。汜水以西，伊阙以北，新安函谷关以东，孟津以南，构成了魏晋时都城洛阳的范围。

洛阳置尉，负责管理城内："五部、三市。东西七里，南北九里。东有建春、东阳、清明三门，南有开阳、平昌、宣阳、建阳四门，西有广阳、西明、闾阖三门，北有大夏、广莫二门。司隶校尉、河南尹及百官列城内也。"①

洛阳又是河南的郡治，当时河南郡所辖区域为巩义、荥阳、新安、偃师、登封、伊川、嵩县、临汝、禹州等地，由河南郡太守管辖。

西晋在洛阳宫城设东、西中华门。东中华门是举行大典时皇帝进入的正门，后来以"中华"称呼皇城。"八王之乱"时司马弘就说："今边陲无备豫之储，中华有杼轴之困。"②历史上说的"五胡入华"，最初指的是五个少数民族进入中华门，后来就理解为他们进入洛阳所在的中华地区。其实，东晋那时还有大片的国土没被他们涉足。

永和三年（347年），东晋桓温在《荐谯元彦表》中说"中华有顾瞻之哀，幽谷无迁乔之望"，用"中华"指代洛阳。陶侃年轻时府望不显，"中华人士耻为掾属"③，这些中华人士就是曾居于

---

① 〔唐〕房玄龄等撰：《晋书》卷十四《地理志》，北京：中华书局，1974年，第415页。
② 〔北宋〕司马光编著，〔元〕胡三省音注：《资治通鉴》卷八十六《孝惠皇帝》，北京：中华书局，1956年，第2712页。
③ 〔唐〕房玄龄等撰：《晋书》卷六十六《陶侃传》，北京：中华书局，1974年，第1768页。

洛阳的东晋贵族，也就是第一批客家人。

东晋宫城立东西中华门，南朝宋、齐、梁继承其制，隋继续设置中华门，唐设中华殿，"中华"用来指代国家直接管辖的地区。李世民在《临层台赋》中说："加以长城亘地，绝脉遐荒，叠甓峙汉，层檐映廊，反是中华之弊，翻资北狄之强。""中华"多用来指代接受中华文明的地区。

太和十九年（495年），北魏孝文帝迁都洛阳。他在汉魏洛阳城的遗址上扩大改造洛阳城，并修筑大量佛寺："京师东西二十里，南北十五里，户十万九千余。庙社宫室府曹以外，方三百步为一里，里开四门，门置里正二人，吏四人，门士八人，合有二百二十里。寺有一千三百六十七所。"[①]《洛阳伽蓝记》描写了北魏洛阳城的佛寺盛状。

隋初以洛阳为河南道。仁寿四年（604年），隋炀帝命杨素在东周王城以东、汉魏故城以西十八里处新建洛阳城，史称隋唐洛阳城。大业二年（606年）建成的洛阳城北据邙山，南面伊阙。隋炀帝改东京为东都，称伊阙为龙门，后在洛阳设洛州。

洛阳名字虽然换来换去，所辖区域却不变：有河南、洛阳、偃师、缑氏、阌乡、桃林、陕、熊耳、渑池、新安、巩、宜阳、寿安、陆浑、伊阙、兴泰、嵩阳、阳城等十八县。古代洛阳统辖今洛阳、三门峡、郑州西部的区域，即广义的东都洛阳。

唐武德四年（621年），在洛阳置总管府，辖洛州、郑州、熊州、穀州、嵩州、管州、伊州、汝州、鲁州等九州。其中，洛州辖洛阳、河南、偃师、缑氏、巩、阳城、嵩阳、陆浑、伊阙九县。随即将洛州改为陕东道大行台，李世民担任大行台尚书令，直接控制着通往长安的门户。显庆二年（657年）唐高宗置东都，

[①]〔北魏〕杨衒之撰，周祖谟校释：《洛阳伽蓝记校释》卷五《城北》，北京：中华书局，2010年，第212页。

后来武则天改称神都，将之作为大周的首都。唐中宗神龙元年（705年）复为东都，设为陪都。开元年间降格为河南府，仍辖洛州区域。唐玄宗天宝元年（742年）改为东京，唐肃宗至德元年（756年）复为东都。

古代中国实行两都制，一个是首都，另一个是陪都。唐时以洛阳为东都，宋时以洛阳为西京，金时以洛阳为中京。太子分司东都，西京设有留守，中京设有总管。退休的官员和候补的官员常居住在洛阳。他们远离政治中心，不再抱残守缺，不再板着面孔。许多人活成了现实中有血有肉之人，生活有滋有味，诗文活色生香，比在都城应制唱和好多了。李白在嵩山隐居，白居易在香山闲适，杜甫念念不忘故乡，李贺目睹昌谷风物，欧阳修说自己"曾是洛阳花下客"①，都为洛阳留下了文化记忆。

唐代洛阳府辖县二十六：洛阳、河南、偃师、缑氏、巩、伊阙、密、王屋、长水、伊阳、河阴、阳翟、颍阳、告成、登封、福昌、寿安、渑池、永宁、新安、陆浑、河阳、温、济源、河清、氾水。河阳以下五县，实际归河阳三城节度，洛阳只是代管。②把广义的洛阳一分为二，洛阳府下辖的洛阳界是成周地区，河南县是王城地区，现在的洛阳市被一分为二。

北宋置西京洛阳，辖县十三：河南、永安、偃师、巩、登封、新安、渑池、永宁、长水、寿安、伊阳、河清。③比现在的洛阳市多了巩义、登封和渑池。金熙宗天眷三年（1140年）改河清县为孟津县。

---

① 〔北宋〕欧阳修著，李逸安点校：《欧阳修全集》卷十一《戏答元珍》，北京：中华书局，2001年，第173页。
② 〔唐〕李吉甫撰，贺次君点校：《元和郡县图志》卷五《河南道一》，北京：中华书局，1983年，第130页。
③ 〔北宋〕王存撰，王文楚、魏嵩山点校：《元丰九域志》卷一《西京》，北京：中华书局，1984年，第4—5页。

元祐二年（1087年）设卢氏栾川镇。崇宁三年（1104年）设置陕州栾川县。金海陵王贞元二年（1154年）降为镇，归卢氏县管辖。

栾川是伊河的发源地，山高谷深，植被保存完好，被洛阳人视为后花园。嵩县山高林密，有陆浑水库，是洛阳之南的山川屏障。

金代定洛阳为中京，改河南府为金昌府，并河南县入洛阳县。当时因洛阳旧城遭毁弃，就在隋唐城东北角另筑新城，为现在的洛阳老城。从此洛阳城东移，位于汉魏故城和隋唐洛阳城两个遗址中间。

元初洛阳仍为河南府治，府治在王城，领洛阳、宜阳、永宁、登封、巩、偃师、孟津、新安、渑池九县，后割渑池隶陕州，洛阳的范围大致固定。河南府直管的八县为洛阳、宜阳、永宁、登封、巩县、孟津、新安、偃师。代管陕州四县：陕县、灵宝、阌乡、渑池。元代洛阳实际代管三门峡地区。①

明洪武元年（1368年），设河南府。河南府领县十三：洛阳、偃师、巩、孟津、宜阳、永宁、新安、渑池、登封、嵩、卢氏。代管陕州，有县二：灵宝、阌乡。

清初，河南府沿明制，领州一，县十三。雍正二年（1724年）陕州升直隶州，归中央直管，灵宝、阌乡、卢氏先后割属陕州。河南府下辖洛阳、偃师、宜阳、新安、巩、孟津、登封、永宁、渑池、嵩十县。

1911年之前的洛阳，通常管辖着今洛阳地区，还有郑州西部的巩义、登封、荥阳，三门峡的渑池等地。

1914年6月，豫西道改称河洛道，治所在洛阳县。河洛道属河南省，辖洛阳、陕县、偃师、巩县、孟津、宜阳、登封、洛

---

① 〔明〕宋濂等撰：《元史》卷五十九《地理二》，北京：中华书局，1972年，第1403—1404页。

宁、新安、渑池、嵩县、灵宝、阌乡、卢氏、临汝、鲁山、郏县、宝丰、伊阳等，实际统辖洛阳、三门峡、平顶山部分区域，主要是黄河、洛河、伊河交汇的地区。伊河自南向北流过，河之左称阳，故名伊阳，辖汝阳北部的土地。

1927年，河南省政府再次迁回洛阳，洛阳成为河南省会。1932年，全国区划调整，第十行政督察区辖洛阳、偃师、孟津、巩县、登封、嵩县、伊川、伊阳、宜阳九县。设置伊川县管理伊河中游地区，设嵩县管理伊河上游地区。

1932年之后，洛阳辖区日趋稳定，大致与现在的洛阳市相当。随着人口的增加，嵩县以南的区域逐渐开发，置于栾川境内。

1939年中华民国政府迁洛，洛阳又一次被作为首都。但"十三朝古都"的称呼并不包括这次短暂的定都洛阳。1947年栾川复置为县，1982年划入洛阳管辖，为栾川县。

知道洛阳在哪里，我们才能说得清洛阳的前世今生。知道以前所说的洛阳，包括哪些河流山川和名胜，我们才知道洛阳不仅限于洛阳城，还包括洛阳城外的无限好风光。

三、洛阳的山川地理形势

古代中国的都城选址，有三个考量：一是土地肥沃，山川形胜，经济能够自给；二是山环水抱，龙盘虎踞，自成地理格局；三是交通便利，水陆通达，便于人员往来。《管子·乘马》说："凡立国都，非于大山之下，必于广川之上，高毋近阜而水用足，下毋近水而沟防省。"都城选址要依山傍水，便于生产生活。古代的都城都是建在山环水抱之地，以求风调雨顺，能避自然灾害。

吴起曾讨论都城选址："夫夏桀之国，左天门之阴，而右天谿之阳，庐、𤆥在其北，伊、洛出其南。"①夏、商两朝曾利用山川形势建都，使其易守难攻，自成格局。

吴起提及的洛阳山川形势，与周武王所言类似。张衡的《东京赋》概括洛阳的地理条件："审曲面势，溯洛背河，左伊右瀍，西阻九阿，东门于旋。盟津达其后，太谷通其前。回行道乎伊阙，邪径捷乎辚辕。大室作镇，揭以熊耳。"远处四山拱卫，近处四水交汇，形成了山川拱卫的自然格局。

洛阳北有邙山，绵延一百多千米。现在的连霍高速，正是沿着邙岭东西穿行。《元和郡县图志》言，邙山是陇山之尾，北为黄河河谷；山川相依，成为两道天然的屏障。从孟津眺望，邙山是连绵不断的山丘，土厚沙少，东周、东汉、曹魏、西晋乃至北宋的皇陵沿邙山选址。苌弘、杜预、班超、姚崇、狄仁杰、颜真卿、杜甫、白居易、李煜、范仲淹、邵雍、程颐、程颢、王铎等都选择葬在洛阳，此处正是堪舆学上所谓的"真沙"所在。

从洛阳北行，缓缓升起的丘陵，是历史上有名的北邙山。据说魏明帝即位时，曾打算推平北邙，这样就可以在洛阳城中远眺孟津。但廷尉辛毗劝谏说："天地之性，高高下下，今而反之，既非其理；加以损费人功，民不堪役。"②魏明帝才放弃这一想法。曹魏时从洛阳城看邙岭，尚是不高的土丘。现在洛阳的楼盘已经绵延至邙岭之上，原先居邙岭之巅的上清宫，现在也被淹没在洛阳的繁华之中。

洛阳西有崤山，位于渑池西北，从西到东有四五十千米长。西崤全是石坂，《元和郡县图志》记载，"东崤长坂数里，峻阜绝涧，车不得并行"。秦穆公想袭击晋国，蹇叔儿子随军出征。蹇叔哭着送行："晋人御师必于殽。殽有二陵焉：其南陵，夏后

---

① 何建章注释：《战国策注释》卷二十二《魏策一》，北京：中华书局，1990年，第813页。

② 〔北宋〕司马光编著，〔元〕胡三省音注：《资治通鉴》卷七十三《烈祖明皇帝中之下》，北京：中华书局，1956年，第2307页。

皋之墓也;其北陵,文王之所辟风雨也。必死是间,余收尔骨焉。"①晋军果然在崤函伏击,俘虏了秦军的百里孟明视、西乞术、白乙丙三位主帅。

崤山在周、秦、汉时作为关中与东方的分界线。当时说的山东地区,是指崤山以东的东方区域。汉景帝前元三年(前154年)吴楚反叛,周亚夫率军东征。赵涉认为崤渑为关中到洛阳的必经之道,吴王一定会设伏兵,建议他趋蓝田出武关,绕道直抵洛阳,占据武库。山东诸侯听说,会云起响应。周亚夫派人侦察,吴楚果然在崤渑之间设有伏兵。

建安年间,曹操讨伐巴蜀、汉中,为了绕开崤函之险,另开北山道路,崤山不再成为天堑。西晋太康三年(282年),弘农太守梁柳修复崤函旧道,便于通行。

崤山不再作为险阻,原因有二:一是汉以后流行骑马,崤山的坡势只能阻隔车辆,却不能阻隔步行和骑马,不再有天堑的优势;二是魏晋时拓宽了崤山道路,方便通行。崤山阻隔关中与东方的军事用途被后来的潼关所替代。

洛阳有熊耳山,是秦岭余脉伏牛山的末尾,也是洛河与伊河的分水岭。其得名,一是其作为地门,上应毕附耳星,民间故名熊耳②;二是在熊耳山上有两峰,南北望之若熊耳③。

熊耳山余脉延伸至龙门,被伊河切断而称为阙塞。隋之后称龙门,隋唐洛阳城正对伊阙,望之若阙,替天子守护都城,因此得名。

洛阳东为外方山,也是伏牛山的余脉。春秋时期,楚国占据

---

① 〔西晋〕杜预注,〔唐〕孔颖达正义:《春秋左传正义》卷十七《僖公三十二年》,北京:北京大学出版社,1999年,第471页。
② 《河图括地象》曰:"熊耳山,地门也,其精上为毕附耳星。"见〔北宋〕李昉等撰《太平御览》卷四十二《熊耳山》,北京:中华书局,1960年,第199页。
③ 《荆州记》言:"南县、修县北,有熊耳山,山东西各一峰傍竦,南北望之若熊耳。"见〔北宋〕李昉等撰《太平御览》卷四十二《熊耳山》,北京:中华书局,1960年,第199页。

方城，称方城以北之山为外方，故名外方山。嵩山西北为河洛平原，洛河、伊河顺地形注入黄河，形成河洛谷地，后世称为"河洛"。客家人自称"河洛郎"，就是从这里迁过去的文化记忆。

洛河沿熊耳山流向东北，经卢氏、洛宁、宜阳、洛阳、偃师、巩义而入黄河。洛河流域分布着诸多文化遗迹，最为重要的便是"洛出书"。

据考古发掘，在夏朝的器物上已经出现了刻画符号。这些刻画符号是否为早期文字，尚存在争议。但每一个刻画后面有一大段传说或者知识，刻画就有特定的意义。我们现在不认识或者不知道其意义所在，只能说那些意义丢失了，不能说历史上没有。就像我们现在的汉字，有书写、有读音，有的在特定语境下还有复杂的典故或含义，不熟悉的人说不出来。这个假设要成立，二里头遗址的刻画、殷商甲骨文的背后，应该有更多的意义存在。也就是说，那些符号实际带有当时人才能看懂的意义，我们现在怎么理解，都不是当时那些"有意味的形式"。

传说黄帝之臣仓颉已经造字，形成了书写系统。洛出书，当

◇◦洛出书处的洛河（作者　拍摄）

是在洛河流域最早形成了文本系统。无论洛书是谁创始的，应该是由当时的王朝认定的，并成为中华文字的起源。

伊河发源栾川，经嵩县、伊川，至偃师入洛。伊河上游的七溪山上有西王母祠，伏流岭上有昆仑祠，直到北魏时仍被百姓祭祀。

祠是祭祀祖宗、鬼神或有功德的人的地方，道教称观，佛教称寺，比如西王母祠和昆仑祠分别是西王母神话和昆仑神话的发源地。按照传说，后羿求西王母得仙药，那么夏朝的后羿怎么能跑到遥远的青海或者新疆的呢？何况那时候关中还是蛮荒之地，商朝末年古公亶父移民到岐山时，才在宝鸡修筑道路。道教典籍上说西王母是伊川人，姓缑氏，可信吗？①

伊川是有莘氏故地。据说有莘氏女采桑伊川，得婴儿于空桑中，言其母孕于伊水之滨，梦神告之曰："臼水出而东走。"②母亲告其邻居而走，顾望其居住的地方，全部变成水泽。母亲化为空桑，孩子在其中。有莘氏女养于庖，孩子长大有贤德，世称伊尹，成为商朝的开国重臣。

历史传说的背后，是真实的历史现场。历史传说就像涟漪，一波波向外荡漾，其中核心的人事和地名，也随着洛阳人的不断外迁而扩展到四方。

自古以来，迁徙者带着本地地名而走，居住一隅，就以旧地名称呼新居所。陆浑本是西北地名，戎人迁居伊川，以"陆浑"命名其所居之所，至今尚存。斟寻人迁居山东，山东斟氏、郭氏所居之地，亦名斟寻。夏朝征伐的有扈，最初在洛阳甘水边。有扈被迫迁居关中，汉儒不察，以之注书，后世作为常识。汉武帝得知西北有高山，遂以传说中"昆仑"名之，便是现在的昆仑山。夏朝的西北不在新疆青海，而在西部的女几山上。秦迁山东

---

① 〔北宋〕张君房编，李永晟点校：《云笈七签》卷一百一十四《西王母传》，北京：中华书局，2003年，第2528页。

② 〔北魏〕郦道元著，陈桥驿校证：《水经注校证》卷十五《伊水》，北京：中华书局，2007年，第375页。

豪富，关中多存故名。汉移沛县父老，遂建长安新丰。他们把旧地名带到新的地方，若没有时间的界定，很容易以今例古。

研究历史，文献上的考究需要注意其名称的由来，不要因为后世的地名，影响对历史事件的判断。自汉以后，都城中的池苑皆有蓬莱、瀛台，其既非山东的蓬莱、瀛台，也非前朝的池苑。研究者当考察夏朝的有扈在何方，商朝的莘国在何方。

时地不同，所传说的地方亦不一样。学术研究最怕以今例古地放大范围，认为大禹治水到了四川，认为夏启伐有扈到了关中，杜康曾跑到山东。那些地名是随着人员的迁徙后起的，夏的斟寻、商的西亳并没有那么大的范围。

在早期的中国，人是流动的，地名也是流动的。汉儒注释最酸腐的一点，就是把很多流动的地名固定化，以致仓颉、鬼谷子、蔡伦等都被固定在具体的村子，误导了无数中国的读经人，也误导了当地的地方志书写。

西王母、女娲、后羿、伊尹、杜康等是中华文明的创作者，他们的后裔遍布全国各地，都奉他们为先祖。时间一长，就出现了他们在青海、在陕西、在河南、在湖南、在四川等各种说法。

其实，他们的后人迁徙到哪里，哪里就是他们的传说流行地。民间传说也就听听而已，有些学者读书太少，鄙于己见，认为某地即某地；或出于逢迎，为地方造名人和观光点，以讹传讹。

古代文献、民间传说的背后，有的是人云亦云的记录。我们既不能全信，也不能全不信，需要全面考证一番。

涧河出新安县南白石山，从谷城东而南流注谷水。谷水乱流，南入洛河。谷水发源于渑池崤山以东的马头山谷，经渑池、新安，至洛阳转东南流注洛水，现与涧河汇为一流，也注入洛河。现在洛阳还用涧水、瀍河命名，有涧西区、瀍河区。

谷水长，涧水大。《山海经·中山经》说："涧水出于其阴，西北流注于谷水。"①涧水与谷水合流后以涧水统称。《尚书·洛诰》说的"伊、洛、瀍、涧既入河"中的"涧",是指注入了谷水后的涧水。洛阳人也习惯称谷水。

洛水在王城南,谷水在王城北。周灵王时,谷水、涧水水流大,南流入洛。两水相格,形似斗,倒灌毁坏了王城西南角。东汉为便于灌溉,修渠引谷水。建武五年(29年),河南尹王梁主持引谷水工程,使水注洛阳城下,东至巩县。由于洛阳过于平坦,水渠没有落差,渠成而水不流。考古发掘发现阳渠既浅又窄,底部无淤泥流水,表明此渠筑成却并未施用。

建武二十四年(48年),张纯再次穿阳渠,引洛水为漕,用水路运输,直通洛河,为城东阳渠。阳嘉四年(135年),汉顺帝下诏书兴修上东门外漕渠,东通河济,南引江淮,方便转运物资。魏明帝曹叡太和五年(231年)下令都水使者陈协修建千金渠,积石为竭,增加阳渠水量,使之成为都城洛阳的主要水道。

西晋永嘉之后,渠堰颓毁,北魏太和年间修复如故,后来阳渠被淤塞。隋炀帝杨广以洛阳为中心开凿南北大运河,从西苑引谷水、洛水,利用阳渠故道修成通济渠,形成了运河水系。

瀍水发源于孟津县横水镇,经洛阳老城东关入洛。引水入中州渠后,水量减少,现为季节河。伊河、洛河本在城市外围,现在洛阳南岸也设置洛龙区、伊滨新区。洛河、伊河、瀍河、涧河,四水都流经洛阳市区内。

周公、曹操、曹丕、曹植、陆机、李白、杜甫、白居易、元稹、李贺、司马光、张耒、元好问都曾经行四水,有过岁月不居、阅川易逝的感觉。对历史来说,他们都是过客;对洛阳而言,我们也只是暂居者。

---

① 〔清〕郝懿行撰,栾保群点校:《山海经笺疏》卷五《中山经》,北京:中华书局,2021年,第127页。

◇◇中国大运河洛阳段遗址（张献文　拍摄）

四、洛阳的文明意义

中华文明驱动了洛阳的兴衰，洛阳也推动着中华文明的发展。司马光在《过故洛阳城》中说："若问古今兴废事，请君只看洛阳城。"读懂洛阳的兴废，也就理解了中华文明的重要进程。

在洛阳，中华文明确立了建中立极的都城营造观念。

1963年出土的何尊铭文中记载了周武王的告天之辞："余其宅兹中国，自兹乂民。"周武王定都洛阳，是他深思熟虑后作出的重大决定。周武王提到的"宅兹中国"，是言吸取夏商设都的经验，重新定都洛阳。1959年开始发掘的偃师二里头遗址，考古年代与夏都大致吻合。夏亡之后，商在斟鄩附近建西亳。1984年后发掘并确定的偃师商城遗址，正是成汤伐商之后所建的西亳。

在早期中国，都城是国家政治、经济、军事、文化中心，夏、商两代皆定都洛阳，表明此地便于生产生活，是当时的文明中心。周武王决定营洛，既是为延续历史经验，也是考虑到周王朝的长治久安。周公摄政期间开始营洛，并将大禹铸造的九鼎迁来，设置成周八师，以此控制东方诸侯。

在周公看来，洛邑居天下之中。分封崤山以东的诸侯可至洛邑朝见周天子，进献贡品，避免镐京朝王的辛劳。周王可以在洛邑大会诸侯，阅兵校猎，威震东方。

周公营洛而强化的"天下之中"，成为早期中国都城选址的理想观念。《吕氏春秋·慎势》将之概括为："古之王者，择天下之中而立国，择国之中而立宫，择宫之中而立庙。"都城居天下之中，宫城位国都之中，宗庙设宫城之中，"建中立极"的都城观念确立了。

从观念史来看，"建中立极"形成于周公营洛的过程中；从学术史来看，其布局观念见于《周礼·考工记》中；从制度史来看，其主动实现于东汉洛阳城的营造中。张衡在《东京赋》中说"区宇乂宁，思和求中。睿哲玄览，都兹洛宫"，认为汉光武帝"都洛"正是延续了"建中立极"的营建理念。

东汉洛阳城参照《周礼·考工记》的布局，形成了中轴线布局、宫城结构、朝市分布及完备礼制建筑体系。[1]魏晋将宫城合一，设置南北东西的轴线，形成了宫殿居中的三重城垣制。北魏参照魏晋洛阳城营建平城，东魏仿洛阳旧制营建邺城。洛阳成为古代都城建制的样板。隋承袭洛阳营建大兴城，奠定了唐长安城的主要布局。北宋仿洛阳宫殿制度营造东京城，不断完善"建中立极"的布局。这一理念贯穿于元大都与明清北京城的营建之中。

洛阳，被古代中国视为礼乐教化的王道之所。

西周到东周，西汉到东汉，唐到武周，皆从长安迁都洛阳。洛阳地理位置的优势，西汉刘敬进行了全面总结："洛阳位于天下之中，诸侯纳贡述职，道里平均，便于诸侯朝见。"主张都洛

---

[1] 曹胜高：《汉赋与汉代制度》，北京：北京大学出版社，2006年，第67—72页。

者坚持认为，王朝要以德治国，让天下和洽，四海宾服，洛阳才能安稳。

在汉昭帝时举行的盐铁会议中，贤良文学之士阐释了"地利不如人和，武力不如文德"的治理观念，认为博爱远施，内外和同，才能实现国家长治久安，要求汉行德政。汉元帝时的翼奉认为西汉制度多不应古，难以改变，主张迁都洛阳，行周政、用德政。王莽执政时恢复周制，曾有迁洛改制的设想。

洛阳因周公制度成为行王道、用德政的象征。东汉定都洛阳，学者们视为主动选择王道之所，以图实行周政。张衡在《东京赋》中说"且天子有道，守在海外。守位以仁，不恃隘害"，认为汉光武帝在洛阳践行了"天子在德不在险"的政治理念。

周公制礼作乐于洛阳，东汉又在洛阳修建了大量礼制建筑，试图恢复儒家推崇的养老、视学、乡饮酒等古礼，洛阳被赋予了修文偃武、礼乐教化的象征意味。

班固在《两都赋》中，张衡在《二京赋》中，均比较了西汉长安和东汉洛阳的文化差别：长安重视武功霸业，洛阳重视文治教化；西汉长安宫室务求壮丽，东汉洛阳重视风俗之美。它们都

◇◇汉光武帝陵（作者　拍摄）

突出了洛阳是重视礼乐教化的首善之区。

曾居洛阳十五年的司马光在编著《资治通鉴》时总结："自三代既亡，风化之美，未有若东汉之盛者也。"[①]得益于礼乐教化的推行，东汉社会风俗持续向好，洛阳由此成为施行周政、体现礼乐的王道之所。

隋唐以洛阳为陪都，在长安可以恃险，粮食却未能自给自足。天宝年间，每年要运二百五十万石米入关中，必须倚仗洛阳中转运粮。黄河砥柱险滩，影响漕运效率，一旦关中遭灾，粮食匮乏，皇帝不得不率百官到洛阳就食，隋文帝、唐太宗、唐高宗、唐玄宗皆经历过这种无奈。

长安必须以洛阳为东控的门户和经济的来源，关中生乱，都城长安撤至洛阳。宋设西京留守，也是依托洛阳来防备西北。在东西对峙的历史进程中，长安、洛阳、汴梁成为稳定天下的枢纽。无论是唐的东都，还是宋的西京，洛阳始终是后备官员、退休耆老的雅集之地，洛阳长时间处于钟鸣鼎食、莺歌燕舞之中。

在洛阳，形成了河图洛书，这是中国文明的标志性贡献。

《周易·系辞上》言："河出图，洛出书，圣人则之。"作为早期中国生产生活经验的总结，河图洛书建构了理解时间和空间的基本范式。其中蕴含的阴阳、五行、时序、星象、数理、秩序等观点，确立了中国数学、天文、地理、历法、哲学、艺术等的基本形态。

汉儒认为《尚书》《论语》《管子》记载的河图洛书，是符瑞，也是记载黄河沿岸的地图和早期中国形成的文字系统。河图洛书最初可能只是简单的符号，但后来不断汇集着神话、传说、地理和史述系统，成为中国学术的源头。

宋儒为探讨天地秩序，将流传的易图视为河图，形成了《河

[①]〔北宋〕司马光编著，〔元〕胡三省音注：《资治通鉴》卷六十八《孝献皇帝》，北京：中华书局，1956年，第2173页。

图》《洛书》。朱熹将之公之于众时，列举了见过此图并深得其精髓之人，为宋明理学的发展提供了学术支撑。

周平王迁洛之后，王官之学散往民间。洛阳成为东周学术中心，诸侯遣世子入洛学习，士人也入洛问学。孔子入洛，问礼于老子，问乐于苌弘，深得礼乐精义。归鲁后他推行礼乐教化，三个月实现"男女行者别于涂，涂不拾遗"。

老子出函谷关，授关尹喜《道德经》，将两周史官对历史规律的概括，转化为理解天地人秩序的深邃哲思，建构了道家的核心学理，并成为道教的学说来源。

东汉初，汉明帝曾派蔡愔、秦景西行求取佛法，邀请摄摩腾、竺法兰入洛。汉明帝敕建白马寺供其使用，他们译出了中国首部佛经《四十二章经》。白马寺此后吸引了昙柯迦罗、昙谛等僧人入驻，成为东汉、魏、晋东传佛教的翻译中心。

曹魏嘉平二年（250年），朱士行在白马寺受戒，成为首位汉地僧人。三百余年后，陈祎在洛阳净土寺出家，大理卿郑善果问其志向，他回答说："为了光大佛法。"他的法号是玄奘。在洛阳净土寺受具足戒后，玄奘踏上了西天取经的征程。

洛阳作为人文荟萃之所，有流光溢彩的生活气息，有川流不息的创新精神。考古发现，仰韶文化时期，嵩山南北文化开始融合；东周时陆浑戎入洛，北魏时孝文帝迁洛，促进了中华民族的持续融合。

唐玄宗在宜阳修建连昌宫，接迎女几山的神仙。灵感所至，以西域传入的《婆罗门曲》为乐，排演《霓裳羽衣曲》。北宋邵雍、程颢、程颐居于洛阳，思考天地秩序与人之心性、情志的关系，开启了程朱理学。

程颢体仁，其学理经陆九渊等人的阐发，启发了阳明心学；程颐重理，其学说经杨时等人传承，至朱熹而成理学。

河出图、洛出书是中华文明觉醒的标志；孔子问礼乐、老子出关、白马寺译经是中华文明形成的关键。洛阳不仅启动了儒、道、释三教的发展，还促成魏晋玄学、宋明理学对经学的颠覆，持续为中华文明提供动力。

只有读懂洛阳，才知道历史兴废的根源；只有理解洛阳，才能理解中华文明的发展。

我们所关注的，不是洛阳有什么，而是中华文明为什么选择了洛阳，洛阳如何推动中华文明的进程。只有如此，我们才能说清为什么洛阳是我们共同的故乡。

第一章
河图洛书的真相

洛阳往北三十千米处的龙马负图寺，据说是为了纪念"河出图"之事而建。而洛阳往西八十千米的长水村有"洛出书"处，洛宁人在此纪念洛书的出现。

人类将图画作为记忆方式，将书写作为文明形成的标志。有了图画和文字，人类才开始在大脑之外储存信息，知识才能迅速积累下来，人类的经验才得以间接传承。看图和读书是获得间接经验最直接的方式，也是人类文明得以持续发展的基础。

中华文明有五千年历史，是从黄帝算起的。据说，河图洛书形成于黄帝之前，其无论是作为图画，还是作为文字，都是中华民族持续不断的文化累积。

据汉儒说，伏羲、黄帝、尧、舜、禹都曾见过河图。最终河图被陈列在周王室里，在举行即位大典时作为陈列品。在二里头遗址出土的陶器上存在一些简单的刻画，便是证明。当时伴随这些刻画的有没有口传系统？这些刻画是不是早期的书写？是否与传说的洛书有关？都是值得思考的。

◇◇龙马负图寺（作者 拍摄）

现在在黄河流域有收集黄河石的传统，有的黄河石的纹路很像地图。最早的河图是天然形成的，还是在图案背后蕴含了很多知识？我们现在看到的这些早期中国的刻画，背后是否还有大量的故事？最早的河图洛书是什么样子？周人、汉儒、宋儒见到的河图洛书是一样的吗？

很多人习惯想到的南宋出现的《河图》《洛书》，那是宋儒流传下来的。真正的河图洛书到底是什么？关于它们的传说形成早、流传广、说法多、问题大，因此真相至今仍扑朔迷离。要想正本清源，我们应当进行相应的知识考古。

知识考古是一种追溯知识谱系的考证方法，是考察河图洛书的来源、产生、记录和表述的最为原始的记录，是对传说体系的勘测和实证，能够厘清很多以讹传讹的旧说。早期中国文献残存的蛛丝马迹，正是我们进行知识考古所依靠的线索。

一、最早的河图

河图洛书最初是什么样子？学者常引《尚书·顾命》中的文字作为证据。《顾命》讲述了周成王去世、周康王即位时的情形。在周康王即位仪式上，河图与其他宝物分别陈列在西墙、东墙前。这些宝物既有前代流传下来的实物和周王室征服其他诸侯的战利品和立国后天下诸侯进献的贡品。

伪托孔安国作注的《尚书传》的解释是："《河图》，八卦。"[①]《尚书传》将"河图"解释为早期文献，以书策的形式陈列在东墙下。西墙下陈列的"大训"，也被视为《唐虞书》之类的"典""谟"。

商人用龟甲刻文字，周人用铜器铸铭文。《唐虞书》是《尚书》的组成部分，现在还存于《尚书》的《虞书》中。据说，它

[①]〔西汉〕孔安国传，〔唐〕孔颖达疏：《尚书正义》卷十八《顾命》，北京：北京大学出版社，1999年，第503页。

是记载尧舜之事的,有时分为《尧典》《舜典》《大禹谟》《皋陶谟》《益稷》五篇,有四千多字。现在考古没有发现夏、商、周有这么长的文字在世。这四千多字是刻在龟甲上,还是铸在铜器上的呢?西周肯定没有这么长的写定文本。

与之相类的,《八卦》只有八个卦吗?《周易》六十四卦及其卦辞都书写下来了吗?从考古来看,八卦、六十四卦在商周之际已经刻画在很多陶器上,已是家喻户晓的能认识的符号,那么周王室是否将之视为珍宝呢?

要说清楚河图洛书,还得把《尚书》的问题说一说。

《尚书》也是中华学术史的一大公案。秦立国后,为了保证秦国的万世永存,丞相李斯给秦始皇出了个主意:把《诗经》《尚书》[①]之类的早期文献烧毁,民间不允许携带,也不允许阅读,更不允许谈论。如果发现,就以"以古非今"的罪名灭族。

结果,《尚书》很快在民间销声匿迹。汉惠帝时,要从前代经典中寻求治国经验,就废除挟书令,允许民间传《诗经》《尚

◇◇洛出书处(作者 拍摄)

---

① 《诗经》《尚书》是汉朝以后的叫法,先秦时称《诗》《书》,本书统一用《诗经》《尚书》。

书》等。曾担任秦博士的伏生,把藏在墙壁里的《尚书》取出来,却发现只有二十九篇保存完好。汉文帝时,听说伏生能传《尚书》,他便派太常掌故晁错去济南向伏生学习。

可惜,伏生年龄大,口齿不清。在他女儿的协助下,晁错才把《尚书》记了下来。韩愈曾说《尚书》读起来"佶屈聱牙",①一半在于早期中国文本难读,另一半在于伏生口齿不清,导致这些记录也不清楚。

伏生传下来的二十八篇,晁错用当时通行的隶书写了下来,被学术界视为今文《尚书》。到了汉武帝时,孔子的十一代孙孔安国成为博士。他有家传的古文《尚书》,曾教给董仲舒,并吸引了司马迁等人来学。

孔安国的家传本,也是从墙壁中发现的。当时,鲁恭王刘馀在曲阜要扩建自己的宫室,就去拆除隔壁孔子的故宅,在故宅的墙壁中发现了一批古书。其中就有用古文写成的《尚书》,比当时流传的《尚书》多出十六篇。孔安国将古文改写为当时通行的隶书,献给朝廷。学界称之为古文《尚书》。

汉平帝时期,刘歆整理朝廷收藏的秘书,发现了这十六篇古文《尚书》,主张将之列入学官,设博士招收弟子传授,结果遭到传授今文《尚书》博士们的一致反对。

他们反对是有理由的:此前《尚书》就曾出现过伪书!

孔子曾以《诗经》《尚书》教授学生。据说当时的《尚书》有一百篇,孔子作传并为之作序,后来散佚了。现在只有二十九篇传世。汉成帝时的张霸宣称自己有《尚书》一百零二篇,要献给朝廷。

拿到书后,大家才发现他献上来的《尚书》一百零二篇,是把流传的二十九篇拆分为一百篇,加上孔安国的"书序"两篇拼

---

① 〔唐〕韩愈著,刘振伦、岳轸校注:《韩愈文集汇校笺注》卷二《进学解》,北京:中华书局,2010年,第147页。

凑而成的。这开了学界的一个大玩笑。张霸被下狱治罪，他献的本子也被废置。

那两篇据说是孔安国作的序，从此流传开来。孔安国作序的《尚书》一百篇，已经证明是伪书。现在又出了一个孔安国整理、传授的十六篇古文《尚书》，当然不能轻易拿来传授。大部分人抱着谨慎的态度抵触刘歆。

东晋初年，豫章内史梅赜献给朝廷一部新的《尚书》。其中包括汉代流传的今文《尚书》三十三篇，多出的五篇是由原先的二十八篇中析出，还有古文《尚书》二十五篇，正好合乎刘歆所见的《尚书》五十八篇。这部书还附有孔安国作的序和传注，真的太完备了。

这部《尚书》，合乎汉代有关《尚书》的诸多传闻，很多学者不假思索地接受了。尽管《史记》《汉书》没有记载孔安国为《尚书》作过序，尽管它的篇目与刘歆所见的记载不一致，但学界正需要一部完备的《尚书》，东晋王朝也需要这部书作为祥瑞。于是这部《尚书》就被采信了，很多学者据此进行研究。

我们习惯以《尚书》所记载的内容作为信史。到了唐代，孔颖达作《五经正义》时，就以这部《尚书》为底本，为孔安国注作疏，将之作为官方定本，颁行全国。

宋儒习惯疑经。北宋吴棫对二十五篇古文《尚书》进行了考辨，并提出了怀疑。明代的梅鷟、清代的阎若璩、惠栋等人继续考证。最后的结论是，这二十五篇古文《尚书》，实际是将早期文献中流传的《尚书》的句子拼凑而成的，这个本子被称为"伪孔本"。孔安国作的传自然也是假的，学界称之为《伪孔传》。

现在回过头来看，只有《尚书·顾命》的文本属实，伏生也没有记错，河图确实记载在他听闻的《顾命》中；《顾命》描述的确实是周康王即位时的真实场景，我们才能确定河图曾经被周王室视为宝物，陈列在最为神圣的即位大典上。

倘若我们注意到《尚书·顾命》还有一段文字，就会发现《伪孔传》所言的大训、典籍、河图是八卦的说法，不过是猜测之辞。

> 牖间南向，敷重篾席，黼纯，华玉，仍几。西序东向，敷重底席，缀纯，文贝，仍几。东序西向，敷重丰席，画纯，雕玉，仍几。西夹南向，敷重笋席，玄纷纯，漆，仍几。

这段文字描述了周康王即位时的场景布置：将不同的丝织品铺在没有花纹的几案上，陈列上述宝物。北面陈列彩玉、西边放置文贝、东边放置雕玉、西南角放置漆器。按照这一归类，西序的赤刀、大训、弘璧、琬琰，当为文贝做成的器物；东序的大玉、夷玉、天球、河图，则为雕玉之类的礼器。

《伪孔传》的作者和孔颖达作《尚书正义》时，没有注意到《顾命》中对文贝、雕玉的概括，将"文贝"解释为"有文之贝"，将"雕"解释为"刻镂"，将大训、河图理解为《虞书》之类的书和八卦之类的图。

这恰恰显露出来《伪孔传》作者的水平。他简单草率地将河图解释为八卦，忽略了周初文本的形态。无论是口传，还是简明扼要写在青铜器上，河图的文本形态都不可能是汉人所用的简牍或魏晋所用的布帛纸张。班固在《典引》中的说法就谨慎多了。他说："御东序之秘宝，以流其占。"认为天球、河图应是器物，可能是玉石之类的占卜用品。

最初的河图应该是周代流传下来的玉石之类的器物，它有特殊的纹理，虽经雕琢打磨，仍保留有天然图案，代代流传。清代赵翼就在《陔馀丛考·河图刻玉》中辨析说：

> 河图，昔人皆以为河中龙马负图，其旋毛有八卦之象。

惟元人俞琰则谓"玉之有文者"，盖据《尚书·顾命》"天球、河图在东序"，谓"河图与天球并列，应亦是玉。昆仑产玉，河出昆仑，故亦有玉，当是玉有文具八卦之象耳"。此说颇新。按《顾命》，河图与大训对列于东西序，孔传谓"河图即八卦，大训即典谟，历代传宝之"，明此二者皆书策也。若河图是玉之有文者，岂典谟亦玉之有文者乎？则琰之论固臆说也。然大训与"弘璧""琬琰"同列，"河图"与"大玉""夷玉"同列，皆是三玉一书，不应简册混彝器之内。当是古人贵重此二者而刻之于玉，故列入宝器耳。然则非玉之生而有文，乃摹其文于玉也。

自然形成纹路的玉石，类似现在的黄河石，有天然的图案，或者像草木，或者像地图。它们在早期中国代代流传，至周朝作为秘宝，在天子即位的典礼上得以陈列出来，以显示其神圣。

河图到底是什么？

最不可能是八卦。按照汉儒的说法，伏羲作八卦，后世重为六十四卦。夏有《连山》，商有《归藏》，周有《周易》，夏、商、周已经形成了复杂的推算系统。特别是文王演卦后，《周易》确定为六十四卦的文本系统，非一般的玉石可以雕上去。从考古资料来看，商周之际的易卦数经常被刻在陶器、龟甲和铜器上，广泛流传，不是神秘的东西。因此，周王室不可能将之雕在玉石之上，作为秘宝传世。

即便是伏羲时自然形成的玉石传至周朝，也不可能是八卦之类的占卜系统。纬书《礼纬·含文嘉》说："伏羲德合上下，天应以鸟兽文章，地应以河图、洛书，伏羲则而象之，乃作八卦。"孔颖达在《周易正义》的卷首也曾引用此说。天地的自然纹理或像自然形势或像地理走势，启发了伏羲作八卦，属于图画系统。

班固在《汉书·郊祀志》中明确说：

刘歆以为虙羲氏继天而王，受河图，则而画之，八卦是也；禹治洪水，赐雒书，法而陈之，《洪范》是也。

看来《伪孔传》继承了刘歆的说法。刘歆恰恰是立古文《尚书》为官学的坚决主张者。他提出河图是八卦，洛书是《洪范》的说法，实际是将河图视为卦画、将洛书视为已有的文本。班固却在《典引》中说河图之类放置在东序的宝物是秘宝，并未言及其为八卦。班固又在《郊祀志》中说河图是八卦、洛书是《洪范》，其实还是刘歆的观点。

倘若孔安国真的为《尚书》作过传，跟着孔安国学古文《尚书》的司马迁一定会提及；倘若孔安国真的这么传注，曾校书东观的班固应该也会知道。班固只说这是刘歆之言，其间的微妙含义颇耐人寻味。

与班固同时的桓谭，对河图是八卦之说不以为意。他在《新论·启寤》中说："谶出河图洛书，但有兆朕而不可知。后人妄复加增依托，称是孔丘，误之甚也。"河图洛书之所以得到重视，是因为其中有诸多附会的成分，后人不断增益，越传越神，托名孔子之说，皆不足信。倘若河图是八卦，洛书是《洪范》的观点广泛为人所接受，二者皆列入官学，那么读经出身的东汉议郎给事中桓谭何能轻易否定？

至少在班固作《汉书》的东汉章帝年间，河图是八卦、洛书是《洪范》的观点，只是刘歆的一家之言。

二、河图洛书作为祥瑞

孔子确实提到过"河出图"。《论语·子罕》中说：

子曰:"凤鸟不至,河不出图,吾已矣夫!"

朱熹认为孔子是感慨自己没有遭逢盛世、遇到圣王:"凤,灵鸟,舜时来仪,文王时鸣岐山。河图,河中龙马负图,伏羲时出,皆圣王之瑞也。"①孔子感慨自己空怀才华,却难以施展抱负。《管子·小匡》中也有类似的说法:

夫凤凰之文,前德义,后日昌,昔人之受命者,龙龟假,河出图,雒出书,地出乘黄。

中华文明将凤凰、乘黄视为最大的祥瑞。《墨子·非攻上》就记载了周文王受命时凤鸟衔命、武王伐商时河出图的传说:

赤鸟衔珪,降周之岐社,曰:"天命周文王伐殷有国。"泰颠来宾,河出绿图,地出乘黄,武王践功……

《墨子》是墨家学派学说的汇编集成。墨子比孔子稍晚,也是春秋时人。虽然《墨子》的编订是在战国时期,但墨家学派作为理论依据的"地出乘黄",是春秋时流行的说法。

从两周史料记载来看,当年古公亶父率领周人从豳地迁到岐下时,确实发生过凤鸣岐山的异象。周人将之作为预示周人兴旺的象征。文王时又有赤鸟降于周人祀地的岐社,周人视为上天授命的吉兆,从此有了与殷纣王争夺天下的合法性。按照当时的理解,上天眷顾周文王,就会给文王很多暗示、指点和帮助。暗示是天地出现祥瑞,指点是赐予河图洛书。

孔子的感慨表明,在春秋时期,凤鸟、河图作为盛世到来的

---

① 〔南宋〕朱熹撰:《四书章句集注·论语集注》卷五《子罕》,北京:中华书局,1983年,第111页。

祥瑞,已广泛流传。孔子对此深信不疑,孔子的弟子对此也深信不疑。只是他们盼了又盼,却没见到。

《墨子》中提到的"河出"的"绿图",也写作"录图"或"箓图",表明河图是有含义的符号所形成的图案,带有预言性。孔子在确认河图的预言性时,也认为其中的符号或者图像启发了早期文明,形成了最早的图式。《周易·系辞上》中说:

> 是故天生神物,圣人则之;天地变化,圣人效之;天垂象,见吉凶,圣人象之;河出图,洛出书,圣人则之。

圣人是早期中国对精通天地之理、教化之道和社会运行法则者的称呼。大多圣人,传承知识、赓续学术、注重道德而未得权位。圣王模范执行王道,以政统体道统;圣人全面诠释王道,以道统明政统。圣人能洞悉天地运行之道,能充分观察天地之象,体察万物之理,将之概括为自然规律、行为法则和社会秩序,使得社会步入文明阶段。

《周易·系辞上》叙述了《周易》的形成过程:

> 古者包牺氏之王天下也,仰则观象于天,俯则观法于地,观鸟兽之文与地之宜,近取诸身,远取诸物,于是始作八卦,以通神明之德,以类万物之情。

这是对《周易》最原始、最系统的描述。其中明确说伏羲作八卦,是观测了天文、地理、鸟兽、人体构造和自然万物的形态,方才抽象出乾、坤、巽、震、坎、离、艮、兑八个符号,并非只受河图洛书的启发。也就是说,河图洛书不是直接的八卦支持系统。

这么来说,《周易》是早期中国持续累积而成的知识系统,也是集体创作持续完善的学理体系。将伏羲、神农、黄帝、尧、舜视为《周易》制作者，是因为他们分别代表了早期中国文明形成的不同阶段。

伏羲氏教民作网，便于渔猎；神农氏教民作耒，便于耕种，二者分别代表着渔猎文明和农耕文明的新创造。他们是新兴的生产力代表，方能领导其他部族而成为部落领袖。

黄帝被称为轩辕，充分吸收了早期中国的文明成果。他能用舟楫之利，制作工具；习用干戈，有先进兵器；治五气、艺五种，掌握天时物候进行耕种；抚万民，度四方，建立稳定的社会秩序，并能够征伐四方。这些成果使其彻底超越了神农氏的生产水平和蚩尤的作战能力。尧、舜继承了黄帝、颛顼的治国之道，进一步治百官、教万民，《周易》中的诸卦也随之增益。

《周易》的形成，从伏羲画八卦到文王演《周易》，经历了漫长的进程，并非一人一地创造。若从伏羲画八卦算起，《周易》的起点至少要推到六千年前。经神农、黄帝、尧、舜至文王，又经过了长时间的积累，才有了《周易》六十四卦。按照孔安国或者刘歆的说法，如果河图是八卦的话，只能在伏羲时出现，才能给人文始祖以启发。倘若在神农之后出现，八卦就已经形成，就不应该再被视为神物。

汉儒其实也说不清河图是在何时出现的。汉朝的文献中，河图多次出现，不是"圣人则之"的神物，而是作为"圣王出现"的祥瑞。

> 黄帝修德立义，天下大治，乃召天老而问焉："余梦见两龙挺白图，即帝以授余于河之都……"天老曰："河出龙图，洛出龟书，纪帝录，列圣人所纪姓号。兴谋治太平，然后凤皇处之。今凤凰以下三百六十日矣。"（《河图挺佐辅》）

> 尧舜等升首山，观河渚，……有顷，赤龙负玉苞舒图出，尧与大舜等共发日:"帝当枢百则禅虞。"尧喟然叹曰:"咨，尔舜！天之历数在尔躬。"（《论语比考谶》）
>
> 伯禹曰:"臣观河伯面长人首鱼身，出曰:'吾河精也。……授臣河图，蹄入渊。'"（《尚书中候》）

《河图挺佐辅》《论语比考谶》《尚书中候》是两汉时流传的谶纬文献，在刘歆时大体完成，曾作为王莽代汉、刘秀称帝的依据。谶是带有预言性质的文本，纬是相对经而形成的阐释。此前，凤鸣岐山、赤鸟衔珪已经被视为天降祥瑞，预示圣王将出，结果出了古公亶父、周文王。此前或此后的河图、洛书也被视为圣王出现的标志。

纬书本为解经而作，不同于经学之处在于其借鉴阴阳五行、星象地理建构起天人感应学说体系，用来解释儒家所阐释的道德、秩序和理念。后来，儒家反省，这些说法与孔子"不语怪力乱神"的宗旨相悖，越说越玄乎。于是就在魏晋时把这些附经流传的文字与经分开，将之称为"纬"，表明纬与经不同。后世逐渐不将谶纬视为经学的主流。

在西汉中后期持续流行的谶纬学说中，黄帝、尧、舜、大禹皆曾见过河出图，河精也不厌其烦地多次献河图。若河图为八卦，历黄帝、尧、舜、大禹皆不变，八卦在伏羲时已经制成，河精再献只有祥瑞的意义，却没有任何指点作用。

我们宁愿相信《周易·系辞下》的说法，不敢轻易信从谶纬文献的说法。目前所见谶纬文献并未明确提到伏羲受河图之说。可见刘歆的说法是从《周易》衍生出来的，他认为伏羲画八卦是受了河图的启发，实际是将河图等同于八卦。

汉人推崇河图，正因为河图代表着祥瑞，是圣王受命的象征。特别是孔子感慨的"河不出图"和《礼记·礼运》的"河出马图"的说法，使河图越传越玄，越来越多的预言被附益，成为改朝换代的象征。

按照汉儒的说法，谶纬是孔子及其弟子、后学制作的，这几条便是他们的预测。就像后世的《推背图》一样，制作者为了表明自己所作预测的准确，常常会将制作的年限往前推，将已经发生的事件作为推算的结果，以此证明其所言的不虚不妄。

谶纬中提到刘邦受河图，借鉴了黄帝、尧、舜、禹受河图的传说。刘邦和汉王室为了证明刘邦称帝的合法性，在汉初炮制了刘邦为黑龙所生、斩白蛇起义的传说。那时并未言及受河图，此说也未在西汉中期之前的文本中出现。这就表明刘邦受河图的传说，是后来的附益。这些附益的文本越来越多，就有了不少预言的存在。

我们来看几条据说是出自河图洛书的文献：

《河图合古篇》曰："帝刘之秀，九名之世，帝行德，封刻政。"

《河图提刘予》曰："九世之帝，方明圣，持衡拒，九州平，天下予。"

《洛书甄曜度》曰："赤三德，昌九世，会修符，合帝际，勉刻封。"

建武中元元年（56年），刘秀颁行图谶于天下。这些文字，是刘秀封禅泰山后颁行天下的图谶、纬书的组成部分。其中题名河图、洛书的预言精准地预测了刘秀即将称帝、可以封禅，刘秀视其为获得天下、按图行事的合法性。

从文献记载来看，这些预言应该在刘秀起兵之前就已经存在了。据说，当时刘歆读到这些文献，注意到有个叫"刘秀"的人会得到天下，居然将自己的名字改为"秀"，期望能应和这些预言，从而称帝，可见其想多了。没想到确实有个真"刘秀"，应和图谶的预言，最终称帝。①

无论我们信不信，刘歆信了，刘秀的部将们信了，刘秀也信了。刘秀将这些图谶颁布天下，作为自己称帝的依据，天下大多数人也信了。这么来看，刘秀称帝，既是个人努力的结果，也得益于两汉之际公认的传说：高祖刘邦九世之后，有个叫刘秀的会重新恢复汉家基业。刘秀正是呼应图谶的预言，被推上了帝位。他称帝之后，立即颁行图谶于天下，作为其执政的合法性来源。

在东汉，图谶、纬书所构成的知识传说是最权威的政治合法性来源，不容置喙。因此，班固在《汉书》中说"刘歆以为"，并在《典引》中说河图"以流之占"，点明了河图洛书所表达的祥瑞预言，才是其核心意义所在。

谶纬实际是汉代知识界学术建构的尝试。他们试图将自然变动、社会发展和历史神话整合为一套完整的学术体系，来探究天人之间如何互动、人的性情与自然如何关联。司马迁的"究天人之际"，也是这种努力的一部分。

两汉学者不断将对自然、社会和人文的所有思考和想象汇聚其中，思考天地运行的规律、社会发展的进程。由于需要解决的问题越来越多，谶纬文本变得越来越庞杂。当时不加辨析地把大传统的经学、小传统的方术，以及民间信仰、社会习俗、神话传说和历史故事皆纳入其中，使得谶纬成为大杂烩。

谶纬的作者既有儒生，也有方士，当然还有大大小小数不清、记不住的经师、官员和百姓。无数人参与传承、制作、创造

---

① 《汉书·楚元王传》："初，歆以建平元年改名秀，字颖叔云。"《汉纪》云："先是歆依谶改名秀。"唐代李贤注《后汉书》云："刘歆以哀帝建平元年改名秀，字颖叔，冀应符命。"参见〔东汉〕班固撰，〔唐〕颜师古注《汉书》卷三十六《楚元王传》，北京：中华书局，1962年，第1972页；〔东汉〕荀悦著，张烈点校《汉纪·孝平皇帝纪》，北京：中华书局，2002年，第540页；〔南朝宋〕范晔撰，〔唐〕李贤等注《后汉书》卷二十三《窦融列传》，北京：中华书局，1965年，第799页。

的谶纬，不仅吸纳了早期中国流传的河图洛书传说，而且增益了相当多的解读，使得河图纬、洛书纬成为谶纬的核心文本。

三、汉儒眼中的河图

刘秀将以河图、洛书为核心的图谶颁行天下时，河图纬、洛书纬已是经过整理的文本系统。图谶预言了刘秀能够称帝，那么之后谁还能称帝，谁还能称王？图谶中是否仍隐含着未来的天子？

图谶的颁行，蕴含着天然的不稳定因素。就像刘歆改名以迎合预言那样，它有可能鼓励有野心的人，或者有期待的人从中寻找证据，证明天命在己。① 桓谭意识到这一问题，而张衡直接上《请禁绝图谶疏》，认为成哀、平之际的图谶，附益了河图、洛书、六艺的传说，实事难形，虚伪不穷，要求汉顺帝禁绝图谶。

谶纬流传至曹魏时，学者宋均为之作注。他见过河图、洛书之类的谶纬文本，明确说："河图，谓括地象。"② 这个说法与刘歆秉持的河图是八卦的说法不同。

古代中国有很多知识，是在口传很长时间后被用文字或符号的形式记录下来的。记录下来后就有了具体的形态，而内容会在流传的过程中散佚，就像河图、洛书，在夏、商、周肯定以某种形态存在，但在汉代以后就失传不见了。记录的散佚，一是慢慢

---

① 《容斋随笔》谓："苻坚禁图谶之学，尚书郎王佩读谶，坚杀之，学谶者遂绝。及季年为慕容氏所困，长安自读谶书，云：'帝出五将久长得。'乃出奔五将山，甫至而为姚苌所执。始禁人为谶学，终乃以此丧身亡国。'久长得'之兆，岂非言久当为姚苌所得乎？又姚与遥同，亦久也。光武与坚非可同日语，特其事偶可议云。"参见〔南宋〕洪迈撰，孔凡礼点校《容斋随笔·三笔》卷七《光武苻坚》，北京：中华书局，2005年，第508页。

② 〔北宋〕李昉等撰：《太平御览》卷八十二《夏帝禹》，北京：中华书局，1960年，第381页。

失传，二是突然消失。在其消失之前，有的人看过，会对其进行记载；有的人引用过，其部分内容就会残存在其他文本之中。宋均说河图是《括地象》之类的知识系统，其文本形态可能是图画，有一套知识系统负责解释它。

那么，《括地象》是部什么样的书呢？

《河图括地象》经后人辑佚和校勘，部分内容得以保留。我们来看看其中的主要内容：

> 昆仑东南地方五千里，名神州。其中有五山帝王居之。
>
> 昆仑山为柱，气上通天，昆仑者地之中也。地下有八柱，柱广十万里；有三千六百轴，互相牵制；名山大川，孔穴相通。
>
> 昆冈之山为地首，……横为地轴，上为天镇，立为八柱。
>
> 昆仑之墟，有五城十二楼，河水出焉，四维多玉。
>
> 岐山在昆仑山东南，为地乳，上多白金。周之兴也，鸑鷟鸣于岐山。时人亦谓此山为凤凰堆。
>
> 幡冢山，上为狼星。上有异草，花名骨容，食之无子。
>
> 三危山，在鸟鼠之西南，与汶山相接，上为天苑星，黑水出其南。

这类地理知识与八卦是没有关系的，文本很类似《山海经》，主要记载某地有某山，某山有某产，以何种方式祭祀。但《河图括地象》相比《山海经》，增加了更多星象知识，言某地对应某星。其中言：

  荆山为地雌，上为轩辕星。

  鸟鼠同穴山，地之干也。上为掩毕星，渭水出其中。

  熊耳山，地门也。其精上为毕附耳星。

  桐柏山为地穴，上为维星。

  从传世文献来看，中国将星象对应地理所形成的星次分野理论，不早于战国。这就告诉我们：即便河图的雏形在夏禹之前就已经形成，但作为知识系统，它一直处于不断发展、丰富和完善的过程中，不断吸纳新的天文、地理、社会知识，日渐庞杂。

  有意思的是，在《初学记》《艺文类聚》《太平御览》中，还保留了相当大一部分直接称之为《河图》的文本，内容量远远超过《河图括地象》，其中对天地结构、黄河水系、沿岸城市进行了详细的描述，可以罗列如下：

  《河图》曰：天有九部八纪，地有九州八柱；天地精通，神明列序也。

  《河图》曰：地恒动不止，譬如人在大舟中，闭牖而坐，舟行而人不觉也。

  《河图》曰：天有五行，地有五岳；天有七星，地有七表。

  《河图》曰：凡天下有九区，别有九州。中国九州名赤县，即禹之九州也。上云九州八柱者，即大九州也，非禹贡小九州也。

  《河图》曰：黄河，出昆仑山东北角刚山东。以北流千里，折西而行，至南山。南流千里，至华山之阴。东流千里，至于植雍。北流千里，至于下津。河水九曲，长者入于渤海。

《河图》曰：武关山为地门，上为天高星，主图囹。岐山在昆仑东南，为地乳，上为天糜星，汶山之地为井络，帝以会昌，神以建福，上为天井。

《河图》曰：鸟兽同穴山，地之干也，渭水出其中。象天河事。

《河图》曰：乃有地肺，土良水清，句曲之山，金坛之陵。

《河图》曰：少室之山，大竹堪为釜甑。

之所以保留"《河图》曰"，是要显示出唐、宋的类书中明确而清晰地保留着被称为《河图》的文本，却被后世学者遮蔽。这些《河图》的文本当是汉儒以为的河图，或是《河图括地象》的文本，无论如何，它至少是与河图一起流传的文字。这就说明河图作为知识系统，在周、秦、汉、魏、晋一直存在，主要内容是天地的结构，以及黄河流经的昆仑山、岷山、武关山、岐山、华山、三危山、大别山、少室山等地的人文地理情况，这些是附图流传的文字。

若以现在的地理来看，其中有些山如岷山、大别山并不在黄河流域。这恰恰证明河图形成较早，尚未全面勘测，山系、水系的归属与走向，只是根据大致猜测来记述。同时也表明河图的内容早于《史记·河渠书》《汉书·地理志》，只是早期中国有关黄河水系的传说。其中所夹杂的黄河流域的历史神话，尚徘徊于早期神话思维之中。

我们把"《河图》曰"的相关记述合并起来，大致可以看出汉代前后的河图是对早期中国历史的神话化想象。

洛水地理，阴精之官；帝王明圣，龟书出文。天以与命，地以授瑞；按河合际，居中护群。王道和洽，吐图佐神；逆名乱教，摘亡吊存。故圣人观河洛也。①

灵龟负书，丹甲青文以授之。②

黄帝游于洛，见鲤鱼长三丈，青身无鳞，赤文成字也。③

黄帝云："余梦见两龙，挺白图，即帝以授余于河之都。"天老曰："天其授帝图乎？"试斋以往视之。黄帝乃斋河洛之间，求象见者。至于翠妫泉，大卢鱼折溜而至，乃问天老："子见中河折溜者乎？"见之，与天老跪而授之。鱼泛白图，兰菜朱文，以授黄帝。舒视之，名曰录图。④

庆都与赤龙合，生帝于伊尧。⑤

舜以太尉即位，与三公临观，黄龙五采，负图出舜前，以黄玉为柙，玉检金绳，芝为泥，章曰："黄帝符玺。"⑥

禹既治水，功大，天帝以宝文大字锡禹佩，渡北海弱

---

① 〔唐〕徐坚等著：《初学记》卷六《地部中》，北京：中华书局，1962年，第132页。
② 〔清〕胡渭撰，郑万耕点校：《易图明辨》卷一《河图洛书》，北京：中华书局，2008年，第20页。
③ 〔唐〕徐坚等著：《初学记》卷六《地部中》，北京：中华书局，1962年，第132页。
④ 〔唐〕徐坚等著：《初学记》卷六《地部中》，北京：中华书局，1962年，第120页。
⑤ 〔北宋〕李昉等撰：《太平御览》卷一百三十五《帝喾四妃》，北京：中华书局，1960年，第655页。
⑥ 〔唐〕欧阳询撰，汪绍楹校：《艺文类聚》卷九十八《祥瑞部》，上海：上海古籍出版社，1965年，第1703页。

水之难。①

汤母扶都，见白气贯月，意感而生汤。②

这正是汉魏晋流行的河图传说，记述了伏羲、黄帝、尧、舜、禹、商汤等感生神话，也记述了他们得天下的预言，与八卦、六十四卦、《周易》不是同一知识系统。

这表明，汉魏晋流传的河图洛书与南宋开始流传的《河图》《洛书》截然不同。即使在宋朝出现的《河图》《洛书》也不是八卦，而是易图。现在很多人拿朱熹公布的《河图》《洛书》说事，是没有进行知识考古的误读。

感生神话又称贞洁受孕神话、图腾受孕传说，是早期中国解释受命之王而想象出来的神话系统。以当时的眼光来看，能够得到众人拥护并治理天下的帝王，皆天赋异禀，只有可能是天生神授，根本不可能是人间造就。

他们之所以与一般人有云泥之别，因为他们是其母与天地交感而生。黄帝就被解释为其母与北斗星感应所生，尧是其母庆都与赤龙感应所生，商汤是其母扶都与白气感应所生。一言以蔽之，受命的帝王，皆是其母与天地交感而生，具有神异性。

这类传说，在今天看来不过是笑谈。但在早期中国，大家不仅相信，而且津津乐道，二十四史中经常记载这类神话，作为开国之君、中兴之主吉人天相的证明。所以，河图是天文地理之书，还记载着大量的天地相互滋养的故事，并孕育出一大批人间圣王。因此，河图是一个开放的知识系统，随着历史的发展不断丰富，神话传说、天文地理、历史故事和未来预言等被杂糅。

---

① 〔唐〕徐坚等著：《初学记》卷九《总叙帝王》，北京：中华书局，1962年，第207页。

② 〔唐〕欧阳询撰，汪绍楹校：《艺文类聚》卷十《符命部》，上海：上海古籍出版社，1965年，第184页。

《洛书灵准听》中记载"西王母受益地图，舜受终，凤凰仪，黄龙感，朱草生，蓂荚孳"，西王母所受的地图，是从夏禹接班人伯益处所得。①这个神话是说历代帝王接受了河图，河图也就增益更多的帝王受河图的传说。河图成为历代帝王拥有天下的象征，在传说系统中所有接受河图的帝王统治天下，最后变成拥有天下的帝王都应该接受过龙马进献河图的传闻。

伏羲至大禹时期、夏、商、周皆在黄河流域发展，黄河支流的天文、地理、历史、人文知识代代流传，形成口传系统；至汉代或写定，称为河图。在文字形成之前，当有以图流传的阶段，图之物，是为河图，可以陈列。其秘不外传，因为得河图者得天下，黄帝、尧、舜、禹皆曾见之。西周将河图作为宝物陈列于庭，作为受命的象征。

附河图流传的知识系统，应是河图的说解，或长或短，并无定本。东汉刘秀颁图谶于天下时，河图纬已经得到了初步整理。其在诏书中引用的《河图赤伏符》《河图会昌符》《河图合古篇》《河图提刘予》曾预言刘秀当拥有天下，值得大书特书。那些提纲挈领的命名，为刘秀颁行时所定。②《河图括地象》《河图著命》是天文地理类、预言类的合编，河图的知识得以分类流传，保留在谶纬文本系统中。

四、汉代的洛书

洛书同样被视为预言系统，其中言及："灵龟者，玄文五色，

---

① 《尚书今古文注疏》注引唐代学者李善之言谓："天球，宝器也。《河图》，本纪图帝王终始存亡之期。"〔清〕孙星衍撰，陈抗、盛冬玲点校：《尚书今古文注疏》卷二十五《顾命》，北京：中华书局，2004年，第493—494页。

② 建武三十二年（前56年）《泰山刻石文》言："皇帝唯慎《河图》《雒书》正文，是月辛卯，柴，登封泰山。"〔南朝宋〕范晔撰，〔唐〕李贤等注：《后汉书·封禅》，北京：中华书局，1965年，第3166页。

神灵之精也。上隆法天，下平法地；能见存亡，明吉凶。王者不偏党，尊耆老则出。"①灵龟为洛出书故事的核心。灵龟出作为圣王出现的征兆，逐渐演化为灵龟托出洛书。

王符在《论衡·雷虚篇》中说："《图》出于河，《书》出于洛。河图、洛书，天地所为，人读知之。"他认为河图、洛书是自然形成的，河图近乎地图，洛书近乎文字。后人受其启发，做出解读，不断附益，使其成为日渐丰富的知识系统。

两汉之际随河图洛书附益的文本越来越多，使之成为预言之说。《春秋说题辞》中说："河以通乾出天苞，洛以流坤吐地符。河龙图发，洛龟书感。《河图》有九篇，《洛书》有六篇。"②后人由此认为《河图》为乾，为天苞，《周易》中乾爻皆阳，阳爻称九，故曰九篇；《洛书》为坤，为地符，坤爻皆阴，阴爻称六，故曰六篇。把河图洛书的出现与《周易》的乾、坤两卦相连，仅限于此。

现在来看，汉朝流行的河图洛书的主要内容有四：

一是探讨星象运行及其吉凶。如言："周天三百六十五度四分度之一。一度为千九百三十二里，则天地相去十七万八千五百里。"③以天人感应推算人间事务。其中预言了刘秀称帝，这类知识被整理在《洛书甄曜度》。

二是历史神话化的知识。如言大禹"大口，耳参漏，足履已，载成钤，怀玉斗"④；言成汤"黑帝子汤，长八尺一寸，或曰

---

① 〔唐〕徐坚等著：《初学记》卷三十《鳞介部》，北京：中华书局，1962年，第744页。
② 〔日〕安居香山、〔日〕中村璋八辑：《纬书集成》，石家庄：河北人民出版社，1994年，第861页。
③ 〔北宋〕李昉等撰：《太平御览》卷二《天部》，北京：中华书局，1960年，第9页。
④ 〔北宋〕李昉等撰：《太平御览》卷八十二《皇王部》，北京：中华书局，1960年，第380页。

七尺，连珠庭，臂二肘"①；言周文王"苍帝姬昌，日角乌鼻，身长八尺二寸"②。这些圣王得天地眷顾，受到神灵庇护，身体亦合乎天地成数，它们散布在洛书系统之中。

三是预测古今兴衰成败。如"人皇兄弟九人，别长九州。离艮，地精，女出为之后"③，"次是民没六皇出，天地命易以第绝"④，数理与传说杂糅，记述对未来的预言，是两汉间人最希望看到的文字。

四是结合物候预测吉凶。如"王者不藏金玉，则紫玉见于深山；服饰不逾祭服，则玉英出"⑤，与谶纬预言相合。预测农业收成的内容被编订为《洛书说禾》，也是预言之书。它与《周易》并无直接关系。

班固在《汉书·五行志》中说，刘歆认为伏羲受河图而作八卦，禹治洪水，得赐洛书而作《洪范》。他接着说：

> 降及于殷，箕子在父师位而典之。周既克殷，以箕子归，武王亲虚己而问焉。故经曰："惟十有三祀，王访于箕子，王乃言曰：'乌呼，箕子！惟天阴骘下民，相协厥居，我不知其彝伦攸叙。'箕子乃言曰：'我闻在昔，鲧堙洪水，汩陈其五行，帝乃震怒，弗畀《洪范》九畴，彝伦攸斁。鲧则殛死，禹乃嗣兴，天乃锡禹《洪范》九畴，彝伦攸叙。'"此武王问《雒书》于箕子，箕子对禹得《雒书》之意也。

---

① 〔北宋〕李昉等撰：《太平御览》卷八十三《皇王部》，北京：中华书局，1960年，第388页。
② 〔北宋〕李昉等撰：《太平御览》卷八十四《皇王部》，北京：中华书局，1960年，第396页。
③ 〔北宋〕李昉等撰：《太平御览》卷一百三十五《皇亲部》，北京：中华书局，1960年，第654—655页。
④ 〔唐〕徐坚等著：《初学记》卷二十九《兽部》，北京：中华书局，1962年，第699页。
⑤ 〔唐〕徐坚等著：《初学记》卷二十七《宝器部》，北京：中华书局，1962年，第650页。

他认为《尚书·洪范》中保存的"九畴"之说，是洛书的文本：

"初一曰五行；次二曰羞用五事；次三曰农用八政；次四曰叶用五纪；次五曰建用皇极；次六曰艾用三德；次七曰明用稽疑；次八曰念用庶征；次九曰乡用五福，畏用六极。"凡此六十五字，皆《雒书》本文，所谓天乃锡禹大法九章常事所次者也。以为《河图》《雒书》相为经纬，八卦、九章相为表里。

《伪孔传》也认同此说："天与禹洛出书，神龟负文而出，列于背，有数至于九。禹遂因而第之，以成九类。"①此传认为这九类知识就是《洪范》九畴。

按照洛出书的说法，灵龟之背无论如何也不可能出现六十五字。洛阳二里头都城遗址对应夏中后期，虽有不少刻画，但尚未形成成体系的文字。也就是说，至少在二里头时期，洛书不可能为九畴的六十五个字。即便能形成六十五字，也只是口传文本，不可能被刻在龟背上。

后世以为《洪范》九畴为洛书，正是出自刘歆、班固的误读。司马迁在《史记·宋微子世家》中明确说：

在昔鲧堙鸿水，汩陈其五行，帝乃震怒，不从鸿范九等，常伦所斁。鲧则殛死，禹乃嗣兴。天乃锡禹鸿范九等，常伦所序。

---

① 〔西汉〕孔安国传，〔唐〕孔颖达疏：《尚书正义》卷十二《洪范》，北京：北京大学出版社，1999年，第298页。

他认为大禹所言《洪范》九畴，与《伪孔传》所谓的九数，班固所说的九章，实际是治理天下的九条法则。

从目前出土的资料来看，这些法则在夏朝是口传的，没有写定，更不可能在龟背上显示出来。裴骃《史记集解》引郑玄之说："帝，天也。天以鲧如是，乃震动其威怒，不与天道大法九类，言王所问所由败也。"他又引《伪孔传》之说："天与禹洛出书，神龟负文而出，列于背，有数至于九。禹遂因而第之，以成九类。"之所以形成九条法则，是因为龟背列有九个数字，禹将之作为天之成数。

理解洛书的关键，是回归到历史语境中，只有如此，才能看清历史神话背后的真相。从考古资料来看，夏朝形成了带有计数功能的刻画，应该形成了简单的数学，用一至九来计数，大概没有问题。

夏禹在治水时，即便得到了神龟背上花纹的启示，花纹也要么作数字，要么作符号。司马迁所写的"九等"是治国九法，即箕子所谓的九条。"九畴"之"畴"，更接近地理分野，是按照四正、四隅描述空间结构。

在早期中国，"九畴"是最为基础的地理观念。畴，《说文解字》解释为："耕治之田也。从田，象耕屈之形。"西周井田制规定，田地分为九块，周围八块为私田，中间一块为公田。《孟子·滕文公上》言："方里而井，井九百亩。其中为公田，八家皆私百亩，同养公田。公事毕，然后敢治私事。"八块私田环绕公田，以阡陌为界，形成了"井"字形的土地分野。

"九畴"的本义，应是对四正、四隅土地的合称。落实在早期中国的地理布局中，便是九宫。《周礼·地官·小司徒》将九宫作为理想的土地规划制度、管理制度和赋税制度："乃经土地而井牧其田野，九夫为井，四井为邑，四邑为丘，四丘为甸，四甸为县，四县为都，以任地事而令贡赋，凡税敛之事。"以井田为最基础的社会管理单元，形成丘、甸、县、都的社会治理体系。即天下根据土地物产确定赋税，缴纳贡赋。这种机制层层拓展为国家管理体系，构成了天下九州的地理格局。

小范围的九畴，大范围的九州，都是将四正、四隅环在周围，形成九宫的布局：

东南	南	西南
东	中	西
东北	北	西北

◇◇九宫布局

这恰恰是洛书的核心内容。常璩曾言，"《洛书》曰：人皇始出，继地皇之后，兄弟九人分理九州，为九囿，人皇居中州，制八辅"[①]。意思是说天下有九州，人皇居中，四正、四隅居周边，形成了九州分布。《尚书·禹贡》列大禹的治水功劳：

禹别九州，随山浚川，任土作贡。禹敷土，随山刊木，奠高山大川。……九州攸同，四隩既宅，九山刊旅，九川涤源，九泽既陂，四海会同，六府孔修。

大禹率百姓治理水土，水落土出，用大量土地解决了水患问题，扩大了可居住地的面积，这就是"降丘宅土"。造宅为居，室隅为隩，四隩为四方可居之地，使人得以定居。这种地理观念大而化之，将土地划分为冀州、兖州、青州、徐州、扬州、荆

---

① 〔晋〕常璩撰，刘琳校注：《华阳国志校注》卷一《巴志》，成都：巴蜀书社，1984年，第20页。

州、豫州、梁州、雍州九州，分类制定赋税。

若以河洛地区所在的豫州为中心，其余八州分列在周围，就形成了"人皇居中州，制八辅"的国土地理空间格局。[①]

◇◇保存在西安碑林的石刻《禹迹图》（绘制于宋代）

区域依据九州划分，朝贡数量依据九州所划分区域的土地物产确定。可以说，九州观念是天下治理的秩序。

《禹贡》显然不是夏、商定都中原时期所作，最有可能作于定都关中的秦汉时期。确定都城在何处，最简单的方法是看贡赋向何处输送：

---

① 〔晋〕常璩撰，刘琳校注：《华阳国志校注》卷一《巴志》，成都：巴蜀书社，1984年，第20页。

雍州 厥田上上 厥赋中下	冀州 厥田中中 厥赋上上	青州 厥田上下 厥赋中上
梁州 厥田下上 厥赋下中	豫州 厥田中上 厥赋上中	兖州 厥田中下 厥赋贞（下下）
荆州 厥田下中 厥赋上下	扬州 厥田下下 厥赋下上	徐州 厥田上中 厥赋中中

◇◇《禹贡》土地、赋税对比

在农业社会，贡赋主要来自土地物产。若据此衡量《禹贡》，天下的土地分成九份，税负也分成九份。在九州之中，雍州税赋最轻，土地为上上，假设盈余为九；赋税则为中下，假设为六，盈余为三。兖州土地中下为六，赋税则为下下，盈余为三。这样，徐州盈余为三，梁州盈余为一。而冀州盈余为负四，豫州盈余为负二，扬州盈余为负一，荆州盈余为负一。河北、河南、江淮和江南四地土质不好，却要缴纳大量贡赋，而这些贡赋主要流向了雍州。

雍州居于关中，土地最为肥沃，所纳的赋税却最少，表明《禹贡》所作的时代为都城在关中的时期。《汉书·地理志》言《周官》设并州、幽州，当非西周所至疆域，《禹贡》中的九山、九川、九泽及九州观念，可能形成的较早。

对九州精确划分，并以之缴纳贡赋，从赋税收入和国家疆域来看，《禹贡》写定的时期只可能是西汉。

与"九畴"对应的还有地理概念"九丘"，《左传·昭公十二年》载楚有文献名《九丘》。楚灵王所说楚国所有的《三坟》《五典》《八索》《九丘》，皆已散佚。后世学者有很多推测，汉儒一般认为《三坟》《五典》是三皇五帝之国书,《八索》出八卦,《九丘》为九方之志。马融认为《九丘》之"九",取自九州之数。贾逵认为《八索》论述八方治理天下的方法,《九丘》记述天下兴亡之事。孔颖达认为《九丘》当是言九州物产之书,大致类似《禹贡》所言的九州物产各有所宜。

其实,"九丘"最早见于《山海经·海内经》:

> 有九丘,以水络之:名曰陶唐之丘、有叔得之丘、孟盈之丘、昆吾之丘、黑白之丘、赤望之丘、参卫之丘、武夫之丘、神民之丘。①

九丘中间有江河山川相隔。九丘中有建木,作为"众帝所自上下"的通道。②它们实际是九座天帝往来天地之间的神山。

陶唐为尧之帝号,陶唐之丘为尧曾经所居之丘。《尚书·五子之歌》言:"惟彼陶唐,有此冀方。"尧居冀州,陶唐之丘为冀州的天帝往来人间的通道。昆吾之丘为夏伯昆吾所居之丘。昆吾为祝融之孙、陆终长子,名樊,为己姓,封于昆吾,在卫地,夏衰之后,迁于旧许③,昆吾之丘当在黄河中游。武夫之丘,因有武夫石而得名,《山海经·南次二经》载其在会稽之山,当位于扬州。

《山海经》所载的神州九丘,与九州相关,是大禹降丘宅土时所形成的大丘,也是早期中国主要部族的聚居之地。宋代刘敞认为《九丘》实际记载九州的风土人情,与《禹贡》稍有区别。

---

① 袁珂校注:《山海经校注》,成都:巴蜀书社,1992年,第509页。
② 〔西汉〕刘安编,何宁撰:《淮南子集释》卷四《坠形训》,北京:中华书局,1998年,第328—329页。
③ 徐元诰撰,王树民、沈长云点校:《国语集解》卷十六《郑语》,北京:中华书局,2002年,第466—467页。

其所谓的"九",正与九州相合。①

与九丘相配的"八索",是国家四正、四隅的治理策略。②王畿居中,行周政,周边有八个地区,实行八种治理方式。《左传·定公四年》载周初分封时颁行治典,以"索"来言地区治理之法:

> 聃季授土,陶叔授民,命以《康诰》,而封于殷虚,皆启以商政,疆以周索。分唐叔以大路、密须之鼓、阙巩、沽洗,怀姓九宗,职官五正。命以《唐诰》,而封于夏虚,启以夏政,疆以戎索。③

杜预注:"启,开也,居殷故地,因其风俗,开用其政,疆理土地以周法。""索,法也。……大原近戎而寒,不与中国同,故自以戎法。"④周索是以周之成法治理殷地的。按照《尚书》中的说法,与虞、夏、商、周对应的应当是虞索、夏索、殷索。戎索是以戎地的成法治理唐地,按照西周的四夷观念,与夷、狄、蛮对应的当是夷索、狄索、蛮索。因此,居中实行周政,周边治理虞、夏、商、周的方法,与四夷治理戎、蛮、夷、狄的方法,合称八索。

张端义《贵耳集》认同这一看法:"周索,戎索。索,法也。

---

① 〔北宋〕刘敞:《公是先生七经小传》,上海:上海书店出版社,1984年,第34页。

② 《太平御览》卷六百八载《广雅》言:"《三坟》,分也;论三才之分,天、地、人之治,其体有三也。《五典》,镇也;制作教法,所以镇之上下,其等有五。《八索》,著素王之法,若孔子者,圣而不王,制此法者有八也。《九丘》者,丘,区也,别九州土气,教化所宜施者也。此皆三王以前,上至羲皇时书也。今皆亡,惟《尧典》在。"参见〔北宋〕李昉等撰《太平御览》卷六百八《学部》,第2735—2736页。

③ 〔西晋〕杜预注,〔唐〕孔颖达正义:《春秋左传正义》卷五十四《定公四年》,北京:北京大学出版社,1999年,第1549—1550页。

④ 〔西晋〕杜预注,〔唐〕孔颖达正义:《春秋左传正义》卷五十四《定公四年》,北京:北京大学出版社,1999年,第1549—1550页。

《书》序云:'九丘八索。'即此'索'也。"八索是在总结先王行之有效的四方治理之法,用于不同区域的治理。

九畴是按照空间形成的地理方位,按照四正、四隅的方向排列,构成井田制的九宫布局。将之拓展为地理空间结构,形成了九州布局;与九丘、八索相合,形成了因地制宜的国家治理策略。洛书当是讲述地理分区治理的文本或知识系统。

五、宋儒制作的《河图》《洛书》

大家经常提到的《河图》《洛书》,是经朱熹流传下来的,以黑白符号标识。在南宋时,这两幅图突然出现了:

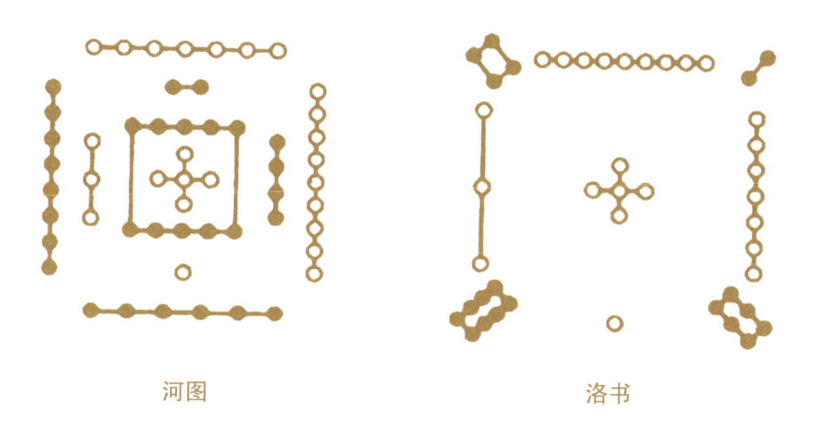

河图　　　　　　　　洛书

◇◇南宋时期的《河图》《洛书》

它们流传的过程,陈振孙在《直斋书录解题》中做了记载:

绍兴初在经筵表上,具述源流云:"陈抟以《先天图》传种放,放传穆修,修传李之才,之才传邵雍;放以《河图》《洛书》传李溉,溉传许坚,坚传范谔昌,谔昌传刘牧;修以《太极图》传周敦颐,敦颐传程颢、程颐。是时,张载讲学于二程、邵雍之间，故雍著《皇极经世书》。"

陈抟是唐末五代人，据说活了一百一十七岁，宋太宗赵匡义还见过他。陈抟将《河图》《洛书》传授于世，经过邵雍、程颢、程颐，最终到了朱熹手里。

《宋史·艺文志》记载，陈抟曾作《龙图易》。《宋文鉴》存陈抟《龙图序》，言龙图三变，一变为天地未合之数，二变为天地已合之数，三变为龙马负图之形。由于《龙图易》不存，《龙图序》也不载龙图三变之图，未知陈抟所传之图为何。

元代张理的《易象图说》，载有龙图三变的图式：

一变为天地未合的状态，天数二十五，地数三十，天为阳，地为阴，阳用白点，阴用黑点。其排列如下图所示：

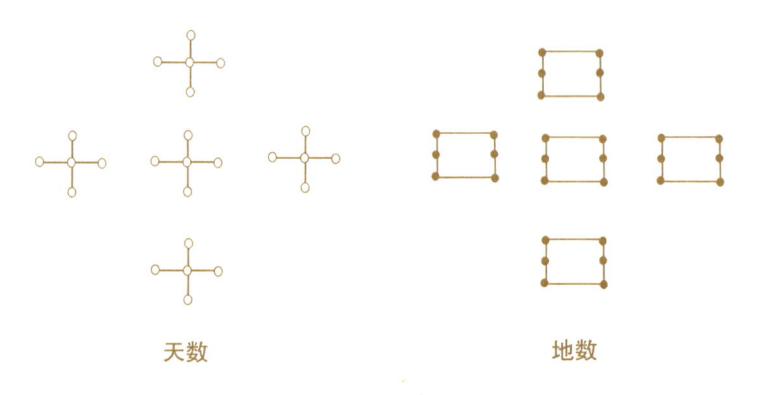

天数　　　　　　　　　地数

◇◇《易象图说》龙图一变

二变为天地已合之图，天数、地数相互配合，如下图所示：

天数　　　　　　　　地数

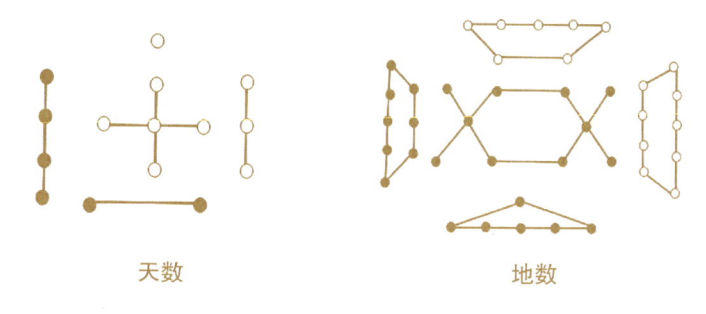

◇◇《易象图说》龙图二变

天数去十，奇偶相配，以一、二、三、四、五表明五行相生，为天数；地数五组，重新组合，奇偶相配，组成了六、七、八、九、十。

这样，天数各加五，就是地数；天数是生数，地数是成数，形成了天一地六、天二地七、天三地八、天四地九、天五地十的分配，解释了《周易·系辞》所谓的"天一，地二；天三，地四；天五，地六；天七，地八；天九，地十"的说法，也解释了《尚书正义》《洪范》卷中天、地之数的关系："天一生水，地二生火，天三生木，地四生金。……故地六成水，天七成火，地八成木，天九成金，地十成土。"[①]

三变为龙马负图，即后世流传的《十数图》，解释了五行的生成，标识了天地秩序。奇数一、三、五、七、九居四正，为天数；偶数二、四、六、八、十居四隅，为成数，就是后世常见的《河图》。

从文献记载来看，陈抟在《龙图序》中只提到"龙图"，既未言及河图，也未言及洛书。在陈抟的时代，并未将天地三变图与河图、洛书联系起来。

---

① 〔西汉〕孔安国传，〔唐〕孔颖达疏：《尚书正义》卷十二《洪范》，第302页。

刘牧见过陈抟的《龙图易》。他将《九数图》《十数图》与《河图》《洛书》联系起来，将五行生成图视为《洛书》，将九宫图作为《河图》。他绘出的《河图》，共九数，称为图九；他绘出的《洛书》共十数，称为书十：

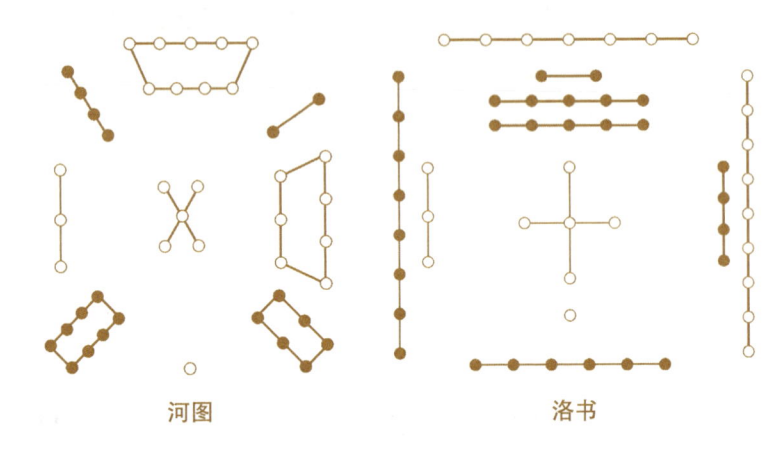

河图　　　　　　　洛书

◇◇刘牧所绘《河图》《洛书》

蔡元定认为刘牧把图画反了，认为《河图》之数应该为十，《洛书》之数应该为九，重新绘制了《河图》《洛书》。最后被朱熹采信，用在《周易本义》的卷首。这便是后世通用的《河图》《洛书》。

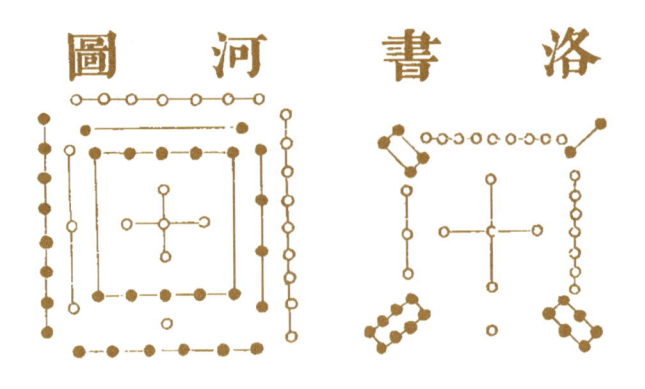

◇◇朱熹所传的《河图》《洛书》

从文献记载来看，宋儒流传的《河图》《洛书》，实际是用易图来阐释天地运行规律的。其中所涉及的天地生数、成数、天地之数，被宋儒用来解释天地运行秩序。

这表明宋儒根据《周易》的义理制作了《河图》《洛书》，而不是古代根据《河图》《洛书》制作了《周易》。据《朱子语类》记载，朱熹与弟子们讨论过《河图》《洛书》。

朱熹及其弟子正是以《河图》《洛书》的数理来分析《周易》的数理的。从其所言来看，《河图》《洛书》并非早就在程朱理学中流行。一则目前的文献中并未看到周敦颐、程颢、程颐、邵雍以《河图》《洛书》来记述天地运行之理。二则朱熹与其弟子讨论的是如何理解《河图》《洛书》，表明其《河图》《洛书》尚未内嵌到程朱理学的学理体系之中，朱熹新见到二图，与弟子分析其内在的数理关系、符号系统。

其实，早在北宋时，欧阳修就明确否定过《河图》与八卦的关系：

> 河图之出也，八卦之文已具乎，则伏羲授之而已，复何所为也？八卦之文不具，必须人力为之，则不足为河图也。其曰观天地、观鸟兽、取于身、取于物，然后始作八卦，盖始作者前未有之言也。考其文义，其创意造始其劳如此，而后八卦得以成文，则所谓河图者何与于其间哉？若曰已授《河图》，又须有为而立卦，则观于天地鸟兽、取于人物者皆备言之矣，而独遗其本始所授于天者，不曰取法于河图，此岂近于人情乎？考今《系辞》二说离绝，各自为言，义不相通……[①]

---

① 〔北宋〕欧阳修著，李逸安点校：《欧阳修全集》卷七十八《易童子问》，北京：中华书局，2001年，第1122页。

欧阳修认为八卦的形成，是日积月累的。《易传》明确言伏羲观天文、鸟兽、身体、外物抽象出来表意符号，并不是单纯取象龙马或者神龟。

如果说中华文明有五千年历史，《周易》则是前两千五百年历史文明抽象而成的数理系统。即便其中真的受龙马负图的启发，也不过是为《周易》的制作提供了灵感，而非照搬或者抄自龙马所负之图。

王安石在《河图洛书义》中重新解释了"河出图""洛出书"说法：

> 孔子曰："河出图，洛出书，圣人则之。"夫图必出河而洛不谓之图，书必出于洛而河不谓之书者，我知之矣，图以示天道，书以示人道故也。盖通于天者河，而图者以象言也。成象之谓天，故龙负之，而其出在河；龙善变，而尚变者天道也。中于地者洛，而书者以法言也。效法之谓人，故使龟负之，而其出在洛；龟善占，而尚占者人道也。此天地自然之意，而圣人之作《易》所以则之者也。

王安石素不信成法。在他看来，孔子的说法，是讲圣人顺应天道，作图书以尽人事，《周易》只是贯通天道、地道、人道而已，而不是全部天道、地道和人道。

罗璧在《罗氏识遗》卷八《天即理》中进一步辨析了"河出图、洛出书"之说的本义：

> 禹治水，彝伦攸叙，箕子曰：天乃锡禹。《洪范》《九畴》，亦谓禹能顺水之性，不失高下之宜，盖天锡以知《九畴》之叙，故无逆水之失。汉儒不审，乃拘于洛书龟背水文多少之较（详《书·洪范》疏)，岂真知天者？况太古文籍

未生,天果以龟文示人,亦未必有所谓不一名字、三十八字之详也。又按《易·系》,孔子只言河出图,洛出书,即无龟龙之说。汉世纬书起,始曰龙负图,龙负书,殆汉儒增也。兼古人言灾祥多卜以人事,纬书尽益以神怪,禹观河,见白面长人,殷白狼衔钩沈璧于洛,而黑龟与之,书黄鱼双跃,周赤雀衔书,白鱼入舟,皆《礼纬·稽命微》之辞,故谶纬皆起汉儒。①

他认为龙马负图、神龟出书,不过是汉儒附益而成的神话传说。早期中国确实形成了《洪范》《九畴》之类的地理五行观念和区域治理学说。这些观念只能是累积而成,不是神龟背上有字。洛出书,绝对不是看到了龟背上有文字。

目前,考古尚未发现夏代有成体系的文字,在出土陶器上简单的刻画,即便理解为数字、符号,那也是有特定表达意味的形式。在大禹治水时,尚不可能已经产生《九畴》中列出的六十五字,也就是说刘歆等人所谓的神龟背上的六十五字,即便为真,大禹时代的人也不可能认识,更何况当时尚未产生成体系的文字。

皮锡瑞概括说:

> 宋人所传《河图》、《洛书》,皆黑白点子,是止可称图,不可称书。而乾南、坤北之位,是乾为君而北面朝其臣。此皆百喙不能解者。②

今且不必深论,但以"图书"二字诘之。图,今所谓画也。书,今所谓字也。是图但有点画,而书必有文字。汉

---

① 〔宋〕罗壁著:《罗氏识遗》卷八《天即理》,北京:中华书局,1991年,第97—98页。

② 〔清〕皮锡瑞撰,吴仰湘编:《皮锡瑞全集》(第6册),北京:中华书局,2015年,第74页。

人以《河图》为八卦,《洛书》为九畴。刘歆谓"初一曰五行"以下二十八字即是《洛书》,其说尚为近理。宋人所传河、洛,皆黑白点子,但可云河图、洛图,何云《河图》《洛书》? 此百喙所不能解者。①

他认为现在所传的《河图》《洛书》,只是根据《周易》的学理,对河图、洛书进行的想象,并非周王室和汉儒所传的河图、洛书。汉之前的河图、洛书,是一个边缘模糊的知识体系,其形成于夏商时期的河洛地区。周代之前有关黄河流域的地理,故名河图。在河洛地区形成的书写符号,被称为洛书。后世推演的《河图》《洛书》是关于《周易》的梳理,只是借用河图、洛书的名称演绎出来的图式而已。

文明的历程,有两个关键的指标:一是图,二是书。到目前为止只有人类才能绘图、写字,在大脑之外储存信息,人类的大脑得以解脱出来,处理更为复杂的关系,可以传承更多的间接知识。图画和文字能将此前的文明成果记录下来,使人类文明得以传承,得以隔代累积。

河图、洛书的出现,不仅是河洛地区带给中华文明的贡献,也是带给人类的伟大创造。图画和文字,就像熊熊燃烧的文明之火,一下子点燃了文明之木,使河洛地区成为夏、商、周最早的文明区域。

---

① 〔清〕皮锡瑞撰,吴仰湘编:《皮锡瑞全集》(第6册),北京:中华书局,2015年,第160—161页。

第二章 最早的中国

现存文献中,最早的"中国"是对洛阳的称名。周武王将之视为言夏人曾长期居住于此地,周人自称夏人之后①,周初在洛阳建都,既基于地理形势,又基于历史经验。《史记·货殖列传》云:"洛阳街居在齐、楚、秦、赵之中。"洛阳位于天下之中,有天然的地理优势。

一、早期文明汇河洛

中华文明是在特定地理环境、漫长历史进程中文化交融的产物。

史前时期,洛阳地区成为中华文明的中心地区,具有得天独厚的地理优势。农耕文明需要肥沃的土地、适时的降水、有规律的物候,黄河、洛河、伊河之阳便于灌溉,有肥沃的土地,进入农耕文明的早期人类逐渐来此定居。考古发现,河洛地区的旧石器遗址是散点分布,表明当时就有人类零星居住,但尚未形成规模。

在新石器时代早期,河洛地区开始有大量的生产生活痕迹。1959年、1975年、1984年先后对洛阳地区的考古调查发现,仰韶文化(王湾一二期)、龙山文化一二期、二里头文化遗址基本沿黄河、洛河、伊河乃至汝河分布。沿河的阳地,有大量早期中国农耕文明的遗迹。

旧石器时期转向新石器时期,是中华文明的第一次跨越。旧

---

① 《尚书》中周人多次以有夏自称,如《武成》:"诞膺天命,以抚方夏。"《康诰》:"用肇造我区夏。"《君奭》:"惟文王尚克修和我有夏。"《立政》:"帝钦罚之,乃伻我有夏,式商受命,奄甸万姓。"参见〔西汉〕孔安国传,〔唐〕孔颖达疏《尚书正义》卷十一《武成》,第290页;《尚书正义》卷十四《康诰》,第359—360页;《尚书正义》卷十六《君奭》,第444页;《尚书正义》卷十七《立政》,第470—471页。

石器时期以打制石器为工具，以渔猎和采集为生产方式，以人口的迁徙流动为特征。自然资源的有限性，决定了这种生产方式只能散居，才能获得稳定的生活保障。

偃师高崖遗址的裴李岗文化遗存和宝鸡北首岭文化遗存，显示新石器早期的人类开始在河洛聚居生活。在孟津的台阳遗址发现的仰韶文化时期王湾一期和二期的遗存，还有龙山文化庙底沟二期、煤山期的遗存，表明他们从未离开，文明在河洛平原延续，一直延续到二里头文化和商周文化时期。

洛阳地区的仰韶文化遗址背后，居住者是迁徙而来，还是持续在此，有待进一步考察。但可以看出的是，洛阳在几千年中持续有人居住，形成了连续的灰层。洛龙区的煡李遗址的文化堆积层是由仰韶文化、龙山文化再到二里头文化持续发展而来的，也说明当地持续有人居住。

新石器时代采用的磨制石器，看似是简单的工具改良，却意味着居住者有了足够的时间去磨制石器。足够时间的获得，一是取决于分工，二是来自闲暇。分工意味着协作，协作使得部分人有余力去改良工具、制作工具，思考更多的社会问题。闲暇则意味着生活必需品有剩余，人才能暂时从劳作中解脱出来，得到休息。

新石器时期工具持续改良的背后，是中华文明的迅速成长：例如采用了日趋稳定的农业生产方式；建造了日渐扩大的聚落；组织了日益完善的社会组织，有劳心者，也有劳力者；能够思考更多的问题；面对日益复杂的社会形态，开始了日趋完备的部族聚集。

新石器文化的标识是陶器。不同地区制作出的陶器呈现出明显的差异。比如华南地区的绳纹圜底釜、长江下游地区的平底盆—卷足盘—双耳罐、中原地区的深腹罐、黄河下游地区的素面圜底釜、华北和东北地区的筒形罐等。[1] 这些陶器形态上的差异，

---

[1] 韩建业：《早期中国：中国文化圈的形成与发展》，上海：上海古籍出版社，2015年，第22—26页。

被考古学界作为区分不同类型的依据。

根据这些陶器的差别,苏秉琦先生将早期中国文明归结为六个文化区系:以燕山南北沿长城为中心的北方,以山东为中心的东方,以关中、晋南、豫西为中心的中原,以环太湖为中心的东南部,以环洞庭湖与四川盆地为中心的西南部,以鄱阳湖—珠江三角洲一线为中轴的南方。[①]不同地区的文化分布在一个个聚落之中,在静悄悄地转变。早期中国文明犹如璀璨多姿的满天星斗。

新石器时期的聚落常有一个祭祀中心,作为公共活动区域和部族聚集的场所。这一时期形成了以祭祀为中心的社会结构。在祭祀中心常能发掘出大量的祭祀器物,如大地湾遗址中出现的大量非日常用的特异型陶器和特定作用的祭器,显示了当时祭祀主导整个社会的组织形态。

新石器时期墓葬中也多见有特殊陪葬礼器的神职人员,如贾湖大墓中出现了骨笛、骨板、象牙雕板、绿松石饰品、龟甲等陪葬品,表明墓主人在社会组织中具有较高的地位。在当时,神职人员已经形成,并且具有较富足的生活,这正是分工和闲暇的体现。

新石器时期最大的文明成果,是孕育出了农业文明。长江流域为稻作农业区,黄河流域为粟作农业区。稳定的耕作促成了定居生活,生产技术日渐积累传承。

文明是人类摆脱蒙昧的标志,体现着人类从必然王国走向自由王国的过程。考古发现的阶段性特征是文化,进化的规律性特点是文明。考古发现新石器时期磨制石器大量使用,陶器大量制作。文献记载黄帝时期形成社会组织,表明在仰韶文化时期,至少作为古国形态的城池开始出现。

---

① 苏秉琦:《中国文明起源新探》,北京:生活·读书·新知三联书店,2019年,第35—85页。

在仰韶文化时期，不同区域之间的文化激烈碰撞，催生出新的文明形态。掌握了某一先进技术的部族，依靠先进的生产力主导着文明的进程。张光直先生认为，各区域在新石器时代的大部分时间维持着自身的特点，已经形成了一定的文化传统。但彼此间日渐加深的交流，相互刺激、相互作用，使其文化形态越来越复杂，文明逐渐进入更高阶段。

仰韶文化是新石器时代的标识，洛阳王湾文化是仰韶文化的代表。苏秉琦先生注意到仰韶文化特征鲜明、变化幅度大、节奏快，很多文化遗存从无到有，从有到无，序列完整。说明在仰韶文化时期，中华文明得以大范围发展，迅速积聚，出现了很多新的变异。

仰韶文化中有两种小口尖底瓶（酉瓶）、两种花卉图案的彩陶盆、两种动物图案的陶盆作为共同标识。文化沿黄河中下游延展，向西沿渭河、洮河延展至甘肃，向东经河洛盆地延伸至黄河下游，北至山西西南、内蒙古河套地区，南抵汉水中上游。在如此广袤区域存在的文化形态，表明了中华文明在公元前7000—前5000年整体向文明迈进，进入了古国时期，大致与黄帝、帝喾、颛顼和尧、舜时期相对应。

仰韶文化的出现，犹如满天星斗的不同早期文化经过撞击、交流之后形成了有规律的"星系"。它让一个个聚落得以组织起来，发展出更为复杂的社会组织形式。社会复杂化，包括生产力发展所形成的社会分工，阶层分化而出现的神权或王权，人口聚居而建造起作为社会组织中心的都邑。这些都反映了此时文明共同体已形成，公共秩序已确立。

从洛阳地区的考古遗址来看，新石器时期大聚落如邙山聚落群、嵩山聚落群、夹河平原聚落群的出现，表明河洛地区已经经历聚落迁徙，逐渐聚集，较大的聚落逐渐形成。

学术界一般将仰韶文化视为传说的黄帝前后的文化遗存。黄帝是轩辕氏居于统治地位的代表。轩辕氏部族的统治延续了上千年，其最早的领袖被汉儒称为黄帝。在黄帝时期，社会开始复杂化、阶层形成、战争频仍、族群融合，促进了中华文明的大发展。

姜寨遗址有2万平方米的大聚落，而杨官寨遗址有24.5万平方米的聚落，修筑了用于防卫的环壕。无论是主动融合还是被动迁徙，这一时期大聚落的形成，表明公共秩序在持续形成。黄河与洛河交汇处的双槐树遗址面积有117万平方米，显示出更大规模的城池已经形成，并有了古国的气象，该地被考古学界视为"河洛古国"遗址，有的学者将之视为黄帝时期建造的古国遗址。

马歇尔·萨林斯认为早期人类社会的生成，是以游群—部落—酋邦—国家的形态依次演进。中国的考古学家则倾向于以古文化—古城—古国—方国—帝国的演进来描述中国的历史进程，仰韶文化处于古城向古国演进的历史时期。古文化是不同的区域文化，对应着新石器时期的一个个聚落。

古城是仰韶文化时期日渐壮大的一个个大型聚落，因具有防卫的壕沟、祭祀区、宫室区、居住区、墓葬区及加工区，被视为早期的城池或都邑。作为诸多聚落的核心区，这些城池具有一定的文化辐射功能和社会组织功能，是社会复杂化的体现。古国是古城的进一步发展，是区域文明的核心，在统一的王国形成之前，古国既是文献上的国家概念，也是方国形成之前的地区性城池。

就像在黄帝时期仍有炎帝、蚩尤，不服从的古城或者古国，最初并不接受黄帝的领导。经过融合或战争，最终成为王国秩序的组成部分。

在仰韶文化之前，中华文明持续裂变，一个个聚落就像满天星斗，逐渐汇聚成有规律的星系。仰韶文化是中华文明的交流融合期，聚落使用的器物在迅速变异，表明不同的早期文化开始融合。无论是采用文明的禅让，还是采用战争的征服，最终文明无可避免地相互交流，催生出新的文明形态。

1954年于涧河东西两岸发掘的涧滨古文化遗址就显示了仰韶文化晚期与龙山文化的叠加。尽管二者没有必然的联系，但通过文化遗址可以看出，这个地方在数千年中曾经先后有两拨人居住过。此前的文明尚未离开，新的文明形态已经走来，二者在某个地方交汇，并催生出新的文明。

仰韶文化层出土的陶器显示其制陶工艺、刻画技术比涧河以西的周山及孙旗屯防洪区出土的要精细，器型制作、图案风格却与秦王寨、青台、点军台遗址的仰韶文化相近，表明此处的居住者或从东方迁徙过来，学习并发展了已有的制陶技术。

细微的差别，正是文明演进的痕迹。洛阳的秦王寨、青台遗址尚未使用红烧泥处理地基，涧滨文化却使用了这一技术，说明后者是在前者文明的基础上发展起来的。其仍保留着打制的石镰、细腰石，显示新石器文化从旧石器文化脱胎而出，是因地制宜的渐次进步，而非突飞猛进的跳跃。

每一次考古发掘的新石器时代的文化遗存都是独一无二的，它们细腻地记载着早期人类文明的细微进步。文物是一件件器物，考古观察的却是一个个展现着他们生产生活状态的场景，每一处都是独特的存在。

考古发现，以嵩山为中心，山北文化以王湾类型为主，多深腹罐而有鬲；山南文化则以煤山类型为主，多鼎。鼎居东南，山南用三实足炊器；鬲居西北，山北用三空足炊器。山南和山北分别是不同的文化类型，表明当时在嵩山周边产生了文明的大碰撞。

即便到现在，河洛地区东南的嵩山依然巍峨耸立，伊河入洛河，洛河入黄河，都依赖嵩山的地势为之。千里沃野造就了农耕文明的发展，使河洛地区成为新石器时期最早成熟的区域，有陶器技术，有制铜工艺，有固定的农业生产秩序。无论是山南山北,人们到了这里就停留下来,开始进行精耕细作。

西北和东南的早期文明在此汇聚,各种生产技术得以交融,原先灿若星斗的早期文化持续汇聚,形成了日渐趋同的河洛文化。

考古的文化遗存,也证明了仰韶时期的中华文明在河洛地区交汇而成。1975年发现于河洛仰韶文化遗址的双耳罐,被证明是甘肃齐家文化的产物,属于王湾二期早期。这表明黄河上游的齐家文化在仰韶文化时期已经进入中原,在河洛地区遇到了仰韶文化,二者快速融合为新的文化形态。

◇◇齐家文化的陶罐(作者 拍摄)

早期中国创造的文明成果,不断随着人口的迁徙流动,汇集到更适宜农业生产、生活的河洛地区,不同的文化相互交融,为古国的出现做了铺垫。

二、早期秩序的形成

研究早期中国,最大的困难是缺少文字记载,大量的历史依赖于口头传播。由于缺少文字记载,考古发现无法与文献一一对应,这是史前考古的难题。

历史文献对早期中国的公共秩序形成的过程,有着详细的描述,与考古发现可以大致对应。我们需要在考古和文献之中搭起想象的桥梁,进行合理推测。让我们先看看历史文献如何记述早期国家的治理和公共秩序的形成,以此作为理解早期中国的线索。

司马迁在《史记》中记述了早期中国的秩序建构过程,我们据此观察早期中国公共秩序的形成,可以更清晰地看出仰韶文化背后的发展过程。

黄帝时期公共秩序建构的重点,是理解天地、阴阳、生死与成败。当时对自然秩序并没有形成清晰的认知,只是朦胧意识到有阴阳运行、幽冥变化、生死存亡。他们能按照季节变化观察万物,形成了生产秩序,按时耕耘播种收获。黄帝已修建了城池,就像洛河入黄河处的"河洛古国"一样,人们开始聚居生产,形成了初步的国家结构。

颛顼时期进一步理顺天地、鬼神、教化和祭祀秩序。司马迁将之概括为:"养材以任地,载时以象天,依鬼神以制义,治气以教化,絜诚以祭祀。"[1]神农尝百草是选育农作物,黄帝"时播百谷草木"实际是农作物种植,颛顼"养材以任地"是按照土地的贫瘠富饶种植相应的作物。

农业生产要按照春、夏、秋、冬的时令进行。他们通过观察天象而制定的早期历法系统,能够用春、夏、秋、冬等时令记录

---

[1]〔西汉〕司马迁撰,〔南朝宋〕裴骃集解,〔唐〕司马贞索隐,〔唐〕张守节正义:《史记》卷一《五帝本纪》,北京:中华书局,2014年,第14页。

时间，建立起稳定的祭祀秩序。

在中华文明的早期，鬼神常常被作为理解外部力量的尺度。神是帮助自身的力量，鬼是制约自身的力量。颛顼"依鬼神以制义"的实质，是他意识到自然界有增强或者削弱、推动或者阻止人类发展的力量，人类要趋吉避凶、趋利避害，选择有利于自己的生产方式和生活习惯。

从《尚书·吕刑》《国语·楚语下》所载颛顼时期"绝地天通"的说法来看，那时形成了用来理顺人与神的关系的祭祀秩序。神由专门的祭祀人员去祭祀，百姓按照一年气候的变化来种植草木。当时已具备了稳定的生产、生活、祭祀秩序，并产生了"絜诚以祭祀"的祭祀情感体验。

我们在仰韶文化、龙山文化和二里头文化遗址中均发现神职人员的陪葬规制要高于一般贵族，在神职人员身上常常有专门的祭器和随身携带的铜铃，表明这一时期的祭祀体系是独立的。当时已经实现神职人员的体系化，神职的分别日趋明显。

尧时确立了部族秩序。有学者认为尧时的都城是陶寺遗址。考古的发现是渐次的，不可能一个考古发现能解决史书的所有问题。陶寺、二里头、石峁等遗址的发现，可能真的是尧、舜乃至夏时期的都城，但在缺少文字的时代，遗址附近或者底层下面是否还存在更大的遗址，都是未知的。

我们先不着急下结论，不要急于证明某个遗址的属性，也不要着急定论某个墓葬的主人。就像清代的洛阳县令龚松林喜欢将无主的古墓和传说的古墓，与洛阳的古代名人对应，立了很多碑，并据此修了地方志，民间以讹传讹地叫了起来。至今很多学者论证，龚松林犯了很多常识性错误，他的推断既与文献的记载不符合，又与墓制不符合，要一一拨正，才能纠正很多习以为常的说法。

不过，我们还是尽量将洛阳文化放在中华文明史中观察，看清楚洛阳的创造性贡献。站在全国看洛阳，要比站在洛阳看洛阳，更能清晰地看出洛阳在中华文明史中的意义。

《史记》说尧"能明驯德，以亲九族。九族既睦，便章百姓。百姓昭明，合和万国"①。九族是以家庭、家族为基础形成宗族秩序，泛指天下部族。也就是说尧时以宗族、部族为核心建构了公共秩序。

尧通过宗族联合、部族整合，建构了早期国家雏形，大致可以对应考古学上说的古国。在儒家的叙述话语中，似乎只有尧建立了一个国家，实际在尧控制之外的地区，还有很多古国。

没有被历史文献记载，不等于没有实际存在。《尧典》中的"万邦"，《史记》中的"万国"，说的是尧通过稳固必要的社会关系，建立起更为广泛的公共秩序。他在处理好宗族关系的基础上，稳固部族关系，形成了最初的国家。

舜继续建构更为完善的行政秩序："于是舜乃至于文祖，谋于四岳，辟四门，明通四方耳目，命十二牧论帝德，行厚德，远佞人，则蛮夷率服。"②尧成为部落领袖时，尚未形成天下分职管理，也没有建立职责明确的行政体系。舜时通过谋于四岳、命十二牧的方式，确立了分区分职管理。对于统辖区域之外的地区，采用文征武伐，使得"蛮夷率服"。

舜建构的行政秩序对所辖区域进行直接管理，形成了早期国家的观念。有了辖区与领地的认知，他能够对领地进行文化影响。舜采用祭祀方式来强化神权，《尚书·舜典》言其"肆类于上帝，禋于六宗，望于山川，遍于群神"③，舜继承颛顼时所建构

---

① 〔西汉〕司马迁撰，〔南朝宋〕裴骃集解，〔唐〕司马贞索隐，〔唐〕张守节正义：《史记》卷一《五帝本纪》，北京：中华书局，2014年，第18页。
② 〔西汉〕司马迁撰，〔南朝宋〕裴骃集解，〔唐〕司马贞索隐，〔唐〕张守节正义：《史记》卷一《五帝本纪》，北京：中华书局，2014年，第45页。
③ 〔西汉〕孔安国传，〔唐〕孔颖达疏：《尚书正义》卷三《舜典》，北京：北京大学出版社，1999年，第54—55页。

的祭祀秩序，通过统领神职人员，进行国家治理。

舜之前所形成的公共秩序，是以祭祀为核心的，神职人员居于中心地位，公共秩序仰赖神职人员。神职人员陪葬的铜铃和绿松石，不是自己制作的，而是依据祭权分配的。地位越高的神职人员，佩戴的绿松石越大。这样我们就可以理解考古发现的绿松石图案背后的文化意义了。而随葬的铜铃，至今仍在山西、河洛地区作为随葬品流传，显示了铜铃在中华文化中的独特意义。

绿松石在早期古国和方国的墓葬中时有出土，它们作为身份的象征，有大有小，显示着严格的次第。二里头出土的绿松石图案，是一条覆盖在逝者身上的大龙，显示二里头的神职人员有着较高的地位，统率着周边地区同样佩戴绿松石的人员。他是作为神职人员还是行政人员，尚有待继续论证，但地位之高是毋庸置疑的。

《尚书·大禹谟》言大禹稳定了社会秩序。《左传》称，大禹关注的焦点在于百姓生产生活的基本要素如水、火、金、木、土、谷，此六者合称六府，是当时百姓生产生活必备的条件。大禹在此基础上形成了"正德、利用、厚生"（合称"三事"）的国家治理思想，将"六府三事"概括为"九功""九叙""九筹""九算"，成为夏朝公共秩序运行的法则。

夏启将此前祭祀天帝的曲子配上歌词，歌颂大禹的功劳，形成了当时流传很广的《九歌》，最初在河洛地区演唱。后来，随着夏桀败亡逃到巢湖地区，《九歌》便在楚地流传。直到屈原时代，整理出《九歌》。《九歌》主要是楚地祭祀天神、地祇和人鬼的歌曲，与黄河流域有关的只有《河伯》。

商汤正是通过维护旧的祭祀秩序赢得了部族的支持，征伐废弃祭祀的夏朝邦国，最后得以伐夏成功。他所说的"民之戴商，厥惟旧哉"[1]，是言百姓拥戴他，是因为他维护了自大禹以来形成

---

[1] 〔西汉〕孔安国传，〔唐〕孔颖达疏：《尚书正义》卷八《仲虺之诰》，北京：北京大学出版社，1999年，第197页。

的祭祀秩序。

随后商汤颁布"王懋昭大德，建中于民，以义制事，以礼制心，垂裕后昆"，体现了商朝国家治理的基本路径。商汤发扬上天所赐天命赋予的德行，在祭祀秩序之下更加注重道德秩序的建构，凝聚天下百姓的共识，确定判断事务的依据，建立规则以约束人心。

他所采用的方式，是将传统的祭祀秩序与借助祭祀形成的道德认同结合起来，用于形成外在制度与内在德行相统一的治理方式。商代在道德认同方面的建构，依附于祭祀秩序的形成。早期道德意识，被作为祭祀的共同体验，得到不断深化，最终凝聚为群体的道德认知。

商代重视鬼神祭祀，尚未形成独立于祭祀秩序之外的道德自觉。通过甲骨文可以看出，商人对自然力量充满着迷信，连商王打猎或者打个喷嚏都要占卜，问问是吉是凶，这体现了商人对人的力量的忽视，认为外部的力量决定着人间的一切。

这些相对于夏朝是有了进步。但商人屈服于自然异己力量之下，视人如草芥，使得商代更重视武力征服，从西到东、从内到外都是如此。在殷墟，我们可以看到他们的人殉是何等残酷，就连宫殿的柱子都要杀人奠基，更不用说祭祀时的滥杀。在人如草芥的观念中，人是屈服于神的。

周文王的觉醒是他建构起了人间的道德秩序。用现在的话来说，他认识到人是有尊严和生存权的，不能滥杀；人都是有道德的，值得尊重。这一相信人间的观念，明显不同于商代相信神力的观念。王国维先生说周人变成了一个道德团体，实际道出了周人不同于殷人的地方，周人虽然也敬畏神灵，但更重视人的自觉。

人的自觉是中华文明的又一次觉醒。它不再相信单纯靠武力可以征服他人，而是强调以德服人。文明的进步，依赖于人的每一次自觉自醒。周人意识到单纯靠武力征服不足以取天下，有了"东邻杀牛，不如西郊之禴祭，实受其福"[1]的认知，认为祭祀所重不在于祭品的丰盛，而在于自己诚恳的态度，个人的福分不是来自获得多少，而是个人的心性修为如何。

这看似简单的认知转变，却经历了九百年历史的酝酿。

周文王将祭祀秩序转化为社会观念，将因随天命而来的道德认知细化为可以在民间实行的行为准则。通过行政系统教化百姓，让每一个百姓觉醒，使他们意识到自己的责任和义务；而不是持续拜服在神灵的脚下唯命是从，周朝形成了人文理性。

周文王意识到作为行为规则的道德秩序，不仅悬浮于道德认知之中，还要落实到社会秩序之中，使百姓能够将外部约束与内在自觉结合起来。这需借助于祭祀活动，才能实现"神人允顺"。

相对于商朝先建立祭祀秩序再明确国家治理原则，周文王直接将"人神之德"转化为"人人之德"。他通过行政体制进行社会教化，规范祭祀系统只是道德推广的辅助手段而不是必要手段。这使周代的祭祀更有"神道设教"的意味，而不再重复夏、商对神的淫祀。

天地秩序、生产秩序、行政秩序、生活秩序和社会秩序，是早期中国秩序建构的次序，也是早期中国人不断觉醒的文明过程。周朝建立的道德秩序，使中华民族得以凝聚成道德认同，形成人文理性。

人不再依附于外部力量，而是按照人之为人、人之能群、人之能分的要求形成公共秩序，并有了用以判断其得失成败的标准，通过礼乐教化，达成社会共识。相信人人能够通过教化变成君子，是周文王、周公、孔子、孟子一路下来的学说，儒家对此坚信不疑，我们应该将之视为文明的成果。

---

[1]〔魏〕王弼注，〔唐〕孔颖达疏：《周易正义》卷六《既济》，北京：北京大学出版社，1999年，第252页。

黄帝、颛顼、帝喾、尧、舜、禹，正对应着考古发现的一个个古国、方国，他们建立起日趋完善的公共秩序。考古发现正是在印证这些历程，尽管遗址与传世文献的记载有一定的差异，但总体是按照这个趋势前行的。

一个个仰韶文化遗址，印证着中华文明的持续迈进。河洛地区，作为仰韶文化的核心区域，用丰富的考古出土遗存印证文明的进步。仰韶文化至龙山文化期间的河洛地区，文明是连贯发展的，这也是中华文明发展的主要线索。

到龙山文化时期，也就是传世文献上说的尧舜禹时期，早期中国稳步形成复杂的公共秩序。制陶工艺快速发展，城池日趋完善稳固，单体建筑日渐宏大，越来越有力的社会秩序足以让居民聚居。

公共秩序是社会文明发展的产物。我们把所有的考古出土遗存放在早期中国公共秩序的形成进程中，会发现遗址的变迁恰是公共秩序化的产物。公共力量越来越强，人借助群体实现个人的需求诸如建造房屋、制作陶器、制造工具的分工就越多。人在生存问题得到解决之后，开始有时间去学习思考、去追求装饰、去讲究服饰。人类文明不再局限于饮食男女，开始出现日趋开阔的政治、伦理、道德思想。

自巩义的"河洛古城"发现以来，早期中华文明的轮廓逐渐清晰。在黄河中游出现大的王国，是文明发展到一定阶段的必然产物。某个掌握了先进生产力的方国，利用其制作、耕作乃至祭祀的优势，征服、同化及影响了周边的方国，确定稳定的生产、生活秩序。

三、有夏之居在斟寻

考古界一般将龙山文化视为先夏文化，这是大禹及其部族继承的文化形态。将二里头文化视为夏文化，这是夏启及其部族开创的新的文化形态。

龙山文化广泛分布于黄河中、下游地区的新石器时期晚期的文化遗存中，在山东、河南、山西、陕西屡见不鲜。龙山文化出土的黑陶薄如蛋壳，一般是采用快轮拉坯法制成的。它们的釉色在烧成后期用烟熏法渗炭制成，表明龙山文化制陶技术在当时遥遥领先。

二里头文化主要分布在河南郑州附近和伊、洛、颍、汝诸水流域及山西南部的汾水下游一带，其核心区域是洛阳。

了解了裴李岗、仰韶、二里头、二里岗文化之后，我们就能理解一种文明之所以消失或者衰败，是因为有先进的文明超越、征服和替代了原来文明。文化是一种历史样式，文明却是一条线索。一文化或许能迟滞、或许能推动文明的进程，但中华文明却义无反顾地进行着更新和创造。

周武王对周公所言的"自洛汭延于伊汭，居阳无固，其有夏之居。我南望过于三涂，我北望过于有岳"①，道出了夏人曾经居住在洛河与伊河交汇的区域。这一区域究竟在何处？

《汲冢古文》记载，夏都在斟寻："太康居斟寻，羿亦居之，桀又居之。"《史记·夏本纪》也记载："禹为姒姓，其后分封，用国为姓，故有夏后氏、有扈氏、有男氏、斟寻氏……"

斟寻，既为地名，又为姓氏。地名有变化，氏族有迁徙。因为斟寻变动不居，所以要结合特定的时期才能厘定其区域。

据说仲康之子率部族东迁，建立斟寻国。文献记载有冲突，斟寻到底在哪里？《帝王纪》载："帝相徙于商丘，依同姓诸侯斟寻。"②斟寻氏迁到了商丘，商丘有了斟寻。《汉书·地理志》载

---

① 黄怀信、张懋镕、田旭东撰：《逸周书汇校集注》卷五《度邑解》，上海：上海古籍出版社，2007年，第480—481页。
② 《史记·夏本纪·正义》所引，参见〔西汉〕司马迁撰，〔南朝宋〕裴骃集解，〔唐〕司马贞索隐，〔唐〕张守节正义《史记》卷二《夏本纪》，北京：中华书局，2014年，第106页。

北海郡有平寿县,应劭言:"古斟寻,禹后,今斟城是也。"言斟寻氏后来聚居在今山东潍坊境内。唐代颜师古注则引臣瓒语:"斟寻在河南,不在此也。"认为夏初的斟寻当在洛阳附近。

司马迁曾言:"昔三代之居皆在河洛之间,故嵩高为中岳,而四岳各如其方,四渎咸在山东。"①夏、商、周都城皆在河洛之间,说明最早的斟寻在河洛地区。《国语·周语上》载"伊、洛竭而夏亡"。吴起曾说"夏桀之居,左河济,右泰华,伊阙在其南"②,言夏都居于伊洛之间。《左传·哀公六年》中说:"夏众灭浞,奉少康归于夏邑。"太康至夏桀皆以斟寻为都城,他回到的夏邑当在洛阳。

夏邑斟寻应该在洛河边上。少康中兴的前奏是太康失国,《尚书·五子之歌》载此事:

> 太康尸位,以逸豫灭厥德,黎民咸贰,乃盘游无度,畋于有洛之表,十旬弗反。有穷后羿因民弗忍,距于河,厥弟五人御其母以从,徯于洛之汭。五子咸怨,述大禹之戒以作歌。

洛汭为洛水之表,在水之南。太康到洛南田猎,百日不还。其弟五人侍其母待于洛北。太康久而不返,以致有穷氏的后羿距于河,太康失国。当时的有穷氏只有居于斟寻附近,才能够利用太康游猎偷袭之,且不被发现。

若依照汉儒的说法,有穷氏在河北或者山东,其步行到洛阳需要数月,在洛南打猎的太康早就发现了,其何以成功?有学者

---

① 〔西汉〕司马迁撰,〔南朝宋〕裴骃集解,〔唐〕司马贞索隐,〔唐〕张守节正义:《史记》卷二十八《封禅书》,北京:中华书局,2014年,第1649页。

② 〔西汉〕司马迁撰,〔南朝宋〕裴骃集解,〔唐〕司马贞索隐,〔唐〕张守节正义:《史记》卷六十五《孙子吴起列传》,北京:中华书局,2014年,第2637页。

认为，有穷氏因居于今洛阳南五十里的穷谷而得名①，这一看法比较合理。

太康失国之事，《左传·襄公四年》魏绛曾追述：

> 昔有夏之方衰也，后羿自鉏迁于穷石，因夏民以代夏政。恃其射也，不修民事，而淫于原兽。弃武罗、伯因、熊髡、龙圉，而用寒浞。寒浞，伯明氏之谗子弟也，伯明后寒弃之，夷羿收之，信而使之，以为己相。浞行媚于内，而施赂于外，愚弄其民，而虞羿于田，树之诈慝，以取其国家，外内咸服。羿犹不悛，将归自田，家众杀而亨之，以食其子。其子不忍食诸，死于穷门。靡奔有鬲氏。浞因羿室，生浇及豷，恃其谗慝诈伪而不德于民。使浇用师，灭斟灌及斟寻氏。处浇于过，处豷于戈。靡自有鬲氏，收二国之烬，以灭浞而立少康。少康灭浇于过，后杼灭豷于戈。有穷由是遂亡，失人故也。

这段故事在很多写早期中华文明史的书中都会提到。魏绛说禹孙太康，淫放失国，夏人立其弟仲康，仲康太微弱，王权消散，仲康卒，子相立，羿遂伐相，号"有穷"。历史书上一般称为"有穷代夏"或"后羿乱夏"。

《吕氏春秋·音初》记载："夏后氏孔甲，田于东阳萯山。"萯山即首阳山，距二里头遗址不足10千米。该卷紧接着讲道：

> 天大风，晦盲，孔甲迷惑，入于民室。主人方乳，或曰："后来，是良日也，之子是必大吉。"或曰："不胜也，

---

① 《史记·夏本纪》正义引《括地志》："河南有穷谷，盖本有穷氏所迁也。"参见〔西汉〕司马迁撰，〔南朝宋〕裴骃集解，〔唐〕司马贞索隐，〔唐〕张守节正义《史记》卷二《夏本纪》，北京：中华书局，2014年，第107页。

之子是必有殃。"后乃取其子以归,曰:"以为余子,谁敢殃之?"子长成人,幕动坏橑,斧斫斩其足,遂为守门者。孔甲曰:"呜呼!有疾,命矣夫!"乃作为《破斧》之歌,实始为东音。

夏朝的服国[①]可能很多,核心区域却在河洛地区。首阳山是洛阳王畿东北的高山,可能是夏都的景山,算是夏人控制的内服。孔甲到的东方就是王朝王畿的东疆。夏朝在洛阳东北形成的音乐被称为东音,表明夏朝的核心区域在河洛地区,其余的都是外服。

大禹在治水之前,被封为夏伯,实际居住在嵩山北麓的阳城遗址处。《孟子·万章上》称:"昔者,舜荐禹于天,十有七年,舜崩。三年之丧毕,禹避舜之子于阳城,天下之民从之,若尧崩之后,不从尧之子而从舜也。"大禹曾居住在阳城,那时他只是夏伯。《风俗通·山泽》记载,"中央曰嵩高。嵩者,高也。诗云:嵩高惟岳,峻极于天。庙在颍川阳城县"。考古者认为阳城在今登封告成镇。他们在王城岗发现了大量的龙山文化遗存,该地应当是大禹治水时居住的核心区域。

大禹治水、夏启伐有扈时期,夏的都城一直在阳城。太康时期迁移到偃师二里头的洛河北岸。太康失国期间,羿浞代夏,不超过百年。考古显示龙山文化受到了外来文化的冲击,发生了激变。从新密新砦文化遗址可以看出,他们形成了新的文化形态。随后少康中兴到夏桀亡国的三百年间,夏人以斟寻为都城。

现在洛阳建有二里头夏都文化遗址区,面积已达三百万平方米。二里头夏都文化延续至少二三百年,涵盖夏的中后期,考古学界多认为这里就是斟寻。《史记·吴太伯世家》称:"(少康)

---

① 服国:指上古三代时的一种行政区域制度;地方诸侯依据同王畿距离或关系的远近,形成不太牢固的臣服或贡纳关系。

复禹之绩，祀夏配天，不失旧物。"少康仍以斟寻为核心建立夏邑。

据《尚书·甘誓》所载，夏启在甘地伐有扈氏，动用了六事之人。有学者认为，夏启在洛阳西郊的甘水流域进攻有扈部落，原因是有扈氏不遵守其制度。《淮南子·齐俗训》言："昔有扈氏为义而亡，知义而不知宜也。"该书认为夏启伐有扈氏的原因，在于有扈氏坚守禅让的原则，让子继父位的夏启恼羞成怒。《吕氏春秋·先己》言有扈氏实际固守旧制：

> 夏后相与有扈战于甘泽而不胜。六卿请复之，夏后相曰："不可。吾地不浅，吾民不寡，战而不胜，是吾德薄而教不善也。"于是乎处不重席，食不贰味，琴瑟不张，钟鼓不修，子女不饬，亲亲长长，尊贤使能。期年而有扈氏服。

《吕氏春秋》又说夏后伐有扈氏是因为有扈氏所主张的理想社会与夏后不同，虽然符合大义却不同于时人，有扈氏坚持了一年被征服，遂远遁至关中，其后人在西周时居住于长安鄠邑。

汉儒注释经典时，以鄠邑作为夏启时有扈氏所居之地，且以迁徙所在的甘命名关中某地，又犯了以今例古的毛病。却不知道有扈氏是夏代从洛阳迁过去的，并带去了传说和地名。顾颉刚、刘起釪先生考证甘原为甘昭公的封地，本在洛阳西南，实事求是地纠正了汉儒的通病。

秦迁六国贵族，汉迁山东贵族。关中的很多地名是迁来的人带过来的，迁入地仍叫原名。汉儒多在关中，在注释经典时常常说此前好多事发生在关中。魏晋南北朝古注也不辨析便沿用成说。到了孔颖达作《五经正义》时，坚持"疏不破注"的原则，好多汉儒的说法就成为通用说法了，没法再反驳，后人就只好替古书圆谎了。子书和野史中残存的一些痕迹，湮没在经说和史辨之中，声音微乎其微，后世就常随着成说习惯说了。

四、太康造酒的纶国

夏朝对中华文明的贡献，是建立了一个以家为国的继承传统。从此，中国的皇位开始父子相续或者兄终弟及，在家族内部传承。夏启通过歌颂大禹的功德，"于是天下皆宗禹之明度数声乐，为山川神主"①。夏启赢得了大禹的信任，成功使大家放弃了本来继承大禹王位的伯益，子承父业，建立了中国历史上的第一个王朝。

《史记·夏本纪》记载，"故诸侯皆去益而朝启"，大家实际是畏惧夏启的实力，其中坚持正义的有扈氏，一年后被征服，逃到了当时尚处于荒芜状态的关中地区。

夏启征服天下的手段还有祭祀先祖的音乐和让大家沉湎的美酒。《战国策》记载，"鲁君曰：昔帝女仪狄，作酒而美，进之于禹，禹饮而甘之，遂疏仪狄，乃绝旨酒"②。这说明大禹时就有了造酒的传统。但大禹能拒绝美酒，直接疏远了造酒者。然而，不是任何人都能抵御美酒美色的诱惑，他的后代太康就重新开始酗酒。

《尚书·五子之歌》记载了太康兄弟们的歌唱，第二首是："训有之，内作色荒，外作禽荒。甘酒嗜音，峻宇雕墙。有一于此，未或不亡。"据记载，太康当时喜欢美酒田猎，不理朝政。有穷氏部族的后羿趁机侵夺了王权。

有穷氏居于穷谷。《史记·夏本纪》正义引《括地志》："河南有穷谷，盖本有穷氏所迁也。"穷谷在今河南洛阳市南五十里，

---

① 〔西汉〕司马迁撰，〔南朝宋〕裴骃集解，〔唐〕司马贞索隐，〔唐〕张守节正义：《史记》卷二《夏本纪》，北京：中华书局，2014年，第101页。

② 〔唐〕李善注《文选》卷三十四《七上》注引，参见张启成等译注《文选》卷三十四《七上》，北京：中华书局，2019年，第2419页。

是有穷氏居住的地方，实际是夏朝的腹地。有穷氏趁太康不理朝政，强夺了夏的王权，占领了斟寻。

许慎《说文解字》说少康复国时曾造美酒："古者少康初作箕帚、秫酒。少康，杜康也。"该著作最早言及杜康造酒的故事。江统《酒诰》继承了这一说法，言仪狄发明了酒，杜康改良了酿造工艺，使酒流传开来。

于是杜康成为美酒的象征。建安时期，曹操在《短歌行》中感慨说："何以解忧，唯有杜康。"为何杜康造酒被定在洛阳，这一说法经过了怎样的文献考证呢？

少康复国过程中依托了斟寻氏，斟寻氏封他在纶邑，他在纶邑的封地上得以复国。故事是这样的：

> 昔有过浇杀斟灌以伐斟鄩，灭夏后相。后缗方娠，逃出自窦，归于有仍，生少康焉。为仍牧正，惎浇能戒之。浇使椒求之，逃奔有虞，为之庖正，以除其害。虞思于是妻之以二姚，而邑诸纶。有田一成，有众一旅。能布其德，而兆其谋，以收夏众，抚其官职。使女艾谍浇，使季杼诱豷，遂灭过、戈，复禹之绩。祀夏配天，不失旧物。①

伍子胥用这段话劝谏吴王，可见早在春秋晚期就已经形成了完整的历史叙述。少康逃跑后，以做饭造酒的技术，被封在纶邑。他在此把夏朝旧官笼络起来，诱惑寒浞杀了后羿，再杀了寒浞，恢复了夏朝。

唐代人明确辨析了斟寻在洛阳附近。《汉书·地理志·北海郡》注，"《汲郡古文》云：'大康居斟寻，羿亦居之，桀亦居之。'《尚书序》云：'大康失邦，昆弟五人，须于洛汭'，此即大

---

① 〔西晋〕杜预注，〔唐〕孔颖达正义：《春秋左传正义》卷五十七《哀公元年》，北京：北京大学出版社，1999年，第1610—1612页。

康所居为近洛也。"确定了斟寻就在洛阳。

后来的学者继续考订斟寻的位置。薛瓒的《汉书集注》中说：伍子胥提到的斟寻氏、斟戈氏，在大禹治水成功后，受封有了二姓。《史记·夏本纪》说："禹为姒姓，其后分封，用国为姓，故有夏后氏、有扈氏、有男氏、斟寻氏、彤城氏、褒氏、费氏、杞氏、缯氏、辛氏、冥氏、斟戈氏。"前文提到的有扈氏属于大禹家族，夏启征服他，实际是同室操戈。同室操戈的背后，必然是王权之争。所以斟寻氏是居住在斟寻一带的夏人。

斟寻氏不得已远遁，最终定居在现在的山东。但迁徙却不是一蹴而就的，而是流动不居的。因而不能以汉代的定居方式，去推断夏代迁徙变动的斟寻氏的位置。太康失国时他们尚居住在河洛地区，才有可能把纶邑的土地给少康。

纶邑就在颍河上游。《汉书·地理志》记载，颍川郡有纶氏县，故城为阳城县，东南二十四里为告成镇。建和三年（149年），高伦后被征为尚书，郡中士大夫送至纶氏，纶氏正是东汉的纶氏县。李膺居住在纶氏时，教授的子弟常有千人。李贤注："纶氏县属颍川郡，故城今阳城县是也。"他也说东汉末年的纶氏县在登封。

北魏郦道元注《水经注·伊水》说："水北出八风山，南流，迳纶氏县故城西，西南流，入于狂水。"当阶城故址在今伊川县水寨镇西北，湮阳城故址在今伊川县白沙镇东。《元和郡县图志·河南道》载颍阳县："古纶氏县，本夏之纶国也，少康之邑在焉。汉属颍川，晋省。后魏太和中，于纶氏县城置颍阳县，属河南尹，又分颍阳置湮阳县。"①

少康所居的纶邑，在白绛河上游地区北魏时期所置的纶氏

---

① 〔唐〕李吉甫撰，贺次君点校：《元和郡县图志》卷五《河南道》，北京：中华书局，1983年，第138页。

县,现在在伊川境内。这表明当时让洛阳伊川复制杜康酒,是出于历史地理考察的需要。伊川重新造杜康酒,却选在了伊川县城。从此,伊川有了杜康造酒的传说。现在去伊川县城,就有标志性的杜康造酒雕塑,面对着东方曾经的纶邑土地。

夏启伐有扈、太康失国和少康复国都发生在河洛地区。就连后羿求的西王母,其居所也并非汉代以后成为共识的昆仑山,而是在夏朝的王畿西边山。

张君房的《云笈七签》卷一百一十四《经传部·西王母传》记载:"西王母者,九灵太妙龟山金母也。……金母生于神洲伊川,厥姓缑氏。"据此记载,西王母是伊川人,出生于偃师缑氏,是地地道道的洛阳人。

西王母被视为女仙之首,得名于《山海经》。《太平广记·女仙一》又说:"今水出陆浑县之西南王母涧,涧北山上有王母祠,故世因以名溪。……有七谷水注之,水西出女几山之南七溪山,上有西王母祠。"永淳二年(683年)春正月,唐高宗病中"遣使祭嵩岳、少室、箕山、具茨等山,西王母、启母、巢父、许由等祠"①,正是在洛阳派使者去祭祀西王母,可见在唐代洛阳仍保留着重要的西王母祠。

后羿见西王母求不死之药给嫦娥的故事,在夏朝不可能发生在青海。因为在商朝时青海还被犬戎控制,后来的商王正要去征服之,窃取了夏朝的后羿不可能跑出国界去见西王母。

只有一种可能,早期中国的西王母传说,只在夏王畿的周围,随着帝国疆域的扩大和人口的流动,西王母的传说越传越远,陆续传到了关中的西面、青海的西边、新疆的西面。西王母始终作为化外的神仙,有万般神通,成为早期中华文明的域外想象。北魏洛阳的王母祠,最有可能是西王母最早的祭祀地。

① 〔后晋〕刘昫等撰:《旧唐书》卷五《本纪》,北京:中华书局,1975年,第110页。

五、西亳的文明史贡献

夏与商是两种截然不同的文化类型。

文化有深层和表层两种。大传统在文献中是表层，夏、商、周既有继承又有变革，但三者文化的深层叙述是不一样的。就像我们在官方场合用普通话，在日常生活中却用方言一样，方言中有很多细微的意思，用普通话是表达不出来的。

若就文献来看，显然是大传统重要，它构筑了四海同理的历史叙述。在考古发现中，像方言一样，每个地域、每个地区、每个地点都与众不同，显示出与众不同的细节。

考古学将夏文化以二里头文化命名，夏人主要用鼎、鬲、深腹罐等。商则以二里岗文化命名，商人以鼎为重，大量使用青铜器。

二里岗的命名源自郑州二里岗，其中的豆、鬲、簋、鼎、爵、斝与安阳殷墟的器物一脉相承，学界一般视为商文化的遗存。

从考古遗址来看，成汤能够战败夏桀，主要原因在于商人所用的青铜器远远超过夏人使用的数量。其所形成的商业分工，生产力也远远超过了夏人刀耕火种的农业种植。据《尚书正义·胤征》："成汤，自契至汤八迁。汤始居亳，从先王居，作帝诰。"《史记·殷本纪》说："汤始居亳，从先王居。"如果说亳是郑州商城的话，那么西亳在哪里呢？

《元和郡县图志》卷五说："《禹贡》豫州之域，在天地之中，故三代皆为都邑。阳翟，夏城，禹都也。偃师，西亳，汤都也。"据此，成汤伐夏成功之后，修建西亳以监视聚居的夏人。

商人以商丘为居住中心，向西发展，就和夏人有了接触。最初商人是夏的部落之一，后来商人通过贸易，完成了更精细的社

会分工,掌握了比夏人更先进的生产技术。于是,传统的夏人做派就引起了商人的不满。《孟子·滕文公下》说:

> 汤居亳,与葛为邻。葛伯放而不祀,汤使人问之,曰:"何为不祀?"曰:"无以供牺牲也。"汤使遗之牛羊。葛伯食之,又不以祀。汤又使人问之曰:"何为不祀?"曰:"无以供粢盛也。"汤使亳众往为之耕,老弱馈食。葛伯率其民,要其有酒食黍稻者夺之,不授者杀之。有童子以黍肉饷,杀而夺之。《书》曰:"葛伯仇饷。"此之谓也。为其杀是童子而征之,四海之内皆曰:"非富天下也,为匹夫匹妇复仇也。"汤始征,自葛载,十一征而无敌于天下。东面而征,西夷怨;南面而征,北狄怨。曰:"奚为后我?"民之望之,若大旱之望雨也。归市者弗止,芸者不变,诛其君,吊其民,如时雨降。民大悦。

《孟子》中这段引经据典的话,反映了夏商易代之际,商汤重整生活秩序,让老弱病残能够生活。比如就祭祀体系的维持来说,百姓相信鬼神的力量,但夏朝的祭祀秩序却日渐松弛,而商汤东征西讨建立的社会秩序,充满着厚道与善意,使得天下百姓期盼商汤的到来,认为夏朝可有可无。

《史记·夏本纪》也叙述道:夏桀已经畏惧了商汤的力量,甚至把他囚禁起来;在商汤起兵之后,很多诸侯跟随着商汤起来反对夏桀,据说有三千诸侯追随着商汤,最终通过鸣条之战,打败了夏桀。

商汤靠自己的仁德让天下归心,获得天下后经过一番推让,最终做了商朝的开国之君。在回商丘祭祀的路上,左相仲虺提出了新的国家治理主张:"德日新,万邦惟怀。志自满,九族乃离。

王懋昭大德，建中于民，以义制事，以礼制心，垂裕后昆。"①这段文字概括了商朝不同于夏朝的制度特点，即开始关注人的公共属性。

公共属性，是个人在满足基本生存之外在公共领域应该具备的特征。商人意识到人应该在公共领域具备一些基本特征，才能建立一个有序的公共社会。仲虺的说法后来经过儒家改造，但仍可以看出商人有不断完善自己的道德要求，以满足本部族乃至天下人的期许。然后通过建中于民、以义制事、以礼制心，在社会确定公共标准，人人遵守，建立公共秩序。

国家的首要任务，是能够全面维持正常的社会秩序，响应社会成员的共同期待。如此，才能最大限度地凝聚民心民力。这就需要"建中于民"。中国的由来正在于此：早期中国由许多部落组成，每一个部落都有特定的利益诉求，有独特的风俗习惯，要建立统一的国家，必须获得所有部落的认同。只有满足各部族所期待的道德原则、秩序原则，运用通行的公共准则，才能消弭分歧，形成秩序认同。

有了公共秩序，各方国、各部族、各成员各负其责，各安其职，各行其礼，和平相处。这就是"建中于民"。倘若有分歧或者争执，就由载着"中"的旗帜的车来评判是非，评判准则掌握在居于河洛地区的商王手中，河洛也因此被称为"中国"。

"中国"这一名称来自地域划分，东西南北是戎夷蛮狄。只有文明的中心，才能为周围的野蛮区域提供发展的样板和文明的标尺。

"建中于民"是以社会的最大公约数为社会运行的基准，促成最大范围的认同。它采用"执两用中"②的方式，按照"允执厥

---

① 〔西汉〕孔安国传，〔唐〕孔颖达正义：《尚书正义》卷八《仲虺之诰》，北京：北京大学出版社，1999年，第198页。

② 执用两中：出自《礼记·中庸》，强调处事要执中，不偏不倚，在两个极端之间找出动态统一的平衡点。

中"的理念，建构群体认同。

"建中于民""允执厥中"与"中庸"一脉贯通，后来作为中国的道统被传承下来，也成为"中国"名称的价值含义。这种价值观念强调不偏不倚，选取最大公约数作为内在要求，至少选取最小公倍数达成共识。

商朝充分强调了"中"的含义："中"不仅代表王朝，更代表王朝的准则，代表着天下通行的公共秩序。"建中于民"，是确立道德认同、秩序法则和行为准则，是将社会成员所期待的共同理想转化为社会准则。至今在洛阳话里，还用"中"字来表示答应某件事，意思就是这件事不偏不倚，值得认同。

要理解中国的"中"，在地理居中的传统认知上，还应加上中道、中庸、中允、中正、中和的含义。理解了"中"，才能理解最早的中国不仅是天下之中，还包含着对公共秩序的认同。要理解"中"，我们还要知道"以义制事"和"以礼制心"。

"以义制事"就是要按道义的标准来判断事件。义，对个人来说，意味着适宜，即任何言谈举止和行为决定都要符合自己的身份；对公共社会来说，是责任。每个人依据事情的是非曲直进行判断，独立思考，不人云亦云，不随波逐流。义是适宜的社会行为，也是负责任的做法。

"以义制事"形成了中华文明的道德判断，与之相关的正义、道义、节义等认知，成为中国社会公共秩序通行的价值标准。

"以礼制心"阐释了作为社会的规范的礼，如何以外在约束改变一个人的心性：

一是在制礼时，充分考虑人心所向、人情所系、人性所求，使得礼能够体认、尊重并契合于人心、人情、人性，制成的礼才有可能成为人类行为的外在约束；二是在用礼时，期望人能自觉合乎礼的道德原则和行为规范，通过道德原则和行为规范来约束人。所谓的"制"，包括约束人心和发越人心。礼为心性修为提供一个参照，可以作为治气养心的方向，可以作为言谈举止的尺度。

以礼制心，是从行为规范上来约束人的心性。明白为何去做，是以义制事，是道德自觉；知道如何去做，是以礼制心，是行为自觉。西亳确定了公共秩序的法则，尽管商仍重视鬼神的力量，却意识到人作为社会的一分子，只有组织起来，才能完成个人无法完成的事，比如制作青铜器、修建城池等工作，单靠一个人的力量，是无法完成的，需要大家一起做。

礼是原则，又是规定。作为原则的礼，是对社会理想秩序的设定，依据人性善的原则制定出来，体现着最恰当的生活方式和最稳定的社会秩序。

作为规定的礼，是社会规则的总结，是公共秩序的体现，落实为人人可感的现实制度。原则性表现为礼义，规定性表现为礼仪、礼制，将善的理想和恶的现实统一起来，在社会秩序和个人行为之间寻求一个弹性空间。无论贤、愚，皆根据德行涵养来体认礼、践行礼，约束私欲，认同道德，改良心性，改善行为，公共社会便能在一个理性而文明的轨道中良性运行。[1]

西亳对中华文明的贡献，是寻求到了社会的最大公约数，注重用"中"的共识性、"义"的公平性和"礼"的社会性来治理国家，有别于武力征服、祭祀控制的夏，商以一个新的王朝形态出现了。

理论和现实永远难以一致。仲虺提出的法则，商汤、伊尹或许意识到了，但尚未充分展开。因为商人只有东征西讨、南征北战，才能实现河清海晏。商朝靠武力夺取政权，靠武力征服周边，靠武力维护统治，结果被周武王用武力推翻了。

武力征服是贯穿商朝的一条线索。商初提出的德行，只能

---

[1] 曹胜高：《礼义之邦》，上海：上海文艺出版社，2023年，第53页。

到商朝后期，由周人来实现了，这说明一个朝代只能做一个朝代的事，形成了思维定式或者行为习惯后很难更改。商汤就是十一征而有天下。读甲骨文，感觉商人就干三件事：祭祀、杀人、征伐。兄终弟及延续的是征服，只有西伐鬼方、南征淮夷，才能获得持续不断的臣服。商人无暇顾及文治，也无暇进行德治。

考古发掘的西亳遗址位于偃师区洛河北岸的尸乡沟一带。考古学者认为其年代最晚的稍晚于二里头文化晚期。考虑到商代中期的墓葬打破城墙夯土和城门路土，这座城池被断定年代不比郑州商城晚。

此处有可能就是历史上记载的西亳，是商人伐夏成功后所筑的城池，用以控制夏人，距二里头不远。西亳持续使用了两百余年的防御工事，是商人建造的。成汤、外丙、仲壬、太甲、沃丁、太康、小甲、雍己、太戊诸王曾建都西亳。

商人最早的聚居地在商丘，当时叫帝丘。商汤战胜夏桀后，才迁居河洛地区居住。盘庚迁殷之前的商朝，有两百年的强盛期，正是居住在西亳实现的。在这里，发生了伊尹放太甲、盘庚迁殷的故事。

西亳对中华文明贡献极大，考古学的意义上，是青铜器的大量铸造与广泛使用；历史学的意义上，是扩大了中国的版图，使洛阳成了中华文明的核心区域；思想史的意义上，是建立了更容易实现的公共秩序，为周朝确立了理想的走向。

第三章 礼乐文明的形成

据何尊铭文记载，周武王在灭商之后报告天帝时，宣布未来的都城设想："唯武王既克大邑商，则廷告于天，曰：'余其宅兹中国，自兹乂民。'"他所说的"宅兹中国"，正是要定都于河洛地区。

这是周武王的夙愿，也是夏商国家治理的经验流传。周初，殷商遗民聚集在河南中部、东部和北部。要想控制殷商遗民，一是分而治之，将其分封到周的诸侯国，如鲁、唐、卫等国，使其分散居住，由诸侯直接控制。二是迁都洛阳，由周直接监督殷民，就像汤作西亳监视夏人一样。周还建造洛邑作为战略据点，督导山东诸侯，也监督居住在卫、郑、宋的殷遗民。

周武王的思考，是从西周的长治久安考虑的。周公坚持了周武王的主张，在武王去世后摄政，先是东征，再营洛邑，然后制礼作乐，还政成王，使中华开始成为礼义之邦。

一、殷商灭亡的缘由

殷纣王是不相信自己会灭亡的。他曾对西周的兴起不屑一顾，说："不有天命乎？是何能为！"[1]他觉得周文王不过是瞎折腾的自娱自乐，根本威胁不到自己的政权，他自始至终对于周人的经营不屑一顾。

这不屑一顾的背后，是殷纣王的自信：不相信与商王族有姻亲关系的周文王会反叛，而且自己那么年轻，何况还有东征西讨的殷军保护着。

殷纣王是如何将商朝折腾崩溃呢？

---

[1]〔西汉〕司马迁撰，〔南朝宋〕裴骃集解，〔唐〕司马贞索隐，〔唐〕张守节正义：《史记》卷四《周本纪》，北京：中华书局，2014年，第153页。

周初的文献认为，殷商灭亡的原因有听信谗言、恣意妄为、不守美德、不用良臣、暴虐百姓等。唯独《诗经·大雅·荡》第七章言："文王曰咨，咨女殷商。匪上帝不时，殷不用旧。虽无老成人，尚有典刑。曾是莫听，大命以倾。"意思是说"殷不用旧""无老成人"，直接导致了商朝覆亡。① 这恰恰是《尚书·牧誓》中武王历数纣王罪过中的一条：

今商王受，惟妇言是用，昏弃厥肆祀，弗答；昏弃厥遗王父母弟，不迪；乃惟四方之多罪逋逃，是崇是长，是信是使，是以为大夫卿士。

周文王、周武王都说商纣王不谨守祭祀，不选拔任用兄弟亲族，只选用奸邪小人、罪人为大夫卿士。此说又见于《尚书·泰誓》：

今商王受，力行无度，播弃犁老，昵比罪人。淫酗肆虐，臣下化之。朋家作仇，胁权相灭，无辜吁天，秽德彰闻。

《泰誓》也指责殷纣王抛弃旧臣、老臣，亲昵奸邪小人。《牧誓》《泰誓》为武王伐纣的动员令。其中所列的罪状，代表了八百诸侯的共识。《尚书·微子》中说："乃罔畏畏，咈其耇长旧有位人。"《伪孔传》释为"违戾耇老之长"②。司马迁说其"不用

---

① 王奇伟由此切入，认为族权是王权的基础，商末王权从族权中脱离出来。参见王奇伟《从"人惟求旧"到"殷不用旧"：对商代王权与族权关系的考察》，《徐州师范大学学报》2001年第4期，第69—72页。

② 〔西汉〕孔安国传，〔唐〕孔颖达正义：《尚书正义》卷十《微子》，北京：北京大学出版社，1999年，第263页。

老长"①。也就是说,殷纣王违背旧臣、老臣的教诲,驱逐以前在位的大臣,使得原先依附于商王朝的方国离心离德。

殷纣王的这条罪过何以严重到此,成为周武王两次兴兵讨伐的理由?

从《史记·殷本纪》记载来看,殷纣王所"昵比"的罪人,首当其冲的是费仲、恶来:"费中善谀,好利,殷人弗亲。纣又用恶来。恶来善毁谗,诸侯以此益疏。"他所"播弃"的老臣,有比干、箕子、微子等人。

比干为太丁之子,箕子为文丁之子,是纣王的叔父;微子为帝乙之子,是纣王的庶兄。三人是殷王室成员,是殷纣王必须依赖的王族,也是最期望商王和商朝真正好的力量。纣王不听他们的规劝,杀皇后,诛比干,导致箕子佯狂,微子离殷而入周,因此失去了王族的支持。

让最希望自己好的人失望,让最能帮自己的人离开,殷纣王犯了无法弥补的错误。因为很多看似对自己好的人是在利用自己,其实他们并不希望自己好,甚至有时是在给自己挖坑。

商汤立国初期,多赖老臣旧人。随后的老臣,多是商王族成员。王族是依赖宗族血亲形成的政治团体,是商王征服四方的依靠,也就是说王族和联盟的部族建立起来的政治共同体,是商代政治的基础。

《尚书·盘庚上》曾言:"古我先王,亦惟图任旧人共政。"又说:"人惟求旧,器非求旧,惟新。"正是要依靠旧人建立起稳固的政治联盟。邹季友在《书经音传集释》中说:"所谓求旧者,非谓老人,但谓求人于世臣旧家。""旧"在商朝主要是世袭的大贵族。②

---

① 〔西汉〕司马迁撰,〔南朝宋〕裴骃集解,〔唐〕司马贞索隐,〔唐〕张守节正义:《史记》卷三十八《宋微子世家》,北京:中华书局,2014年,第1943页。
② 李民:《尚书与古史研究(增订本)》,郑州:中州古籍出版社,1983年,第138页。

用旧是商王立国的一个经验,举贤于下层是商代兴盛的原因。伊尹本为莘国媵臣,辅佐了商汤、卜丙、仲壬、太甲、沃丁五位君主。再如傅说出身奴隶,被武丁破格提拔后,实现了武丁中兴。

《尚书·说命中》记录了武丁用人的原则为"惟其能""惟其贤",这是对盘庚时"任旧人共政"的改革;"官不及私昵"是"旧人共政"的平衡,是对不重德行的旧贵族力量的削弱。这种改革反映出武丁时期殷王族和旧臣已经不堪担任兴殷之任,商王已经尝试贵族共政和选用贤良两种不同的用人模式。

武丁曾煞费苦心地对老臣们说:"武丁夜梦得圣人,名曰说。以梦所见视群臣百吏,皆非也。于是乃使百工营求之野,得说于傅险中。"①就像周文王起用姜尚时,要借做梦说事,武丁要起用出身低微的能臣,也要面临贵族的抵触。

傅说主张的"惟其能""惟其贤"之说,是站在低处看高处,这种任贤思潮一直是中国思想史的一条线索,也是大家都能意识到却很难实行的事。谁是贤人?历史叙述中当然是伊尹、傅说、姜尚等儒家推崇的贤臣。

从殷纣王所任大臣来看,既有叔父比干、庶兄微子离、太师箕子等旧人,也有费仲、恶来等所谓的"多罪逋逃"之人。商王朝坚持用旧和用贤两种机制,这种微妙的平衡不能轻易打破。

在周武王等世袭贵族眼里,费仲、恶来等殷纣王提拔的能人当然是罪臣。在商纣王看来,他们却并非平庸之辈。《韩非子·外储说左下》说:

> 费仲说纣曰:"西伯昌贤,百姓悦之,诸侯附焉,不可不诛,不诛必为殷祸。"纣曰:"子言,义主,何可诛?"

---

① 〔西汉〕司马迁撰,〔南朝宋〕裴骃集解,〔唐〕司马贞索隐,〔唐〕张守节正义:《史记》卷三《殷本纪》,北京:中华书局,2014年,第132页。

费仲曰："冠虽穿弊，必戴于头；履虽五采，必践之于地。今西伯昌，人臣也，修义而人向之，卒为天下患，其必昌乎！人人不以其贤为其主，非可不诛也。且主而诛臣，焉有过？"纣曰："夫仁义者，上所以劝下也。今昌好仁义，诛之不可。"三说不用，故亡。

可见，费仲洞察到了周文王的阴谋。文王一年（前1125）断虞、芮之讼，二年伐犬戎，三年伐密须，四年伐耆国，暗地里扩充地盘，其志向绝不在岐周，而在天下。费仲能识破文王野心，有范增劝项羽杀刘邦的明断，绝非一般无能的谀臣逢迎。

至于恶来，战国的晏婴说："殷之衰也，有费仲、恶来，足走千里，手裂兕虎，任之以力，凌轹天下。"司马迁也说："恶来有力，蜚廉善走，父子俱以材力事殷纣。"①在墨子、晏子、韩非子、司马迁看来，二人也非平庸之才。②

起用刑辟之人为重臣是否得当，关键在于起用新人是否损害了旧贵族的利益，削弱了诸侯的特权，引起王族和联盟诸侯的反感。费仲、恶来等人忠于殷纣，得其重用，却遭到被疏远的旧贵族和旧官僚的痛恨。

司马迁说："费中善谀，好利，殷人弗亲。纣又用恶来。恶来善毁谗，诸侯以此益疏。"③商王族如比干、微子和箕子等人抵触殷纣王起用费仲、恶来，殷王族三公西伯昌、九侯、鄂侯也反对。

---

① 〔西汉〕司马迁撰，〔南朝宋〕裴骃集解，〔唐〕司马贞索隐，〔唐〕张守节正义：《史记》卷五《秦本纪》，北京：中华书局，2014年，第225页。
② 《韩非子·说林下》："崇侯、恶来知心而不知事，比干、子胥，知事而不知心。"《墨子·所染》："殷纣染于崇侯、恶来。"参见〔清〕王先慎撰，锺哲点校《韩非子集解》卷八《说林下》，北京：中华书局，1998年，第187页；〔清〕孙诒让撰，孙启治点校《墨子间诂》卷一《所染》，北京：中华书局，2001年，第13页。
③ 〔西汉〕司马迁撰，〔南朝宋〕裴骃集解，〔唐〕司马贞索隐，〔唐〕张守节正义：《史记》卷三《殷本纪》，北京：中华书局，2014年，第137页。

按照《史记》的说法，殷纣王宁肯醢九侯，脯鄂侯，囚禁西伯昌，也要推行自己的主张。他失去了王族的支持，又抛弃了主要盟友，背弃了"旧人共政"的传统，加之私生活不检点，最终引发诸侯的不满。

夏商的王朝虽有共主，却政归于四方。夏王、商王的重臣多出自诸侯。黄帝、尧、舜等多用部落领袖辅佐王。王权强，诸侯自然服从；王权弱，诸侯就会反叛。王权若要集中，必须以削弱贵族旧有特权为前提，多用贤能而少用贪腐。

殷纣王起用新人，遭到旧贵族的反对。若旧贵族诛杀或者逼走新人，殷纣王变革就会失败。若殷纣王坚持削减旧贵族利益，所用新人必然成为旧贵族的攻击目标。

司马迁说殷纣王"资辨捷疾，闻见甚敏；材力过人，手格猛兽；知足以距谏，言足以饰非"[①]。他才思敏捷，见识非凡，武功超群。《荀子·非相》也说他"长巨姣美，天下之杰也；筋力超劲，百人之敌也"，殷纣王应当是当时长相最美、武功最高的。

《史记·律书》还说纣王对外作战，百战百胜，几乎是英主，绝非周人嘴里的昏君。他任用的比干、商容、祖伊等臣，善于劝谏，谈问题也在点上。可见殷王朝当时人才济济，只是纣王太自信了，任用新人而弃旧人，意欲有所作为，又没有平衡好二者的关系，更没驾驭好他们。

若从殷商诸侯的立场来看，纣王无疑剥夺了以前贵族的许多特权，他们当然要一致反对。他们眼中和嘴里的殷纣王，自然是十恶不赦的昏君。

在《论语·子张》中，子贡说："纣之不善，不如是之甚也。是以君子恶居下流，天下之恶皆归焉。"殷纣自身荒虐骄纵，这只是性格的缺点，对常人来说是小瑕疵；但作为国君，缺点就会

[①] 〔西汉〕司马迁撰，〔南朝宋〕裴骃集解，〔唐〕司马贞索隐，〔唐〕张守节正义：《史记》卷三《殷本纪》，北京：中华书局，2014年，第135页。

被无限放大，因为许多人盯着他的缺点来利用他。

周文王利用他好女色，喜美食、音乐而诱惑他；周武王趁他攻打淮夷期间突袭兵力空虚的朝歌。屈原《天问》曾感慨地说："授殷天下，其位安施？反成乃亡，其罪伊何？"他在质疑殷纣王的天命是否存在。

周武王灭商后，释箕子之囚，封比干之墓，表商容之闾，重行盘庚之政，恢复了旧贵族共政的局面，将"殷不用旧"作为殷纣王的罪过。《尚书·多方》是周成王平定淮夷、奄之乱后对支持殷商的遗民进行的训话。周成王宣布维持大家的土地所有权，大家只需在政治道义上臣服于周王室即可。周成王对周的贵族，施怀柔以德之法。《说苑·贵德》说：

> 武王克殷，召太公而问曰："将奈其士众何？"太公对曰："臣闻爱其人者，兼屋上之乌；憎其人者，恶其余胥；咸刘厥敌，使靡有余，何如？"王曰："不可。"太公出，邵公入，王曰："为之奈何？"邵公对曰："有罪者杀之，无罪者活之，何如？"王曰："不可。"邵公出，周公入，王曰："为之奈何？"周公曰："使各居其宅，田其田，无变旧新，唯仁是亲，百姓有过，在予一人！"武王曰："广大乎，平天下矣。"凡所以贵士君子者，以其仁而有德也！

这里所言的"士众"，是随武王伐商的将士。周武王对他们与对待殷商遗民一样，使其安居其田。虽经历朝代更迭，田宅生活，一仍其旧。

商周之际的经济制度并未发生大的改变，旧贵族也就能平稳过渡，安居乐业，这保证了西周的长治久安。

二、周公如何摄政

伐商成功后,周人总结成功的经验,不外乎两条:

一是采用突袭的方法。趁殷纣王全力攻打淮夷时,从背后突袭成功。八百诸侯会孟津,周武王获得诸侯的支持,但不意味着周武王必然能取得胜利。周武王能胜利的重要因素还是殷纣王临时调集的士卒临阵倒戈。那么,百战百胜的商军精锐哪里去了?他们并不在朝歌,而是正在东南前线作战,没有防备周武王。殷纣王最后无兵可用,只好武装囚徒去应战。

◇◇孟津会盟处遗址(索彪 拍摄)

《封神演义》说周文王、周武王怎么打殷纣王的诸侯,那是后世的小说家之言,不能作为历史去讨论。

其实,自古公亶父立下"翦商"之志,周人就开始为自己谋划了。周人名义上追随商王,却不再成为商王的部属。古公亶父从豳地迁岐之后,就炮制了"凤鸣岐山"的祥瑞,为周人的兴起做了舆论的准备。为了实现自己的战略,他让太伯、仲雍入吴,让王季即位。名义上是太伯、仲雍让贤，实际是把周人的未来交给了三子季历，避免了三子分家而影响周人的壮大。季历东征西讨，被商王太丁封为牧师，有了征伐西土的权力。

商王时刻提防着周人的壮大，最终找借口囚杀了季历。文王即位之初，曾想替父报仇，但寡不敌众，连续失败，最终臣服于商。周文王选择与商王族联姻，既重新获得商王的信任，也为未来周武王伐商成功打下基础。

微子启与殷纣王是同父异母的兄弟，他出身庶族，未能继位。他的妹妹嫁给周文王后，他辅佐周文王治理国家，这在周人的史诗《大明》《思齐》中有描述。至少在一段时间内，周文王得到了殷纣王的信任。

当时，殷纣王的注意力集中在平定造反的淮夷，没提防妹夫和外甥会背后捅他一刀，让他丢了江山，甚至送了性命。

周武王打着周文王的旗帜，直到过了孟津才宣布伐商。此前秘不宣布，一是尚不确定诸侯支持与否；二是趁殷纣王的精锐军队在外无法参战时采用偷袭之策；三是据说有了与他里应外合的微子启，约定在甲子日的早上打开朝歌的城门。

周武王在班师回关中后，"纵马于华山之阳，放牛于桃林之虚；偃干戈，振兵释旅：示天下不复用也"①。周武王一度认为天下从此稳定，不用再打仗，放弃了对殷遗民有效监管。他忽略了商朝虽然灭亡，殷纣王虽然被杀，但殷人的实力仍保留着。

不过，周武王意识到河洛地区太重要了。周人最初居住在山西、陕西、甘肃交界的区域，那里不管是叫作汾，还是豳，都是生产条件极其落后的地方。即便周人的先祖后稷曾做过尧、舜或者禹的农官，掌握了当时最为先进的耕作技术，但在自然条件艰苦的地方耕作，要花费太多的时间和精力，太苦太累。

---

① 〔西汉〕司马迁撰，〔南朝宋〕裴骃集解，〔唐〕司马贞索隐，〔唐〕张守节正义：《史记》卷四《周本纪》，北京：中华书局，2014年，第166页。

居住在汾、豳之间，自然条件、地理条件注定他们忙忙碌碌一辈子，也只是能有饭吃，不能更好发展。农业既取决于技术，也取决于天时地利，周人没有得天独厚的优势条件，只能居于西北地区的一隅苟延残喘。

据《诗经·豳风·七月》的描述，周人在豳地时形成了授时劝农制度，能稳定生产。吃饱喝足只是低层次的满足，周人要发展壮大，就不能小富即安。到了周文王的爷爷古公亶父时，周人仍是"陶复陶穴，未有家室"①，在犬戎之间厮混，被他们欺负，现在过得不好，也没有未来。

古公亶父决定率周人迁徙到岐山。那里土地肥沃，是温带季风气候，与西北的温带大陆性气候不同。这得天独厚的气候条件才使周人的经济基础得以迅猛发展。周人吃饱喝足之后开始注重文化建设，有了神话、礼仪、制度和军队。经过周文王不断经营，强调道德、伦理，到周武王时，有了反叛殷纣王的军事资本和良好声誉。

周人从豳迁岐，从岐迁丰，从丰迁镐，一路东迁。土地条件越来越好，周人越来越强。但周武王意识到自己只是"西土之人"，天下的中心在洛阳，崤山以东有千里沃野，要比关中广阔得多，便利得多，因此他们必须东迁。

当时，商军驻扎在豳地应对西戎，周文王殚精竭虑，却无法对付强大的商王。周武王虽利用殷纣王不备之时突袭，侥幸取得胜利，但要想控制黄河流域，必须重建居于黄河中游的洛邑，保护关中不受侵犯，进而控制东方诸侯。

这不是周武王的一家之言，而是夏、商的经验所在。周武王出兵伐商，在孟津会诸侯，知道了河洛地区的重要性。他伐商成功之后重返河洛，观察其地理形势，发现洛阳南控江汉，北近王

---

① 〔西汉〕毛亨传，〔东汉〕郑玄笺，〔唐〕孔颖达疏：《毛诗正义》卷十六《绵》，北京：北京大学出版社，1999年，第980页。

屋山、黄河，有嵩山作天然屏障，地理位置得天独厚，决定营建洛邑。

周武王在世时营建的洛邑，虽然只是军事堡垒，却是"洛邑"得名的由来。

两年后，武王去世，即位的成王年幼。原本臣服于周人的殷商贵族觉得有机可乘，殷纣王之子武庚以及监视殷民的管叔、霍叔、蔡叔乘机造反。一时间周王室风雨飘摇，为了政权的稳固，周公决心摄政，直接应对混乱的政局。周武王当时把殷商都城朝歌分为三个部分，设置三监对殷遗民进行监督，管叔负责朝歌以东地区。

◇◇洛邑古城（索彪　拍摄）

据说，周文王有十个儿子，分别是：长子伯邑考，被殷纣王处死；次子姬发，就是率兵伐纣的周武王；三子姬鲜，史称管叔；四子姬旦，即周公；五子姬度，史称蔡叔，负责监督朝歌以南地区；六子姬振铎，即曹叔，被周武王封于曹国；七子姬武，即郕叔，受封于郕国；八子姬处，即霍叔，负责监督朝歌以北地区；九子姬封，即卫康叔，当时年幼；十子姬载，即冉季，当时年幼没有封他。

周公摄政，管叔就不干了，按照兄终弟及的制度，应该是管叔直接摄政，不应该是周公。于是，他就联合霍叔、蔡叔和武庚一起反对周公。在这场旗帜鲜明的对垒之中，其他兄弟的选边至关重要。老四摄政，老三、老五、老八都反对，老九和老十年幼，老六什么态度？据说他选择中立，导致曹国在周公平叛后没有加封，一直处在侯国的位置，从属于鲁国。

周公当时的压力很大，他决定先说服召公。召公出身周族，任太保。他不是文王之子，但有的书上以讹传讹说召公也是周文王之子。

周族和周王室是两个概念。周族是后稷的后裔，与周王室同一个先祖。周王室是从古公亶父、季历和文王传下来的，到周武王势力更强大。继承周文王事业的只能是文王子孙，不是后稷的其他远支。而周王室祭祀后稷，是为了团结宗族成员，参与祭祀的还有后稷子孙。祭祀文王时后稷的子孙也参与，占主位的是文王的子孙。

召公实际是其他周族在周王朝中的领袖，是周王室必须依赖的基本力量。周公做的第一件事是要召公支持自己，《史记·燕召公世家》记载：

> 成王既幼，周公摄政，当国践祚，召公疑之，作《君奭》。《君奭》不说周公。周公乃称"汤时有伊尹，假于皇天；在太戊时，则有若伊陟、臣扈，假于上帝，巫咸治王家；在祖乙时，则有若巫贤；在武丁时，则有若甘般：率维兹有陈，保乂有殷"。于是召公乃说。

司马迁看到的史料记载周公摄政时，召公并不赞同，甚至一度怀疑周公的用心。周公不得已用商朝旧事说服召公，说自己尽全力保护成王，自己也忠于周武王的儿子，只不过是代理而已，不是真的将周王室据为己有。他以伊尹放太甲、巫咸忠于王室的故事说服了召公，使其支持自己，保证了周王室内部的团结。

然后他又说服齐太公姜尚支持自己。武王伐纣成功后，姜尚卸任太师的职务，被封在齐国。周公兼任太傅、太师。姜尚到齐国后，因俗为制，"修政，因其俗，简其礼，通商工之业，便鱼盐之利，而人民多归齐，齐为大国"①，迅速发展为有影响力的大国。

周公要做的是让姜尚按兵不动，不要支持叛乱的武庚和三叔，自己就可以征服他们。《史记·齐太公世家》是这样记载的：

> 及周成王少时，管蔡作乱，淮夷畔周，乃使召康公命太公曰："东至海，西至河，南至穆陵，北至无棣，五侯九伯，实得征之。"齐由此得征伐，为大国。

在三叔叛乱时，召公直接安抚齐太公，让他负责弹压东边的诸侯，让他们不能乱动。实际是增封姜尚为方伯，使其可以征伐周边的诸侯，以此换得他支持周王室。

史料没有显示曹叔在此期间何去何从，周公平叛之后对他没有任何增封。若对比齐太公、卫康叔，以及老七、老八、老十的封赐，可推测曹叔采用了观望的态度，无功也无过，那就原封不动地当好自己的曹侯。

从《诗经》《史记》等文献记载来看，周公率领豳师开始东征，风餐露宿，沿途作战非常辛苦。《诗经·豳风》记载了周公

---

① 〔西汉〕司马迁撰，〔南朝宋〕裴骃集解，〔唐〕司马贞索隐，〔唐〕张守节正义：《史记》卷三十二《齐太公世家》，北京：中华书局，2014年，第1793页。

东征的歌谣，有写士兵征战之苦的《东山》，有写所带的武器和器物损坏的《破斧》，还有被汉儒视为写周公窘境的《狼跋》。总之，《豳风》随豳师传到了洛阳，再随着周公之子伯禽封鲁传到了鲁国，成为鲁地传唱的民歌。《豳风》作为一类音乐的代表，被收入《国风》流传下来。

周公在得到召公、姜尚的支持之后，以摄政的身份号令全国去平定武庚和三叔的叛乱。周公东征的过程虽然艰苦，但结果是取得了胜利。

武庚没有实力与周公抗衡，因为他的叔父微子启已经建立了宋国，分出了一部分商贵族。能干的贵族被杀了，有德的伯夷、叔齐也隐居了。天下老百姓只希望过太平日子，自己起兵，不过是忍不下这口气罢了。

这次叛乱更显示了立都洛邑的重要性。它作为东方的战略基地，是镐京最为重要的战略支点。这也印证了周武王当年"宅兹中国"的说法，有先见之明。

周公在平定叛乱之后，开始营建洛邑。《尚书大传》的说法是："周公摄政，一年救乱，二年克殷，三年践奄，四年建侯卫，五年营成周，六年制礼作乐，七年致政成王。"前三年，周公东征西讨，集中力量对付三叔的叛乱及其支持者；第四年，周公在周武王分封的基础上重新分封了诸侯，卫康叔、唐叔、郕叔、冉季都是在周公建侯卫时得到封赏的，也是在平定三叔之乱中支持周公的；第五年，周公决心腾出手来营建洛邑，将之作为未来的首都。

三、周公怎么营洛

据张衡的《东京赋》记载，洛邑经过几次营建："召伯相宅，卜惟洛食。周公初基，其绳则直。苌弘魏舒，是廓是极。经途九轨，城隅九雉。度堂以筵，度室以几。京邑翼翼，四方所视。"苌弘是周大夫，魏舒是晋大夫。二人分别在东周时扩建过洛邑，使得洛阳更加符合《周礼·考工记》的设计，城内有九条车道，三纵三横，按比例修建，呈现出合乎周礼的秩序感。

其中，周公营洛是最为基本的营建，苌弘、魏舒是扩建或修建洛邑。周公是按照都城的建制来规划洛邑的。

《逸周书·度邑解》比《史记·周本纪》更详细地记载了周武王临终时对周公的托付：

> 维王克殷国君诸侯，乃厥献民征主九牧之师见王于殷郊。王乃升汾之阜以望商邑，永叹曰："呜呼，不淑允天对。遂命一日，维显畏，弗忘。"王至于周，自鹿至于丘中。具明不寝，王小子御告叔旦，叔旦亟奔即王，曰："久忧劳！"问周不寝？曰："安予告汝。"
>
> ……
>
> 叔旦恐，泣涕其手。王曰："呜呼，旦！我图夷兹殷，其惟依天，其有宪命，求兹无远。虑天有求绎，相我不难。自洛汭延于伊汭，居阳无固，其有夏之居。我南望过于三涂，我北望过于有岳，丕顾瞻过于河，宛瞻于伊洛。无远天室，其曰兹曰度邑。"

《史记·周本纪》只引用了这两段。前一段是说殷商实力强大，周武王觉得自己征伐无望，只能采用偷袭的手段。他从最接近朝歌的地方进军，以最快的速度决战，方才取得翦商的胜利。

周武王有两次观兵于孟津。第一次是试探，第二次是利用殷纣王的麻痹，出其不意地兵临城下。殷纣王猝不及防，只得临时调兵。在河洛地区建都控制殷人，使东方诸侯和同情殷商的东方势力不再追随、不再怀念殷商。

周公东征，取得决定性胜利之后，遵从周武王的遗愿，营建洛邑，决心宅兹中国。《逸周书·作雒解》记述了这一过程：

> 周公敬念于后曰："予畏同室克追，俾中天下。"及将致政，乃作大邑成周于中土。城方千七百二十丈，郭方七十里。南系于洛水，地因于郏山，以为天下之大凑。制郊甸方六百里，国西土为方千里。分以百县，县有四郡，郡有四鄙，大县城，方王城三之一；小县立城，方王城九之一。郡鄙不过百室，以便野事。农居鄙，得以庶士；士居国家，得以诸公、大夫。凡工贾胥市臣扑，州里俾无交为。
>
> 乃设丘兆于南郊，以上帝，配以后稷，日月星辰，先王皆与食。诸受命于周，乃建大社于国中。其壝东青土。南赤土、西白土、北骊土，中央叠以黄土。将建诸侯，凿取其方一面之土，苞以黄土，苴以白茅，以为土封。故曰受则土于周室。乃位五宫：大庙、宗宫、考宫、路寝、明堂。咸有四阿、反坫。亢重，重郎、常累，复格，藻棁。设移，旅楹，惠常，画。内阶、玄阶、堤唐、山廧、应门、库台玄闑。

《逸周书·作雒解》详细记载了西周的都城建制。周公在洛邑先建制郊天、祀社之所，后建立周王寝宫及宗庙。[①]

《尚书·召诰》载周公营洛时，戊午日在洛邑立社。孔颖达认为："用戊者，周公告营洛邑位成，非常祭也。"社，是祭祀当地土地的神龛。周公祭祀洛邑的土地神之后，就开始营建洛邑了。

[①] 从传世文献、考古资料以及诸多考证可以看出，《度邑》《作雒》为西周文献，其所载周立大社于洛邑，合乎历史事实。参见张怀通《〈逸周书〉新研》，北京：中华书局，2013年，第268—276页。

他按照都城的建制营造洛邑，设置太社作为分封诸侯授土举行仪式的地方，标志天下土地皆由此而封。他还建造了郊天之所，用于祭祀天地，象征周之天命在此。然后立太庙，建宫室，意味着未来的周王朝在此定都。

《尚书·洛诰》也记载了召公、周公营建洛邑的细节：

> 予乃胤保，大相东土。其基作民明辟，予惟乙卯，朝至于洛师。我卜河朔黎水，我乃卜涧水东、瀍水西。惟洛食；我又卜瀍水东，亦惟洛食。伻来，以图及献卜。

召公作为太保，掌握着祭祀之权。他亲自来相土，实际是确定洛邑祭祀的位置和规模。召公先确立了太社位置，标志周王朝同意在洛邑立社，设社稷。

然后，周公进行了更为精确的测量，具体确定了洛邑的五宫——大庙、宗宫、考宫、路寝、明堂的位置，如此设计，建起来的新都城雕梁画栋，有王室气派。

《逸周书》中有些篇章形成得很早。它在东汉被整理过，其中的"雒"字是东汉时采用的。它没经过儒家的阐释和附益，有的史料很值得重视，有的史料却是后来的追述，可以与《尚书》对读。

周公营建了洛邑，但成王还是愿意定都镐京。二人又发生了战略上的分歧，理由很简单：洛邑是周公的势力范围，镐京是周成王直接控制的首都。

汉儒津津乐道的周召二公分陕而治，实际是周公经营洛阳，召公控制关中。成王是名义上的周王，拥有整个天下，但他的治理是通过周公、召公来实现的。

在周公摄政期间，成王逐渐长大。在召公的支持下，成王对周公多了戒备之心，最后，两人直接对峙。

即便是儒家称赞周公，但在经典《尚书》中，还是记载有成王、周公的冲突。汉儒也认为《诗经·豳风》中的《狼跋》写了周公的窘境——他始终没有获得成王的信任，而且多次被打压，直到他去世也没实现夙愿。

成王压根不愿意定都洛邑。成王七年（前1036年）十二月，周公还政于成王时，即劝成王居洛。成王却执意回镐京执政，甚至前一年还在渭河南岸举行了著名的"岐阳之蒐"，以阅兵的方式召集关中诸侯，显示自己的实力。

三叔叛乱已经被平定，成王的这次军事演习演给谁看，不言自明。

当成王到洛邑后，周公将政权移交给了成王。周成王并不在意周公营建洛邑的辛劳和制礼作乐的用心，还是决意定都镐京。

《尚书·洛诰》记载了周公苦口婆心的劝告与成王的坚持。可见成王与周公的战略分歧已经公开化。在成王表达了坚决回宗周执政之后，周公还是以武王的遗愿为依据，劝成王留下来。成王按照周公制定的礼乐举行了郊天，在太庙祭祀文王、武王之后，立即返回镐京，同意暂时让周公继续居洛。

成王回到镐京之后，却在丰镐立高圉庙。并在践阼亲政当月，就命鲁侯伯禽父、齐侯姜伋带着分配给自己的殷民回到封地。当初，周公营造洛邑时，曾迁殷之多士于洛，监视殷遗民。成王执政后立刻命周公、姜伋率领殷民东迁至鲁，有意削弱周公及长子伯禽在洛邑的势力。

这标志着成王彻底放弃了以洛邑为都城的提议。周公还政于成王之后，继续居洛治理三年。成王十年（前1033年），周公迁回到丰，直至去世。

司马迁认为周公居丰的三年中，"北面就臣位，匑匑如畏然"[①]，

[①] 〔西汉〕司马迁撰，〔南朝宋〕裴骃集解，〔唐〕司马贞索隐，〔唐〕张守节正义：《史记》卷三十三《鲁周公世家》，北京：中华书局，2014年，第1838页。

心怀惊惧，甚至一度发生"人或谮周公，周公奔楚"①之事，成王亲政后仍对周公抱有强烈的戒备之心。

周公至死都认为建都洛邑是正确的选择，并坚信周的都城早晚会迁到洛邑。《史记·鲁周公世家》记载：

> 周公在丰，病，将没，曰："必葬我成周，以明吾不敢离成王。"周公既卒，成王亦让，葬周公于毕，从文王，以明予小子不敢臣周公也。

西周把殷遗民聚集之所称为成周，位置大致在现在汉魏故城遗址。由成周八师驻扎防范，他们祭祀亳社，与周人分而治之。

成王并没有遵从周公将其葬于洛阳的遗愿，而是将他安葬于毕，就是咸阳北十三里的毕原上。现在咸阳机场附近还有周公墓，旁边是周文王墓。

成王的这一做法，表明他对周公都洛的做法并不认同，双方的分歧到了不可调和的地步。成王彻底掌握政局之后，不再顾虑周公的遗愿，西周不再考虑定都洛邑。

周公营建的洛邑在哪里？一般认为是在瀍河以西、洛水之北，可能就是周公营建的洛邑王城。目前，考古发现在瀍河两岸有很多西周的车马坑和贵族墓葬。

而在汉魏故城遗址中，已经发现了规模较大的西周城址。看来东汉郑玄所谓的"成王居洛邑，迁殷顽民于成周，复还归处西都"②的说法，是有历史依据的。

---

① 〔西汉〕司马迁撰，〔南朝宋〕裴骃集解，〔唐〕司马贞索隐，〔唐〕张守节正义：《史记》卷三十三《鲁周公世家》，北京：中华书局，2014年，第1839页。

② 〔西汉〕毛亨传，〔东汉〕郑玄笺，〔唐〕孔颖达疏：《毛诗正义》卷四《王黍离诂训传》，北京：北京大学出版社，1999年，第250页。

四、周公为何制礼

制礼是根据礼义制作、调整礼仪、变革礼制。从考古发掘来看，史前文明时期的居所、墓葬有不同的规格，服饰、器物也有身份标识。因身份地位的不同而采用的不同墓葬规格，体现了礼制的要求。

传世文献记载，黄帝、颛顼、帝喾及尧、舜、禹，不断完善礼制，实现了有效的国家治理。礼的制作、修订与完善，促进了社会秩序的持续改良，促进了中华文明的稳定发展。

中国最为系统的制礼作乐，是在西周初年。武王伐商后，周公、召公等将殷商之礼和周人旧俗整合起来，建构了一套适应宗法观念、分封制度的礼乐制度。周公在摄政第六年完成了制礼作乐，第七年举行了诸侯朝成王的大典。《礼记·明堂位》记载，周公在摄政六年时就用新礼制召见各诸侯："六年诸侯朝于明堂，制礼作乐，颁度量，而天下大服。"周公制礼作乐，主要是确定王朝之礼。

周礼大致分为两种。一是作为制度的礼，如宗法制、分封制与职官制度等。宗法制涉及王位、爵位的继承，分封制形成了公、侯、伯、子、男五等爵位，明确了不同人的身份及其所用的礼制，这是以人为本的制度形态。

二是作为仪式的礼，通过朝觐、聘问、祭祀、丧葬等礼仪活动，规定了诸侯与周王来往的公共秩序，确定了王朝、王国之间的交往秩序，明确了人神交际方式，调整了人与人之间的亲疏关系。这些礼仪以事为用，明确了周王朝的运行秩序。

周公在洛阳制礼作乐，虽然不是全新的创举，却是中国文明史上的一个标志性事件。

周公在继承并改造了夏、商礼乐的基础上，制作了周礼周乐。以丧葬之礼为例，三代均有丧葬的习俗，但在具体细节上有所不同。夏人在东阶之上出殡，殷人在两根楹柱之间出殡，周人在西阶之上出殡。三代出殡的位置不同，是礼仪风俗的差别，也是制度的有意设计。

尧舜时用陶制的葬器安葬死者，夏人用土砖砌在死者四周，殷人开始用椁，周人兼用棺椁，还设有布帐和羽扇。这是在葬器方面的区别，也是礼制不断改进的结果。夏人在黄昏祭祀，殷人在正午祭祀，周人在黎明祭祀，祭祀时间的不同，也体现在不同的风俗上。

《淮南子·氾论训》由此得出结论："故五帝异道，而德覆天下；三王殊事，而名施后世。此皆因时变而制礼乐者。"制礼并不是一件一劳永逸的事情，需要与时俱进地调整，由此形成了"一代有一代之礼仪"的传统。

和殷商之礼侧重于协调神与人关系相比，周礼更注重于调整人与人之间的关系。周公之礼成为周王朝运行秩序的基础，确定了早期中国社会运行的秩序和人际交往的方式。

从史料来看，周公之后，成王、康王、穆王以至宣王时期，西周一直在完善礼乐制度，以适应王朝不断变化的社会秩序。每一次重要的调整，都是在制礼作乐。周公制礼作乐之所以被历史肯定，是因为他是自觉地制礼作乐。

人类文明史的发展，或有颠覆性的标志性事件，但大多数是在堆土成山般的累积后，最终形成了文明的突破。有些看似在当时不起眼的礼制调整，却无意之间开启了一个新时代，周公制礼作乐的意义就在于此。周礼相信人是理性的，可以通过行为规范调整自己的行为，成长为文质彬彬的君子。

周公通过制礼，为周王朝建立了一套完整的天子、诸侯、大夫、士的通行规范，让人明白自己的角色定位，知道自己在社会中该何去何从，形成了并行不悖的公共秩序。

司马迁认为制礼是夏、商、周三代最为有效的治理经验：

> 余至大行礼官，观三代损益，乃知缘人情而制礼，依人性而作仪，其所由来尚矣。人道经纬万端，规矩无所不贯，诱进以仁义，束缚以刑罚，故德厚者位尊，禄重者宠荣，所以总一海内而整齐万民也。①

夏、商、周三代按照人情、人性确立了礼的原则与规范。礼仪作为通行规矩，让人不断完善自己，追求道德的完备。

礼体现道德自觉，刑约束人性之恶。礼、刑并用，能够把老百姓教化好、引导好、治理好、改造好。礼按照人情人性来制定。人情人性在变化，礼要与时偕行，秦、汉、魏、晋、唐、宋、明、清等朝代皆有制礼作乐的行为。

周公制的礼在其还政于成王之前就使用过，包括诸侯朝见成王、成王会见诸侯、周族祭祀文王等朝廷大典。这些典礼应该没有传到诸侯国，只有周王室使用。

最为直接的证据就是孔子曾问礼于老子。孔子此前曾在鲁国太庙"每事问"②，但仍要至于东周问礼，不是问自己熟知的礼仪，而是询问自己不知道的王朝之礼。《孔子家语·观周》说孔子：

> 问礼于老聃，访乐于苌弘，历郊社之所，考明堂之则，察庙朝之度。于是喟然曰："吾乃今知周公之圣与周之所以王也。"

他在洛阳的所见所闻，正是在鲁国没有见过的王朝之礼。孔子听闻周礼的制度，熟悉其礼义后，便返鲁。他继承周公之志，

---

① 〔西汉〕司马迁撰，〔南朝宋〕裴骃集解，〔唐〕司马贞索隐，〔唐〕张守节正义：《史记》卷二十三《礼书》，北京：中华书局，2014年，第1371—1372页。
② 〔魏〕何晏注，〔北宋〕邢昺疏：《论语注疏》卷三《八佾》，北京：北京大学出版社，1999年，第37页。

在士大夫中推行礼乐教化。

现在洛阳老城的东关大街，仍保存着"孔子问礼于老子"的石碑。其实，孔子还问过东周的乐官苌弘。老子、苌弘只可能居于东周的家中，那时的东周官署是在现在的王城，离洛阳老城还有一段距离。

◇◇孔子入周问礼处（索彪　拍摄）

五、周公如何作乐

在中华文明中，乐的功用体现于协调阴阳、调整五行、沟通神人、颂赞功德、以乐纳宾、歌以咏志。中国音乐的发展，正是与这些功用的实现相须而行。

人类社会早期，以乐调和阴阳、调整五行。这既是对音乐功能的理解，也是音乐建构的基础。

阴阳是对宇宙自然万物的理解视角。阳指生长的力量，如春夏时节万物生长。阴指肃杀的力量，如秋冬时节万物萧瑟。阴阳交替形成了四季轮回，也制约着春生、夏长、秋收、冬藏，周而复始。音乐最初就是用来调和阴阳以应和自然变动，使生活环境阴阳均衡。

据《吕氏春秋·古乐》记载，朱襄氏是神农氏，也就是炎帝，传说他制作了琴瑟。炎帝时期多风，阳气蓄积，万物散解，果实难以成熟，炎帝命士达作琴瑟，聚拢阴气。

在阴阳观念中，阳用于生发，阴用以凝聚。如果只蓄积阳气不聚敛阴气，万物就不停地生长，结不成果实。有了阴气，果实才能熟透。琴为高涨之音，瑟为低落之声，琴瑟相和，调节阴阳，合乎四时，就实现了生活环境的阴阳平衡。

最早的乐歌正是按照调和阴阳的原理来改良生产生活的，是作乐的第一个阶段，葛天氏所歌的八阕就是如此。《载民》言天生万民，《玄鸟》歌颂玄鸟春天回归，《遂草木》言万物生长，《奋五谷》言五谷丰登，《敬天常》歌天之行，《达帝功》赞颂天帝，《依地德》报答土地之德，最后的《总万物之极》，赞美万物。阴阳平衡持久，百姓才得以安居乐业。

陶唐氏为帝尧时期人，当时阴雨纷纷，水汽过重，百姓身体沉重不爽。于是他就作舞蹈引导百姓舒展筋骨，通过歌舞运动来增加体内阳气。

音乐让人安静，阳入于阴，便能安神；音乐也可以使人兴奋，阴入于阳，就能发越，鼓舞情志。

在中国，敲鼓是振奋阳气，作战进攻时要击鼓前进，鼓舞人心和士气。金声与阴气相关，鸣金则收兵。在日食时，采用击鼓升阳来救日；出现月食时，鸣金来救月。暮鼓晨钟，是利用钟鼓的阴阳来平衡时气，傍晚阴气聚敛，敲鼓来发散之；早上阳气升腾，要敲钟来平衡之。这些音乐实践，正是早期音乐文化的遗留。

音律仿象五行创作。据说，黄帝令伶伦作律，将阴阳与四时、五音相配，形成了乐律系统。伶伦造十二律吕，与凤凰之鸣相和。雄鸣与雌鸣各六，十二律就分为六律六吕。据说，伶伦在仲春之月乙卯之日，首次演奏之曲定名为《咸池》。调和阴阳、调整五行，是早期中国作乐的目的，也是作乐的方式。

神人以和是早期中国音乐功能的体现。在颛顼、帝喾时期，主要用音乐祭祀天帝、沟通神人。《吕氏春秋·古乐》又言颛顼时期通过绝地天通，完成了最为深刻的宗教改革。颛顼时，由部族领袖主导天的祭祀，一般的百姓只能祭祀自然神，不能祭天帝。颛顼由此成为最早专享祭祀天帝的部族领袖。他为祭祀天帝所创作的音乐，以"熙熙""凄凄""锵锵"的音乐风格，模仿八方之风的变动，名为《承云》。

尧舜的音乐也主要用于赞颂天帝之德。帝尧命质作乐，质将山水林谷之音作为音乐元素，击鼓敲石，引导百兽舞蹈。瞽叟制作了十五弦之瑟，作《大章》来祭祀上帝。

舜时，又将十五弦之瑟增加八弦，制成二十三弦之瑟，修订了《九招》《六列》《六英》，以祭祀天帝。

以乐舞祭神、颂神、娱神的目的是实现神人以和，是作乐的第二个阶段。

《尚书·尧典》载舜之言，提到了典乐的职责：一是教乐，借助音乐的熏陶，培养正直温和、宽大坚栗、刚毅而不粗暴、简约而不傲慢的心性修为。二是作乐，实现诗、歌与声、律的妙和无垠。三是奏乐，以乐歌舞蹈来祭祀天地神灵，沟通神人。

《史记·夏本纪》记载了舜命夔典乐后的音乐创作，尧率群臣祭祀天帝前，表演盛大的乐舞。舜歌唱以表明天命在己，大臣皋陶、舜合歌而颂之。这时期，已经开始将对天帝的敬重，转化为对人王的赞美，将人王视为实现天命的人。

司马迁提到的"天下皆宗禹之明度数声乐,为山川神主"①,肯定了禹在治水过程中的功勋卓著,说明了大禹时音乐功能的重大变化。

大禹治水采用疏导方式排水,露出高地让百姓居住,引导百姓祭祀土地神,祭祀山川百神,建构了土地祭祀体系。大禹之后,音乐开始歌颂人王的功勋。《吕氏春秋·古乐》说,禹让皋陶作《夏龠》九成,宣扬自己的功绩,开始用大型舞蹈来歌颂人王的功勋。

他的儿子启投其所好,将原先祭祀上天的音乐用来赞美自己的父亲。《山海经·大荒西经》记载:"开上三嫔于天,得《九辩》与《九歌》以下。此天穆之野,高二千仞,开焉得始歌《九招》。"夏开即夏启,汉时,为了避汉景帝刘启名讳,改"启"为"开"。

"上三嫔于天"实为献女子祭天,是类似后世"河伯娶妻"的祭祀方式。然后夏启制作了《九歌》,后世传说认为夏启从天帝处盗来了《九歌》。

夏启新创作的乐曲、乐歌、乐舞共九个部分,演奏九遍,是《九辩》;有歌相和,是《九歌》;有舞相随,是《九招》。《墨子·非乐》描述夏启的乐舞:"启乃淫溢康乐,野于饮食。将将铭,苋磬以力。湛浊于酒,渝食于野,万舞翼翼,章闻于天,天用弗式。"载歌载舞,有酒有食。可见这些乐舞已经不再是谨慎恭敬的祭天之礼,而变成了带有娱乐意味的歌功颂德。

此后的作乐,常通过修订、改造前代的音乐作品,歌颂人王功德,功能发生了重大变化。商汤伐夏成功之后,"乃命伊尹作《大护》,歌《晨露》,修《九招》《六列》,以见其善"②,也是用音

---

① 〔西汉〕司马迁撰,〔南朝宋〕裴骃集解,〔唐〕司马贞索隐,〔唐〕张守节正义:《史记》卷二《夏本纪》,北京:中华书局,2014年,第101页。

② 〔秦〕吕不韦编,许维遹集释,梁运华整理:《吕氏春秋集释》卷五《古乐》,北京:中华书局,2009年,第126页。

乐来赞美商汤。

周文王在岐，周公曾作歌诗赞美文王的德行："文王在上，于昭于天。周虽旧邦，其命维新。"①这些歌词保留在《诗经》之中，成为周朝早期的乐歌。

武王伐商之后，命周公作《武》，以赞颂自己的武功。成王即位后，殷商遗民作乱，周公平定叛乱之后，又作《三象》以嘉其德，用乐舞来歌功颂德。

周公在洛阳作乐，是对早期音乐的系统整理，重新制作与周礼相应的乐歌，用于宗庙祭祀、郊祀上帝、诸侯朝聘等，与周礼相配，与周制相应。

从关注天人关系、协调阴阳五行，到关注神人关系、歌颂天帝，再到注重人际关系、歌功颂德。周公作乐，正是基于人对自然、社会日趋理性的理解，他用音乐教化人性，引导人情，形成情感共识，对早期中国的乐政体系进行了系统的清理，使之成为与礼制相并行的国家治理系统的组成部分。这一成果被系统整理为《乐经》，相关歌词为《诗经》所记录。

周公作乐，创作了很多曲子，使音乐与生活完美结合，将乐曲、乐歌、乐舞用于调整社会生产生活，引导百姓向善。这些曲子主要是以乐侑食、以乐纳宾、歌以咏志，音乐演奏伴随着礼仪活动进行，建构起了周王室的乐政体系。

以乐侑食，是周王的进餐礼仪。《周礼·大司乐》："王大食，三侑，皆令奏钟鼓。"郑玄注："大食，朔月月半以乐侑食时也。"②周王在特定时间，要和着特定的音乐就餐，一举一动皆体现个人修养。以乐侑食时，由乐官演奏，由膳夫主导："以乐侑

---

① 〔秦〕吕不韦编，许维遹集释，梁运华整理：《吕氏春秋集释》卷五《古乐》，北京：中华书局，2009年，第127页。
② 〔东汉〕郑玄注，〔唐〕贾公彦疏：《周礼注疏》卷二十二《大司乐》，北京：北京大学出版社，1999年，第592页。

食，膳夫授祭，品尝食，王乃食。卒食，以乐彻于造。"① 进餐时要奏乐，撤餐具时也要奏乐。

以乐纳宾是以乐侑食的延续，在正式宴饮时要奏乐接待宾客。《仪礼·燕礼》记载，宾客走到门口时奏《肆夏》之乐；举行答拜时不奏乐；受爵仪式时奏乐，之后再举行礼节。在仪式中，乐时奏时阙，成为礼仪的组成部分。

在当代婚礼中，宾客和新人入场时奏乐，新人交换戒指时不奏乐。在特定环节奏乐，乐辅助礼，起到引发情感共鸣的作用。

周乐伴随着周人的主要活动，在冠礼、婚礼、朝礼、聘礼、祭礼、军礼、射礼、饮酒礼，以及迎客、送宾都要奏乐，音乐建构了仪式感。《诗经》中的很多乐歌，是作为礼仪用曲使用的。如升歌《鹿鸣》，下管《新宫》，是在活动开始和结束时演奏的曲目。《周颂》《商颂》和《鲁颂》中的乐歌，也是在宗庙祭祀的相应环节歌唱，与礼仪并行。还有很多我们暂时不能说明它们用途的歌曲，也保留在《诗经》之中，等待研究。

歌以咏志是借助乐歌来表达个人情志。舜时提出了"诗言志"的主张，但其中的"志"，更多的是群体的意志与要求，表达的是"我们"的共同情感体验。

这是古代音乐艺术的基本要求，主张所有艺术创作都要充分表达群体的志向，要能发乎情，止乎礼。但在实际的音乐创作中，很多曲目更注重个体情志的抒写。这就催生了《周颂》之外的《小雅》和《国风》，写人们的喜怒哀乐。

在中华文明史上，周公作乐的意义实际超过制礼。周公制礼作乐，制礼只是开端，此后的王朝还要因地制宜、因时制宜地制礼，开启中国绵延不绝的历朝制礼活动。

周公作乐而形成的乐政体系是总结。秦汉之后虽然强调乐

---

① 〔东汉〕郑玄注，〔唐〕贾公彦疏：《周礼注疏》卷四《膳夫》，北京：北京大学出版社，1999年，第82页。

治，但再也没能形成新的乐政体系。很多在西周流行的乐政设计日渐式微，最终消散在历史实践中，只在文献中保留蛛丝马迹。

六、洛阳的天下之中

洛阳为"天下之中"的说法，也出于周公。《史记·周本纪》形容当时的洛邑：

> 成王在丰，使召公复营洛邑，如武王之意。周公复卜申视，卒营筑，居九鼎焉。曰："此天下之中，四方入贡道里均。"……兴正礼乐，度制于是改，而民和睦，颂声兴。

周公营建洛邑后，天下诸侯进献贡赋就可以送到洛邑，避免了送到关中的长途跋涉之苦。洛邑从此成为周王会见东方诸侯的地方，西周真正的都城在镐京，洛阳却成为周王朝不可离弃的锁钥。

在早期中国，文明的核心区域是沿着黄河流域发展的。夏、商、周在黄河中游立足，渐次扩大，南到淮河，北到太原一带。这一区域最早形成的华夏文化，远远领先于周边地区。当时所称的"中国"，是指关中、河洛和齐鲁地区，就是因为这一区域的百姓受到礼乐教化，有不同于周边地区的先进文明。

《礼记·王制》认为民族的区分，不在种裔，而在文化：

> 凡居民材，必因天地寒暖燥湿，广谷大川异制。民生其间者异俗，刚柔轻重迟速异齐，五味异和，器械异制，衣服异宜。修其教，不易其俗；齐其政，不易其宜。中国戎夷，五方之民，皆有性也，不可推移。东方曰夷，被发文皮，有不火食者矣。南方曰蛮，雕题交趾，有不火食者矣。

西方曰戎，被发衣皮，有不粒食者矣。北方曰狄，衣羽毛穴居，有不粒食者矣。中国、夷、蛮、戎、狄，皆有安居、和味、宜服、利用、备器，五方之民，言语不通，嗜欲不同。达其志，通其欲，东方曰寄，南方曰象，西方曰狄鞮，北方曰译。

当时，接受华夏文化影响的地区被称为"中国"，周边环绕的是各种文明程度不同的其他部族。他们的文化形态不同，因为自然条件的差异形成不同的风土人情。文化与文明不同，文化没有对错之分，只有合适与不合适之分。其千差万别的核心在于适合特定的地区和特定的人群。

文明是文化持续向前发展的方向，反映的是人类从必然王国向自由王国迈进的程度，因此可以有对错之分。就像夏、商的人殉方式有很多种，不用人殉，即是人类文明的进步。周朝抛弃人殉制度，但秦穆公去世后仍用人殉的方式安葬，这就说明文化有野蛮与文明之分，而文明视野中的人反过来再审视早期的行为，就会发现很多不文明的现象。

当秦汉以"中国"形容受礼乐文明影响深远的黄河流域的文明时，实际是在强调周边文明仍有上升的空间和改进的方向。当时的学者认为，中国的文明代表了社会的发展方向，汉代戴德《大戴礼记·千乘》中说：

是故立民之居，必于中国之休地，因寒暑之和，六畜育焉，五谷宜焉；辨轻重，制刚柔，和五味，以节食时事。

一方水土造一方百姓，黄河中游四季分明，五谷生长，五味调和，便于生产生活，东西南北的百姓汇集于此，形成了"中国"。"中国"之外的地区，因为水土与黄河流域不同，形成各自不同的风情民俗：

东辟之民曰夷，精于倿，至于大远，有不火食者矣。南辟之民曰蛮，信以朴，至于大远，有不火食者矣。西辟之民曰戎，劲以刚，至于大远，有不火食者矣。北辟之民曰狄，肥以戾，至于大远，有不火食者矣。及中国之民，曰五方之民，有安民，和味，咸有实用利器，知通之，信令之。[①]

最早的"中国"本是方位的划分，中国以其居住的区域审视四周的东夷、西戎、北狄、南蛮，发现他们的生活习惯与中国不同。中国又是观念的划分，周边的夷戎狄蛮的食性与中原也不同，远远落后于中国。他们不用火烹饪食物，更多去吃生冷食物，他们不像中国的居民能调和五味，制作器具。

从文明史的意义上说，居于关中和齐鲁之间的河洛地区，在文明的早期便居于领先地位，在秦东进、楚北上、狄南下的过程中，周公所建构的礼乐文明影响了周边地区，使得中华文明持续扩大。

《荀子·王制》阐释中华文明不断扩大，是因为能够充分吸收周边文明成果为自己所用，进而持续形成领先的文明形态：

> 北海则有走马吠犬焉，然而中国得而畜使之；南海则有羽翮、齿革、曾青、丹干焉，然而中国得而财之；东海则有紫、紶、鱼、盐焉，然而中国得而衣食之；西海则有皮革、文旄焉，然而中国得而用之。故泽人足乎木，山人足乎鱼，农夫不斫削、不陶冶而足械用，工贾不耕田而足菽粟。故虎豹为猛矣，然君子剥而用之。故天之所覆，地之所载，莫不尽其美、致其用，上以饰贤良，下以养百姓，而安乐之。

[①]〔清〕王聘珍撰，王文锦点校：《大戴礼记解诂》卷九《千乘》，北京：中华书局，1983年，第162页。

文明的扩大，不是单方面的输出，而是不同文明的相互馈赠。其间既有你死我活的激烈对垒，又有潜移默化的温和交流。无论是激烈的对垒还是温和的交流，文明的地区只有不断吸收周边文明甚至是异质文明的成果，才能持续扩大文明的范围。

周人居于关陇地区时被视为戎狄，古公亶父迁岐后，主动吸纳商文明，将周人掌握的耕作技术因地制宜地改良，并将周人信从的道德通过制礼作乐推广开来。周人所掌握的文明和文化，成为中国最先进的文明代表，引领着周边地区的发展。

秦的发展，也离不开向东方六国不断学习。秦穆公用五张皮换来百里奚，秦国学习到了先进的生产力。秦孝公重用商鞅，秦国改变了社会管理体系。秦统一六国，学习了东方的宫殿建造技术。秦灭周之后，周王原先居住的洛阳依然是最为先进的天下之中。吕不韦将自己封地于此，意欲掌握最先进技术，一劳永逸地生产生活。

居中而居一直是早期中国的认知。《荀子·大略》说："欲近四旁，莫如中央，故王者必居天下之中，礼也。"即天子应选择在天下之中立都。《盐铁论·地广》也说："古者，天子之立于天下之中，县内方不过千里，诸侯列国，不及不食之地，《禹贡》至于五千里；民各供其君，诸侯各保其国，是以百姓均调，而繇役不劳也。"贤良文学所说的"古者"，正是夏、商、周三代的定都经验。

汉高祖五年（前202年）正月甲申，刘邦即皇帝位，并置酒洛阳南宫，论成败，招田横，打算定都洛阳，然而刘敬却劝说刘邦定都长安。他的论述保存在《史记·刘敬列传》中。

刘敬的论述有两个要点：一是长安与洛阳的形势不同。关中土地肥沃，有山河险阻。一旦崤山以东的诸侯王叛乱，皇帝凭借长安的地利，可攻可守。而洛阳山川形势稍弱，不如长安险要，容易受到四面诸侯的威胁。二是强调了长安和洛阳的政策取向。洛阳居天下之中，立都在此，必须实行德政，推行周政。刘邦取天下，靠武功争霸，恩德尚不及庶民，尚不具备推行周政的条件。

这让刘邦开始犹疑。他的大臣多为山东人，劝他定都洛阳。刘邦征求张良的意见。张良认同刘敬的看法。他从山川险阻、土地肥瘠、军事攻守等方面对比长安和洛阳，认为洛阳在上述三个方面不如长安。刘敬说关中有四塞之固，张良说长安可以阻三面而守，阐述了定都长安的理由。

在张良和刘敬看来，都城选择最重要的考量因素是战时能否可资攻守。他们认为天下初定，诸侯手握重兵，虎视眈眈。一旦定都于无屏障之地，极易被诸侯四面围攻。长安可以预防诸侯有变，可以凭借险要的地理形势自卫，还可以凭借肥沃的土地自保。

秦亡之初，曾有人劝项羽称霸关中："关中阻山河四塞，地肥饶，可都以霸。"①也是将山河、土地作为成就霸业的首要条件。项羽见秦宫被烧，关中一片残破，遂引兵东去。

无论是从前代立都的经验上，还是从汉初的军事形势上，刘邦都选择了定都长安。从此，长安和洛阳开始了"双城记"。都长安时，离不开洛阳作为拱卫。西汉就在洛阳设有武库，藏兵器以备不虞之事。

北宋的李格非分析道：

> 洛阳处天下之中，挟殽渑之阻，当秦陇之襟喉，而赵魏之走集，盖四方必争之地也。天下常无事则已，有事则洛阳先受兵。余故曰：洛阳之盛衰者，天下治乱之候也。方唐

---

① 〔西汉〕司马迁撰，〔南朝宋〕裴骃集解，〔唐〕司马贞索隐，〔唐〕张守节正义：《史记》卷七《项羽本纪》，北京：中华书局，2014年，第402页。

> 贞观开元之间，公卿贵戚开馆列第于东都者，号千有余所，及其乱离，继以五季之酷，其池塘竹树，兵车蹂践，废而为丘墟；高亭大榭，烟火焚燎，化而为灰烬；与唐共灭而俱亡者，无余家矣。①

洛阳在北宋之前居于天下之中，四方辐辏，既有便利，也有不足。在洛阳定都，可以居天下要道输送贡赋，不依赖天堑就能形成地理优势。但若天下动乱，洛阳首当其冲，逐鹿中原的你争我夺必然让洛阳成为无休止的战场。

从地理形势上来说，南方未开发之时，洛阳是黄河流域的地理中心，自然被视为"天下之中"，洛阳是最为繁荣的城市。无论是南迁还是北扩，无论是东征还是西讨，都围绕洛阳进行。

洛阳见证了太多的你来我往和王朝兴衰。弦高在滑国的犒师、秦灭东周的作战、刘邦定都洛阳、王莽与绿林赤眉的作战、刘玄迁都洛阳，都发生在洛阳境内，也成就了一段段战争史话。

中华文明是由河洛地区汇聚后向外发展的，唐朝时北至河套地区，南至长江流域。在唐之前的天下局势是沿黄河东征西讨。关中面向崤山、潼关以东，进可攻退可守；洛阳为出入关中的门户，周、汉、隋、唐皆据此控制天下。

当关中变乱后，迁至洛阳以为都城，如东周、东汉、武周等朝代，洛阳成为长安的避风港。北宋之后，天气偏冷，长江以南持续开发，北方游牧民族不断南下，天下局势变为南北之争。南至岭南，北至冀州、朔州，长安偏西，漕运中断，物资匮乏，不可再为都城。南宋之后，洛阳不再居于"天下之中"，最大的交通优势不复存在。

元之后，洛阳只能成为普通的城市，曾经在此的晋人、唐

---

① 〔宋〕邵博撰，李剑雄、刘德权点校：《邵氏闻见后录》卷二十五《吕文穆园》，北京：中华书局，1983年，第201—202页。

人、宋人都南迁了。只留给这片土地从山西迁过来的移民，延续着这段城市的历史。一千年来，无数的陵墓默默无闻地守着这曾经的"天下之中"，却再也无法恢复它的繁华。

若从洛阳的角度看历史，十三朝古都留下了太多的故事：光武定都的辉煌、迁都之争的热闹、董卓乱洛阳的惨烈、曹丕称帝的斑斓、高平陵事变的迭代、西晋的八王之乱、北魏迁都洛阳等，都使得洛阳成为全国瞩目的政治中心和文化中心。

若从中华文明史来看，洛阳、长安、南京、北京等，都是中华文明斑斓多彩的一章。洛阳与其他城市一起催生了中华文明的璀璨。

洛阳历史上的辉煌，是文明造就的。这使其在三千年历史中代表着先进和繁荣，也在此后的一千年间经历了关河冷落和城墙残破。随着南方的开发和人口的流动，洛阳中心城市的地位无可避免地让位于开封、北京，让其继续造就宋元明清的风流，谱写中华文明新的篇章。

第四章
民族融合在洛阳

洛阳嵩县有个陆浑水库，这个"陆浑"是民族融合的象征。按照《左传正义》的注释，周襄王初年，晋惠公将征服的陆浑戎迁到洛阳南边，把他们聚居的地方用"陆浑"称之。

2015年，在位于洛阳市伊川县鸣皋镇徐阳村一带的顺阳河及其支流两岸台地上，发现了戎王的墓葬群，总面积约20万平方米。2016年，该墓葬群入围了"全国十大考古新发现"，成为民族深度融合的例证。

考古发现，在东周时戎狄已经入驻河洛地区，并得到周王的封赏，与当地的华夏民族通婚，洛阳成为民族融合的区域。

随后，晋文公推行"和戎"政策，洛阳有很多的戎人进入，百姓逐渐浸染胡俗。西汉时，西域物产在洛阳流行。《盐铁论·力耕》说："汝、汉之金，纤微之贡，所以诱外国而钓胡、羌之宝也。夫中国一端之缦，得匈奴累金之物，而损敌国之用。是以羸驴驮驼，衔尾入塞，驒騱騵马，尽为我畜，鼲貂狐貉，采旄文罽，充于内府，而璧玉珊瑚琉璃，咸为国之宝。"当时的洛阳住有胡客、贾胡，交通便利，形成了"天下四会"的市场。①

受胡风浸染，东汉灵帝"好胡服、胡帐、胡床、胡坐、胡饭、胡空侯、胡笛、胡舞，京都贵戚皆竞为之"②，成为一时风气。西域的香料、南方的珊瑚成为洛阳富豪追捧的对象。建安时期，曹丕等人对西域传入的石榴同题作赋。西晋时，内迁的匈奴、羌、狄、鲜卑等少数民族的生活风俗深刻影响了洛阳。《晋书·五行上》说：

---

① 〔北宋〕李昉等撰：《太平御览》卷二百五十二《职官部》，北京：中华书局，1960年，第1188页。

② 〔南朝宋〕范晔撰，〔唐〕李贤等注：《后汉书》志十三《五行一》，北京：中华书局，1965年，第3272页。

泰始之后，中国相尚用胡床貊槃，及为羌煮貊炙，贵人富室，必畜其器，吉享嘉会，皆以为先。太康中，又以毡为絈头及络带袴口。百姓相戏曰，中国必为胡所破。夫毡毳产于胡，而天下以为絈头、带身、袴口，胡既三制之矣，能无败乎！

当年的洛阳到处流行胡风胡俗，反倒是华夏文化没有得到良好的传承。

晋人南迁后，卷土而来的十六国，使得胡风胡俗遍布洛阳。南迁的老洛阳人想象中的洛阳与现实的洛阳差距太大。洛阳成为他们美好的故乡，寄托着他们回不去的乡愁。北魏迁都洛阳，洛阳重现辉煌，胡风胡俗与华夏衣冠相结合，造就了新的文化形态。

南朝文章里常见的"伊川之叹"，表达的是对北方胡汉杂融形态的无可奈何。华夷之防、华夷并存、华夷一体一直是中华文明形成的一条线索。我们以此交流来观察这一时期的洛阳，正是民族融合的一个大舞台。

一、"披发伊川"的典故

"披发伊川"的典故，源自《左传·僖公二十二年》。平王东迁洛邑之初，周大夫辛有南下伊川，见有人在野外披发祭祀。他感叹道："不及百年，此其戎乎！其礼先亡矣。"自周公制礼作乐，周人已经在王畿内推行周礼二百七十多年。成年男子加冠，女子及笄，举行祭祀时要束发严服。

没想到在成周附近仍有人采用戎狄的披发习俗，就是将头发披到肩上。辛有感叹道：不到一百年，伊川已有戎人风俗，这会导致周礼衰亡。这是一个预兆，说明当时戎人的风俗已经浸染到伊川。

辛有所见的披发者，正是居住于熊耳山区的戎人。《左传》载，僖公十一年（前649年），周王室内乱，王子带纠集扬、拒、泉、皋、伊、洛之戎，共同攻打洛邑，入王城，焚东门。最终，秦、晋出兵伐戎救周。

这年秋天，晋惠公亲自出面，调和戎人与周襄王的关系，使周襄王接受戎人居于河洛的现实。这些戎人居住在豫西山区，由不同部族组成。他们的实力足以威胁到周王室的安危。

戎人，是指居住在西北未接受周文化的游牧部落。周王室东迁之后，大量戎人进入关中。其中的姜戎被秦国驱逐而被迫东迁到晋国境内。晋惠公赐予他们河西土地，让他们垦荒耕种。这些戎人多次随晋国军队作战。

韩原之战后，晋惠公将河西八城割给秦国，却不舍能征善战的这支戎人军队。晋国与秦国商量后，将他们迁到伊川。秦贪其土，晋贪其人，双方一拍即合。这批人迁到伊川后，被称为陆浑之戎，所居之地就以陆浑为名。

陆浑之戎的实力要强于原先的扬、拒、泉、皋、伊、洛诸戎。三十二年后，楚庄王发大军伐陆浑之戎，从伊河向西北攻打到洛河边，征服了陆浑之戎，在周王畿边界上阅兵。周定王派王孙满去慰劳军队，其间发生了问鼎中原的故事。

楚庄王问周王室所藏大禹铸造的九鼎的大小和轻重。王孙满回答说，治理国家靠的是无形之德而不是有形之鼎。夏、商曾拥有九鼎，却都亡国。德行好，即便鼎小，也能得到天下尊重；德行亏，即便鼎大，也让天下轻忽。天命从来都是赐给有德之人，周王室德行虽然不如以前，但目前天命还在周，楚是没有资格问鼎的大小和轻重的。

当年周公把九鼎运到洛阳保存，洛阳现在有条路叫定鼎路，就是为了纪念周公定鼎于此的。

鲁成公六年（前585年），伊洛之戎、陆浑之戎曾跟随晋、卫军队攻宋，可见其势力不容小觑。从发掘的徐阳戎王墓制来看，他所使用的编钟、编磬，达到了王级的规格，表明陆浑之戎在春秋中后期一度很强大，还得到了周王的封赐。

鲁昭公十七年（前525年），晋顷公派屠蒯到周王室，请求祭祀洛水和三涂山。苌弘看出了晋人脸带凶色，觉得他们不是单纯为了祭祀，应该是准备进攻戎人。

晋国实力削弱后，陆浑之戎依附于楚国。果然，九月二十四日，晋国荀吴便领兵从棘津徒步涉水，让祭史用牲祭祀洛水。陆浑之戎没有防备，晋军随即攻打过去，只用了三天，就灭了陆浑，理由是他们与楚国勾结。陆浑之戎的首领逃亡到楚国，部下逃亡到甘鹿，后聚集在湖北安陆一带定居。

前面提到，东周初年的辛有预言了戎人聚居伊川，形成了"披发伊川"的典故。戎人将他们的生活习俗带到了河洛地区。春秋时的伊洛山区居住着大量的戎人，他们的饮食、衣服、礼俗、言语与周人不同。最为典型的标志是披发野祭，与周人束发庙祭的形制不同，后世就用"披发伊川"来形容胡风浸染的情形。

二、披发之叹为哪般

汉魏时期，胡风浸染到洛阳，"披发伊川"的典故被广泛使用，成为毁弃中华礼教、接受异域风俗的代名词。

据说，虞预"雅好经史，憎疾玄虚，其论阮籍裸袒，比之伊川被发，所以胡虏遍于中国，以为过衰周之时"[1]。他认为，阮籍不拘小节的行为，就像当年的"披发伊川"一样，不伦不类，抛

---

[1] 〔唐〕房玄龄等撰：《晋书》卷八十二《列传·虞预》，北京：中华书局，1974年，第2147页。

弃了礼乐教化。

南朝沈约说西晋风气："晋惠帝元康中，贵游子弟相与为散发倮身之饮，对弄婢妾。逆之者伤好，非之者负讥。希世之士，耻不与焉。盖胡、翟侵中国之萌也。岂徒伊川之民，一被发而祭者乎？"①认为魏晋的玄学名士们放浪形骸，与"披发伊川"一样，都是无意之中毁弃了中华文明。

中华文明基于农耕而采用定居生活，基于农业生产确定社会结构，基于社会认同以建立道德认知，经过数千年沉淀形成了稳定的社会秩序。而分布于华夏四周的戎狄蛮夷，采用游牧、渔猎、采摘等生活方式，形成了不同的文化风尚。

华夷之别的核心，是因为生产生活方式不同而形成的文化差异。两汉拓展疆域，周边民族不断归附与内迁，华夷杂居并耕，生产生活方式逐渐趋同，在洛阳形成了不同于秦汉也不同于诸胡的文化形态。

三国时魏国鱼豢著《魏略》说氐人风俗：

> 其俗，语不与中国同，及羌杂胡同，各自有姓，姓如中国之姓矣。其衣服尚青绛。俗能织布，善田种，畜养豕牛马驴骡。其妇人嫁时著衽露，其缘饰之制有似羌，衽露有似中国袍。皆编发。多知中国语，由与中国错居故也。其自还种落间，则自氐语。其嫁娶有似于羌，此盖乃昔所谓西戎在于街、冀、獂道者也。②

魏晋时期，大量羌、氐、鲜卑等民族内迁。他们与中原百姓杂居，向中国文化趋同。泰始年间，北部诸郡的胡族人口总数已

---

① 〔梁〕沈约撰：《宋书》卷三十《五行一》，北京：中华书局，1974年，第883页。
② 〔晋〕陈寿撰，〔南朝宋〕裴松之注，陈乃乾校点：《三国志》卷三十《魏书·乌丸鲜卑东夷传》注引《魏略·西戎传》，北京：中华书局，1982年，第858页。

超越汉人。晋武帝时，东夷、鲜卑前后共有十九批内附，西晋以聚居的方式安置，武帝允许他们保留原有编制，可以传承自身的文化传统。

这种聚居的方式，虽有助于民族融合，却为朝廷无力管控羌胡起兵埋下隐患。元康九年（299年），江统在《徙戎论》中提醒晋惠帝，要对诸胡聚居有所警惕。他认为，内迁的胡人数量太多，他们聚居起来，还保持原来的风俗，军农合一的编制又未解散，加上胡人天性骁勇善战，弓马便利，子孙不断繁衍，人口增加，会使得当地百姓失去田地，久而久之内患必然会导致外乱。

"十六国"的说法是根据北魏崔鸿的《十六国春秋》形成的。在这段时间，实际共有二十多个政权，这十六国是其中存在时间较长的政权。他们以魏晋的洛阳城为中心，展开了你死我活的争夺。最长的前梁存在七十三年，最短的南燕只存在了十三年。

值得注意的是，匈奴、羯、羌、氐、鲜卑五国都愿意学习中原的生产习惯，推动生产方式的调整，主动适应东汉、曹魏、西晋的农耕传统。

元康四年（294年），前燕的慕容廆在部族教以农桑，定居务农，仿效晋朝建立制度。慕容皝定都龙城后，躬巡郡县，进行劝课，推动农业生产。

慕容皝接受记室参军封裕的建议，罢苑囿，"以给百姓无田业者。贫者全无资产，不能自存，各赐牧牛一头。若私有余力，乐取官牛垦官田者，其依魏晋旧法"[1]。在华北、东北地区引导百姓定居下来，进行农耕生产。

苻坚立国后，在前秦推广农耕，"修废职，继绝世，礼神祇，课农桑，立学校"[2]，亲耕借田以示重农。其妻苟氏亲蚕于近郊劝

---

[1]〔唐〕房玄龄等撰：《晋书》卷一百九《载记·慕容皝》，北京：中华书局，1974年，第2825页。

[2]〔唐〕房玄龄等撰：《晋书》卷一百十三《载记·苻坚上》，北京：中华书局，1974年，第2885页。

桑，仿效洛阳旧事。苻坚还派遣使臣"清修疾恶、劝课农桑、有便于俗"①，鼓励农业生产，继承西晋传统。

前燕和前秦大力恢复农业生产，稳定了北方地区的农耕生活，使洛阳风尚能够流传到北方区域。北魏入主中原后，完善农耕制度，持续鼓励农业生产。

鲜卑族最初以作战缴获物资作为生活补给。在平城建立政权后，人口激增。为解决粮食问题，正式推行定居农耕，用屯田增加耕作面积，分牛授田鼓励百姓耕种。

太祖道武帝推行"分土定居"，引导鲜卑族从游牧文明转化为农耕文明，用息众课农的方式建立农业制度，通过"均给天下之田"②，实现了耕者有其田。

天兴后，北魏注重考核官员的"劝课农桑"的实效。神瑞年间，迁极度贫困的农户到山东，号召天下致力于耕种，鼓励农耕生产。采用了农耕之后，北魏粮食开始能够自给自足，百姓足以养家糊口，推动了鲜卑族向定居耕作生产方式的转变。

太平真君时期，魏太武帝拓跋焘鼓励百姓提高耕作技术，提高粮食产量，国家储备日趋充足。拓跋焘之孙拓跋濬还派遣官员巡行天下，鼓励耕作，观察风俗。仓廪实而知礼节，百姓开始接受中原风俗，为迁都洛阳做了良好的铺垫。

与此同时，迁徙到江南的北方人，念念不忘洛阳。他们将受胡俗浸染的洛阳视为"披发伊川"，使之成为耳熟能详的典故。

南朝齐曹虎在《答魏主拓跋宏书》中说："自金精失道，皇居徙县，乔木空存，茂草方郁。七狄交侵，五胡代起，顾瞻中原，每用吊焉。知弃皋兰，随水瀍、涧，伊川之象，爰在兹日。"他想象在胡人控制之下的洛阳，已非华夏之旧。他对伊川的印

---

① 〔唐〕房玄龄等撰：《晋书》卷一百十三《载记·苻坚上》，北京：中华书局，1974年，第2887页。

② 〔北齐〕魏收撰：《魏书》卷七上《高祖纪》，北京：中华书局，1974年，第156页。

象，只能来自典籍。

梁简文帝在《答穰城永和移文》中说："故馀民襁负，扫地来王，而向化之党，忽览今移，咸以陶兹礼乐，重睹衣冠，已变伊川之发，兼削呼韩之衽。"他也用"披发伊川"形容北方的习俗已经被胡风浸染。

梁王融在《画汉武北伐图上疏》感慨当时的洛阳就像"披发伊川"一样，已经彻底改了旧俗："沦故京之爽垲，变旧邑而荒凉，息反坫之儒衣，久伊川之被发。北地残氓，东都遗老，莫不茹泣吞悲，倾耳戴目，翘心仁政，延首王风。"梁王融期望全国响应起来，收复洛阳，恢复中华的礼乐文明。

北周庾信在《哀江南赋》言自己居于北方，眼睁睁看着百姓变服遗发，采用胡俗，自己却无力改变："湛卢去国，艅艎失水。见被发于伊川，知百年而为戎矣。"庾信也使用"披发伊川"的典故，感慨胡俗已遍及北方。

在华夷分判的视野中，"披发伊川"成为中古时期常用的典故，形容百姓变发易服，采用胡俗，忘记了自己的风俗。

隋代牛弘在《奏言雅乐定》中也说："永嘉之后，九服崩离，燕、石、符、姚，递据华土。此其戎乎，何必伊川之上，吾其左衽，无复微管之功。"中华传统的服饰一般采用右衽，此处他说自己采用左衽，言外之意自己作为归顺之人，也染上"披发伊川"的胡俗。

唐初温大雅在《为高祖报李密书》中言匈奴惦记着华夏的土地："主上南巡，泛胶舟而忘返；匈奴北炽，将被发于伊川。"长安和洛阳若战败，将被迫改变旧俗，采用胡俗胡制。

到了唐朝，长安、洛阳浸染胡俗，在传统的士大夫看来，这不是好事。陈子昂说："昔辛有见被发而祭伊川者，以为不出百年，此其为戎。臣恐不及百年而蜀为戎。"[1]用"披发伊川"比喻长安、

---

[1] 〔后晋〕刘昫等撰：《旧唐书》卷一百九十《文苑传》，北京：中华书局，1975年，第5023页。

洛阳会被占领而被迫采用胡俗，最典型的是唐睿宗时的记载：

> 睿宗诏作乞寒胡戏，（韩朝宗）谏曰："昔辛有过伊川，见被发而祭，知其必戎。今乞寒胡非古不法，无乃为狄？又道路藉藉，咸言皇太子微服观之。且匈奴在邸，刺客卒发，大忧不测，白龙鱼服，深可畏也。况天象变见，疫疠相仍，厌兵助阴，是谓无益。"①

唐睿宗看到大臣采用胡俗，心中顿时想到华夷之防。尽管唐太宗在观念上主张华夷一体，但在实践中，他会不自觉想到华与夷的不同，担心外来的胡人风俗影响唐朝。

宪宗元和年间（806—820），长安城中流行开来新的女性妆容，叫"悲啼妆"："妇人为圆鬟椎髻，不设鬓饰，不施朱粉，惟以乌膏注唇，状似悲啼者。"②这种妆容是把嘴唇涂成黑色，眉毛画成八字，面颊不用粉黛，腮上涂赭色，画成哭啼之中或者哭啼之后的样子。

一向注意观察社会风气的白居易，认为这种妆容一改中华习惯的匀称平和之美，故意学胡人的不良妆容。他创作《时世妆》来"儆戒"，担心社会风气被胡化："昔闻被发伊川中，辛有见之知有戎。元和妆梳君记取，髻堆面赭非华风。"白居易用"披发伊川"，来警惕世人若采用胡人的装束，会导致中华文化式微。

三、十六国的华化

中华文明的形成，是以河洛、关中和齐鲁地区所创造的中华

---

① 〔北宋〕欧阳修、〔北宋〕宋祁撰：《新唐书》卷一百十八《列传四十三·韩朝宗》，北京：中华书局，1975年，第4273页。
② 〔北宋〕欧阳修、〔北宋〕宋祁撰：《新唐书》卷三十四《五行一》，北京：中华书局，1975年，第879页。

文明为核心。即便胡风南下或东渐,只限于民风民俗。在大传统中,仍是胡人接受中华文明的主流,以正统身份自居,认为这样可以更好地统治中原。

前汉刘渊自幼好学,曾师事上党崔游。他"习《毛诗》《京氏易》《马氏尚书》,尤好《春秋左氏传》《孙吴兵法》,略皆诵之,《史》《汉》、诸子,无不综览"①,具有良好的中华文化基础。他常感慨随何、陆贾无武,周勃、灌婴无文,不能成就大业,深习文韬武略,慨然有志。刘渊在泰始年间因才干过人被推荐给晋武帝。大臣孔恂、杨珧却以"非我族类,其心必异"②进行劝阻,不予重用。

英豪就是英豪。刘渊回到故地,成为众望所归的豪杰。他熟悉中华经典,知道民心所向,于是乘乱自立。他说:"大禹出于西戎,文王生于东夷,顾惟德所授耳。"③他宣称出身匈奴的自己,与大禹、周文王一样有统一中华的资格。他又说:"吾又汉氏之甥,约为兄弟,兄亡弟绍,不亦可乎?"④他自托汉王室的后裔,顺应民间人心思汉的期待,追远蜀汉,顿时使得归附者数万。

刘渊采用胡汉分治的治理模式。在汉族聚居区设左右司隶,分别统领20万户共220万汉人,延续中华传统。在五胡聚居区设置左右辅,分别统领10万户统率400万各少数民族百姓,以适应诸胡习惯。

在政治上,刘渊强化匈奴的主导地位,以配天祭祀冒顿。自己担任大单于,强化自己在匈奴的领导地位。

---

① 〔唐〕房玄龄等撰:《晋书》卷一百一《载记·刘元海》,北京:中华书局,1974年,第2645页。
② 〔唐〕房玄龄等撰:《晋书》卷一百一《载记·刘元海》,北京:中华书局,1974年,第2646页。
③ 〔唐〕房玄龄等撰:《晋书》卷一百一《载记·刘元海》,北京:中华书局,1974年,第2649页。
④ 〔唐〕房玄龄等撰:《晋书》卷一百一《载记·刘元海》,北京:中华书局,1974年,第2649页。

在文化上，刘渊采用汉制，设立太学、小学、国子祭酒、崇文祭酒，鼓励百姓学习儒家经典，延续汉魏晋的传统。

刘渊的儿子刘和、刘宣、刘聪也熟知中华经典。刘和学习《毛诗》《左氏春秋》《郑氏易》；刘宣好《毛诗》《左氏传》；刘聪年少好学，文武兼能，通经史，兼综百家，能够创作诗赋。刘渊从子刘曜善于属文，工草书隶。他们主动借助中华的知识积累、历史经验、文化传统来治理国家。

刘曜所在的前赵有意在太学推行中华文化。西汉立太学的目的，是形成自上而下的礼乐教化。方式是在博士弟子、如博士弟子中选拔优秀者，出任低级官吏。刘曜仿照西汉、东汉、西晋的洛阳建太学，选拔年轻学士传承经典，从中选拔官员。

前燕的慕容皝勉励大臣子弟学习中华礼乐文化，从学术优异者中选拔学子担任近侍，以此鼓励前燕贵族子弟重视经学。慕容儁常与侍臣讨论经义，亲自教授贵族子弟。他为了让贵族子弟掌握中华文化，立小学于显贤里，亲造《太上章》，又著《典诫》十五篇，教育胄子。

前秦的苻坚亲临太学考学生经义，居然有些问题博士不能对。咸安二年（372年），苻坚直接下诏，对百姓通经进行表彰，官员不通经则直接罢免。在他的影响下，苻融精通玄学，又能作赋，出任太子太傅、宗正，影响了一大批官员。

中华民族的文化融合，可以从三个维度进行观察。

一是共有的历史经验建构了中华文明。诸胡人认同中华文化，认为自己为黄帝、炎帝苗裔，因此中华民族共有的文化积累和历史经验在诸胡中得到延续，促使中华文明继续发展。

二是借助历史经验形成的传统经典。《周易》《尚书》《诗经》《礼记》《左传》，以及《老子》《庄子》《史记》《汉书》等经典，是中华文明的结晶。十六国贵族熟悉、认同这些经典，设立小学、郡学、太学等体系传授，使中华经典得以传承。

三是经典中所蕴含的思想理念、传统美德和人文精神,先为诸胡贵族仿效,再通过建章立制进行继承。中华的文化传统最终融入诸胡的生活风尚,成为大家共同的新的文化观念。

在十六国时期,原来居住于洛阳的贵族南迁至长江流域,成为第一批客家人。在十六国人的心目中,洛阳的文化依然值得倾慕。他们多次攻入洛阳,既有对未迁洛阳人的侵夺,更有占据洛阳城的自豪。

四、中华制度的延续

十六国全面借鉴汉魏制度,延续中华传统。为了宣示自己的正统地位,十六国主动强化汉魏旧制。

刘渊自称是蜀汉之后,承续刘备、刘禅一脉。他祭祀汉高祖以下神主,继承汉宗庙祭祀传统。他依汉制设立三公,仿照蜀汉制度,宣称自己直接继承两汉火运,汉赵是正统的王朝。

前燕立国之初,采信五德终始说,继承前赵的木德[①],宣称要采用中华制度,坚持"行夏之时,服周之冕"[②],用夏历生产生活,主动借鉴周礼制作礼乐。

后赵石勒与朝臣共读《汉书》,主动从历史中寻求治国之道,借鉴两汉的得失。石勒立国后,遵照东汉的太学体系建立教育制度,选拔官员。

前秦苻坚效仿汉魏故事,起明堂,修南北郊,直接采用汉魏晋制度祭天,表明其全面接受中华正统文化。他在祭天的祝词中写道:"其下以为盛德之事,远同汉文,于是献诗者四百余人。"[③]

[①] 木德:谓上天生育草木之德。
[②] 〔唐〕房玄龄等撰:《晋书》卷一百十《载记·慕容俊》,北京:中华书局,1974年,第2834页。
[③] 〔唐〕房玄龄等撰:《晋书》卷一百十三《载记·苻坚上》,北京:中华书局,1974年,第2900页。

他用献诗祝颂的方式，显示当时士大夫对前秦的支持。苻坚还恢复了魏晋的士籍，要求百官、将士与后妃学习中华经典。他派遣使者巡行四方，以督促地方官员将经典传承、学校制度落到实处，试图恢复两汉的礼乐教化。

十六国继承了汉魏的察举和科考制度选拔官吏。他们借助太学、郡学体系，培养并选拔经学之士，递补基层官员。刘曜命公卿各举博识直言之士一人，参与论政。石勒令公卿百僚岁荐贤良、方正、直言、秀异、至孝、廉清各一人，进行考察分三等授职。答策上第者拜议郎，中第中郎，下第郎中。石勒还对博士弟子进行考核选用。苻坚多次临太学，考学生经义，选拔任用上第者，建元六年（370年）一次就选用了八十三人。苻坚还令将关东之民中学通一经、才成一艺者，礼送入京，考察后，录为官员。姚兴也诏令郡国各岁贡清行孝廉一人，进行察举。南燕选拔公卿以下子弟及二品士门二百人为太学生，皇帝亲临策试，选拔人才。

十六国实行的察举制度，延续了东汉州郡推举、朝廷考察的传统。对州郡推举的孝悌、廉直、文学、政事优异者擢升录用。如高泰、徐嵩、吕光、古成诜、王尚、马岱等就是通过荐举被重用的。

十六国建立的学校体制，打破了汉、魏、晋的员额限制。刘曜立太学、小学，面向全体百姓开放。苻坚面向全体百姓选用官员，以替换不通经术的在任官吏。两汉太学博士弟子、如博士弟子由州郡推荐。后赵则直接从百姓中选拔，拓宽了普通百姓求学晋升的通道；前秦从百姓中选拔通经之士，考察之后录为官吏。

这就避免了魏晋九品官人法的弊端，去除了人为的限制，为自下而上选拔士人的科举进行了尝试。

虽然五胡十六国没有定都洛阳，但洛阳的"中华传统"却成为他们解不开的心结，成为他们有意学习中华文明的效仿对象。

五、北魏华化的进程

鲜卑族从游牧转化为农耕的过程，是通过制度的不断变革来实现的。《魏书》在《序纪》言拓跋氏出于黄帝之后，以血缘关系宣称自己是正统。

天兴元年（398年），道武帝拓跋珪即皇帝位，不再采用十六国推运为德，宣布自己直接承接黄帝土德①，按照土德来治理国家。道武帝宣称拓跋氏为黄帝后裔，来强调自己统治的合法性。既然鲜卑族是黄帝之后，就是中华苗裔，自然可以入主中原。这为他采用汉制、改用华俗打破了观念上的壁垒。

天兴二年（399年），道武帝效法汉魏制度，建立天帝、五方帝与众神祭祀系统，置太社、太稷、帝社，立神元、思帝、平文、昭成、献明五帝庙，仿照西晋传统建立起祭天、祀地、享祖体系。崔浩上疏太武帝，主张按照中华祀典调整祭主，将不合正统祭祀的神灵剔除出国家祀典。献文帝反对淫祀，开始按照中华礼仪祭祀。

孝文帝太和六年（482年）十一月，孝文帝亲祀宗庙。他诏有司依礼具仪，群臣杂采汉魏礼制确定享祖仪式，采用中华传统祭祀仪式。

太和十三年（489年）正月，孝文帝祭圜丘，五月祀方泽。在确定宗庙礼仪时遇到经文、传疏的不同。郑玄认为三年一祫，五年一禘，祫则合群毁庙之主于太庙，合而祭之；王肃称天子诸侯皆禘于宗庙，郊祀后稷，不称禘，而宗庙称禘，孝文帝让诸大臣议其是非。②

---

① 土德：代表大地和土壤，象征着稳定和生长。在古代中国，土德被用来附会王朝的命运，土胜者为得上德，即王朝能得到土地的保护和滋养。

② 以上太和十三年之事见于《魏书·礼志》，参见〔北齐〕魏收撰《魏书》卷一百八之一《礼志》，北京：中华书局，1974年，第2741页。

北魏尚书游明根、左丞郭祚、中书侍郎封琳、著作郎崔光认为大祭圜丘谓之禘，宜于宗庙俱行禘祫之礼，二礼异而名殊。中书监高闾、仪曹令李韶、中书侍郎高遵等十三人依据王肃经义，认为祫禘①实为一事。孝文帝依据礼义调整礼制，兼取郑玄、王肃之义，参酌古今而新订礼仪。

这一做法，纠正了自拓跋氏祀黄帝的旧制，更合于中华礼制。特别是采用礼经注疏，斟酌损益确定新制，为北魏开辟了斟酌古今而制新礼的风气，使后世隋唐能够突破守于旧俗的壁垒。

中书监高闾乘机说《尚书》的"肆类于上帝，禋于六宗"，并无明文记载，秦汉魏晋各有所解而未能确定，期望能借此确定制度。孝文帝依照礼义讨论祭祀制度，主张结合传统和经义精神，对其中阙疑之处进行辨析。

从孝文帝的实践来看，鲜卑族的汉化并非一味接受汉魏晋旧制，而是借鉴历史经验、文化传统和经义注疏，创造性地设计、改良和建制，弥补魏晋旧有制度的不足。鲜卑族制定的很多制度，不是简单地因循模仿，而是不同于魏晋旧制的创设。其中所体现的创新精神，已经超越东晋、刘宋、梁的制度传承，推动了旧有礼制的更新。

太和十三年（489年）所发生的大议禋祀持续了近三年时间，此间确定的祫禘、郊祀、庙祀之礼，促使北魏礼制从胡汉相杂转向引经立义，按照"参酌古今"的原则建构新制度，成为中华文明的新动向。太和十四年（490年）八月，孝文帝下诏宣布不再仿效汉魏旧制，有意革故鼎新，按照合理性的原则制定一套行之有效的制度。

这一宣示，展示了北魏革故鼎新的决心，不再仿照汉魏制度，直接以"天命在我"的文化自信建立新制度。

---

① 祫禘：古代王者祭先祖的大礼。

高闾认为德运事大，建议大臣继续讨论。秘书丞臣李彪、著作郎崔光等认为魏建国之初，与晋并列，不当列于西晋之后，应按照五德终始的说法选定德运。孝文帝诏令群官继续讨论。

这场讨论持续到太和十五年（491年）正月，穆亮、陆睿、元孙、冯诞、游明根、邓侍祖、李恺、郭祚、卫庆、封琳、崔挺、贾元寿等认为："晋祚终于秦方，大魏兴于云朔。据汉弃秦承周之义，以皇魏承晋为水德。"[①]孝文帝接受了这一建议，下诏重新确定了北魏德运。与东晋并列的十六国，被作为晋的附庸，而北魏直接被作为承晋而立的正统，显示出北魏直面历史的勇气。

正是赓续中华正统的历史认知和统一天下的责任，让孝文帝主动提出迁都洛阳。中书监高闾也认为，北魏继承晋之正统，迁都洛阳，才能稳固天下；改汉姓、着汉服、用汉语，主动继承中华文明。

北魏在迁都洛阳之前，已经参照魏晋制度建成国家祭祀体系。这意味着其接受并采信了中华诸神作为祭祀对象，有与中华相同的天地、四方和鬼神信仰。从信仰上说，鲜卑族已经将自己置入了中华文明的主流之中。

此前的学术界习惯将这一过程称呼为"北魏汉化"，南朝已经以"中华"指代北方已有的文明传统。十六国时期，民族融合而形成的北方文化，已经不再是单纯的汉文化，而是新的中华文化。东晋及南朝宋、齐、梁、陈的文化，也不是汉魏的旧有传统，也在缓慢地融合土著文化，并形成新的文化。

我们认为"北魏华化"的称呼，更适合他们主动继承十六国之后的北方文化，以及经过一二百年民族融合后所形成的新文化形态。

---

① 〔北齐〕魏收撰：《魏书》卷一百八之一《礼志》，北京：中华书局，1974年，第2747页。

道武帝有意识收集经籍，汇集中华经典大义。他建立太学，置五经博士生员千余人。明元帝改国子学为中书学，强化国子教育。始光三年（426年）春，太武帝起太学于城东，令州郡各举才学之士入太学学习。高谧建议北魏缮写图书，由朝廷出面整理出一批有用的经典。

皇兴二年（468年），以太牢祭祀孔子，表明北魏全面认同儒家学说。延兴三年（473年），孝文帝诏孔子二十八世孙为崇圣大夫。太和十九年（495年），孝文帝亲祠孔子庙，修孔子庙，封孔氏宗子为崇圣侯。

孝文帝主张以经典文本和中华传统来改良鲜卑旧俗。当时，拓跋贵族延续鲜卑习俗，皇子娶妻不行婚礼，结婚后随意弃绝妻子；中华传统是婚礼不举乐，以礼婚配，赞美有始有终。拓跋贵族墓葬豪奢、行魏人风俗；中华传统讲求节葬、注重礼仪。孝文帝认为，凡与中华传统不合者，要利用经义对拓跋旧制进行改良，循序渐进地进行社会风俗的变革。

孝文帝对北魏贵族不习中华经典的风气深感忧虑。他与平原王陆睿、骠骑大将军元赞曾言及北魏皇族的经学教育，认为历史经验是国家决策的依据，也是凝聚社会共识的方式。文化经典所承载的礼乐教化和道德伦理，是治理社会的基础。要想统一天下，实现国家长治久安，皇族子弟必须知道中国的历史经验，必须学习中华经典。

孝文帝改中书学为国子学，尊三老五更，亲自为国子示范，倡导他们学习中华经典。他开皇子之学，专门请人负责教育皇族子弟。太和十九年（495年），孝文帝迁都洛阳后，随即扩建洛阳故城，立国子太学、四门小学，亲自讲经。当年，北魏收集整理出一批典籍，由卢昶等在秘阁整理，撰出《甲乙新录》。

在孝文帝的影响下，北魏贵族更加重视中华经典，太学的学生数量不断增加。孝明帝时，北魏学者云集，可与梁朝抗衡。王通曾说北魏继承了中华传统①，已成为中华文明的正宗。

宣武帝时，秘书丞孙惠蔚认为，应该对《甲乙新录》进行补校，由四门博士及在京儒生四十人，在秘书省专精校考，参定字义，以求典文允正，遍注群书。

北魏汇聚了很多经学之士注释经典，疏通经义。刘献之撰《三礼大义》四卷、《三传略例》三卷、《注毛诗序义》一卷、《章句疏》三卷，多有创见。徐遵明撰《春秋义章》三十卷，景裕注《周易》《尚书》《孝经》《礼记》《老子》，颇多新意。此外，卢辩的《大戴礼记注》、苏宽的《春秋左传义疏》、贾思同的《春秋驳传》、熊安生的《礼记义疏》、徐彦的《公羊传疏》皆重视训诂、勘正经义、订正讹误，洛阳顿时成为经学研究的重镇。

天平四年（537年），东魏李业兴陪同李谐、卢元明出使梁朝，讨论经史，显示出洛阳的学术传统已可与建康的学者相抗衡。南朝梁的朱异与北魏的李业兴谈论学问，其间谈及北魏制度的渊源。李业兴出入郑、王经解，辨析洛中南郊、女子逆降傍亲、明堂四柱方屋的经典阐释，指出南朝制度不合经义，居然让自以为继承中华文明的朱异无以应对。

最终，萧衍亲自接待李业兴，讨论《周南》《召南》系于周召的原因、《尚书》正月上日的月正、《礼记》孔子友原壤之事等。萧衍步步紧逼，李业兴从容应对，足见北朝经学已经研究深入，已经形成了与南朝不同的解释。

北魏融入中华文明，既不是对魏晋制度的复古，也不是对鲜卑文化的延续，而是对中华文明的重构。其中所形成的新的文化形态、社会结构和管理模式，为隋唐的制度更新奠定了基础。

---

① 〔隋〕王通著，张沛校注：《中说校注》第五《问易篇》，北京：中华书局，2013年，第134页。

六、洛阳的南北交融

北魏时期,南朝士大夫不再对北朝抱着轻忽的态度,不得不正视北方政权,潜移默化地接受北方传统。《颜氏家训·教子篇》中记载,"齐朝有一士大夫尝谓吾曰:'我有一儿,年已十七,颇晓书疏,教其鲜卑语及弹琵琶,稍欲通解,以此伏事公卿,无不宠爱,亦要事也'"[1]。提到南齐人以孩子懂得鲜卑语、会弹琵琶而自豪,说明南朝士大夫多有学习新的洛阳风尚。

《洛阳伽蓝记》载萧衍至于洛阳,观察洛阳的形势:

> 其庆之还奔萧衍,衍用其为司州刺史,钦重北人,特异于常。朱异怪,复问之。曰:"自晋宋以来,号洛阳为荒土,此中谓长江以北尽是夷狄。昨至洛阳,始知衣冠士族并在中原,礼仪富盛,人物殷阜,目所不识,口不能传。所谓帝京翼翼,四方之则。如登泰山者卑培塿,涉江海者小湘沅,北人安可不重?"庆之因此羽仪服式悉如魏法。江表士庶竞相模楷,褒衣博带,被及秣陵。[2]

北魏迁洛后,洛阳重现京城的繁华。萧衍看到洛阳宫殿巍峨,管理有序,认为很值得南方效法。他将北魏恢复的褒衣博带风尚带到江南,居然在南方成为时尚。

北朝在民族融合中形成了新的文化风尚,引起了南朝士大夫的关注、倾慕。他们主动接受北朝恢复起来的中华传统。与此同时,北方的汉人也主动入乡随俗,接受诸胡的生活习俗,形成了既不同于汉,也有别于胡的中华新风尚。《周书·刘璠传》载,

---

[1] 〔北齐〕颜之推撰,王利器撰:《颜氏家训集解》卷一《教子》,北京:中华书局,1993年,第21页。

[2] 〔北魏〕杨衒之撰,周祖谟校释:《洛阳伽蓝记校释》卷二《城东》,北京:中华书局,2010年,第93页。

北周大臣刘璠在西北地区治理少数民族地区,有羌族五百余家降归,刘璠毫无所取,为羌人敬仰。他让妻子学习羌族风俗,主动与羌人融合。刘璠做官时,愿意随从的羌人有七百人。

就文化传统而言,刘璠的妻子通过服饰习俗的羌化,赢得了羌人信任;就文明史进程而言,这些羌人认同中华传统,不断内迁归附,实现了汉羌的文化融合。

文化的交融,从来不是单向的。文明的进步,会吸收不同的文化成果,不断改变已有的文化传统,来铸成新的文明形态。即便是固守已有传统,也会在发展中吸收外来的文化元素,创制出新的文化样式。

南迁江淮的士大夫习惯说洛阳话,称为"洛下音"。洛下音与建康话不同,东晋时读书的正音为洛下音。据说,谢安能为洛下书生咏。但他有鼻疾,其音浊,因发音不准而被大家耻笑。

北周大臣李昶用洛阳音读书,被时人视为华夏正宗。南朝梁大臣徐悱妻刘氏在《祭夫文》中说丈夫"调逸许中,声高洛下",也是称赞丈夫的洛阳话标准。

南朝梁、陈时,迁徙南方的士族还说洛阳话,以洛下音诵读诗文。但此时的洛下音,已经吸收了梵语的四声,形成了不同于北方洛阳话的南朝"洛下音"。

隋朝陆法言撰《切韵序》,与刘臻讨论南北取韵不同,他主张将洛阳话和金陵话合而为一,作为当时的官话。后来,他们编写的《切韵》,成为韵书之祖,其中一半的精华由洛阳话贡献。

北魏分裂成西魏和东魏,后来北周取代了西魏,北齐取代了东魏。鲜卑传统一度有所复兴,汉人有胡化的倾向。北周治下的汉人也采用鲜卑服饰,并传至隋唐。如后周的胡帽就流行至隋。

隋文帝有瘤疾,时常戴着垂裙覆带的胡帽以遮蔽头瘤,被时人视为雅服,在北周至隋的官员中流行起来。隋文帝本身是汉人,头戴胡帽,居然引领了服饰潮流。这种胡帽,在唐朝被改造为白纱高屋帽,成为官员、百姓宴会的常服。

民族文化的融通,最直接见于民族音乐。汉魏洛阳用雅乐,周边音乐被视为四夷之乐。北魏制乐时,采华夏之声与四夷之乐杂奏,形成了华夷并存的音乐体制。

北魏入主中原之初,尚且依鲜卑音声。皇始元年(396年),北魏破慕容宝获得了一批晋朝乐器,居然不知道如何使用。天兴元年制定乐章,也没有合适的曲目可选,只能杂以胡音《簸逻回歌》使用,这是胡乐改为正乐的创例。太武帝平定河西之后,在宾礼、嘉礼中杂取传统中华音乐,吸纳前秦旧乐。北魏孝武帝永熙年间,兼采华夷之乐制定了成体系的北魏音乐。

南朝梁代徐陵在《折杨柳》中说"江陵有旧曲,洛下作新声"。东汉、曹魏、西晋、北魏时的洛阳,作为首都,在华夷音乐的兼容中创作出新的乐曲,从此,洛阳成为四方音乐荟萃的地方。北魏在洛阳的"调音""乐肆"传唱四方音乐,一时间"天下妙伎出"[①],洛阳成为北方音乐的熔炉。

隋统一全国后,重新营建洛阳,将之作为东都。现在的隋唐洛阳城遗址就是隋代营造洛阳城的地方。隋文帝吸收了传入中原的胡乐,采用各民族音乐,作为飨燕之乐。尽管周武帝一度罢四夷之乐,但还是采狄乐、高昌乐,形成了华夷杂糅的新曲目。

隋朝平定了陈,拥有中华诸乐。隋朝曾对是否采用中华旧乐、如何使用中华旧乐产生过争论,最终决定采用夏夷并存、华戎兼采的方式确定隋的乐典。这样,北魏在洛阳创制的旧乐就延续下来,成为中华经典音乐。

隋朝以中华音乐为正,不废胡乐。隋炀帝时颁行《清乐》《西凉》《龟兹》《天竺》《康国》《疏勒》《安国》《高丽》《礼毕》九部乐,作为国家正乐,完成了华夷音乐的融合。

---

① 〔北魏〕杨衒之撰,周祖谟校释:《洛阳伽蓝记校释》卷四《城西》,北京:中华书局,2010年,第142页。

◇◇隋唐洛阳城遗址（张献文　拍摄）

在中国音乐史上，从三代之乐到西周雅乐，再到汉魏清商乐，中华雅乐一脉相传。西周、西汉虽采四夷之乐，却只是作为民族归服的象征，并非朝廷正声。南北朝华戎兼采的音乐实践，使民族音乐进入正乐之中，成为中华音乐的正声。

七、民族认同的形成

历史地理学家谭其骧先生认为："自孝文帝立而崇经礼士，浸浸华化，于是中原士族向之避难在江左者，又相率慕化来归。……不过南渡乃是正流，北旋究属返响，隋唐而后，南北文野声名之比，终非汉魏之旧矣。"[①]士大夫迁徙到江南，推动了长江流域的开发；而少数民族入主中原，使中华文明吸收了胡俗，注入了刚健的气质，从而更开放、更宽容、更自信。

特别是到了南朝时期，传统的门第观念和优柔的南方士大夫

---

① 谭其骧：《晋永嘉丧乱后之民族迁徙》，《燕京学报》1934年第15期。

使文化内卷，他们精于文学、音乐乃至棋法，而无暇于制度的创新。虽然在文学、史学上有很多贡献，却无力振兴政治。北朝人主中原后敢于打破传统的尝试，拥有解决所有问题的勇气，推动中华文明快速向前发展。

开皇三年（583年），突厥入侵了武威、天水、安定、金城、上郡、弘化、延安。隋文帝下诏征伐，他在诏书中强调隋朝的各民族，要休戚与共。他说，"圆首方足，皆人类也"[1]，将华与夷等量齐观。突厥战败后，沙钵略可汗遣使致书隋文帝，认同突厥与中华是一家。隋文帝认为双方已经和亲："既是沙钵略妇翁，今日看沙钵略共儿子不异。"[2]彼此通过血缘关系来凝定亲情，华夷不应该再有区分。

大业三年（607年），隋炀帝亲临榆林，启民可汗及义成公主来朝。启民可汗上表从此"服饰法用，一同华夏"[3]。隋炀帝交朝臣议论，大家皆赞同突厥采用华服。

隋炀帝以为不必如此。在他看来，服饰、饮食只是文化形态，是由于风土人情不同而形成的生产生活习俗。只有是否适宜之别，没有高下之分。突厥归附的关键，是要体认中华的道德伦理，行为要合乎道义，不必改变文化风尚。

隋朝对华夷秩序的理解，已经超越东周初期"披发伊川"的忧虑，也不是孔子"披发左衽"的感慨，更不是北魏迁洛改用汉服的有意矫正，而是认为彼此可以和睦相处。隋文帝、隋炀帝不再强调此起彼伏的军事征服，更专注于相互依存的文化认同，体现出较高的文明史观。

---

[1]〔唐〕魏徵等撰：《隋书》卷八十四《北狄传》，北京：中华书局，1973年，第1867页。

[2]〔唐〕魏徵等撰：《隋书》卷八十四《北狄传》，北京：中华书局，1973年，第1868页。

[3]〔唐〕魏徵等撰：《隋书》卷八十四《北狄传》，北京：中华书局，1973年，第1874页。

隋炀帝即位初，裴矩撰《西域图记》三卷，载四十四国的山川风俗。其中言及隋朝能够得到周边诸国和民族拥护的原因：一是通过合理的外交策略，使得诸国归附；二是保持着高度的文明自觉，主动引领周边文明，使得周边政权心悦诚服。

大业六年（610年），隋炀帝至洛阳大会使臣，展现隋朝的文明程度。这次大会所展示出来的雄厚国力和文明形态，赢得了诸国使臣的叹服。《资治通鉴》载此事：

> 帝以诸蕃酋长毕集洛阳，丁丑，于端门街盛陈百戏，戏场周围五千步，执丝竹者万八千人，声闻数十里，自昏至旦，灯火光烛天地；终月而罢，所费巨万。自是岁以为常。诸蕃请入丰都市交易，帝许之。先命整饰店肆，檐宇如一，盛设帷帐，珍货充积，人物华盛，卖菜者亦藉以龙须席。胡客或过酒食店，悉令邀廷就坐，醉饱而散，不取其直，绐之曰："中国丰饶，酒食例不取直。"胡客皆惊叹。①

司马光详细描述了隋朝的文化实力、经济实力和社会形态，征服了诸国使臣、客商，显示出文明高度发达的国家对相对落后地区的引领，使其发自内心地尊重中华文明，隋朝也由此成为诸国的共主。

贞观七年（633年）十二月，李世民率诸国国君朝见太上皇李渊。李渊命突厥颉利可汗起舞，又命南蛮酋长冯智戴咏诗，笑曰："胡、越一家，自古未有也！"李世民奉觞上寿说："今四夷入臣，皆陛下教诲，非臣智力所及。"②他认为诸国心悦诚服朝觐唐朝，靠的是道义。

---

① 〔北宋〕司马光编著，〔元〕胡三省音注：《资治通鉴》卷一百八十一《隋纪五·炀皇帝上之下》，北京：中华书局，1956年，第5649页。

② 〔北宋〕司马光编著，〔元〕胡三省音注：《资治通鉴》卷一百九十四《唐纪十·太宗上之下》，北京：中华书局，1956年，第6104页。

李世民对华夷一体的认知，出于自觉的文明理性。贞观十八年（644年）十二月，李世民认为华夷国情不同，在文化形态上不必强行同一，不要过多猜忌，方能长治久安。

贞观二十一年（647年）五月庚辰，李世民在翠微殿与群臣讨论国家治理。他认为唐朝秉持华夷一体的原则来处理中华与诸国的关系，方才使天下心悦诚服。

这一时期的洛阳，经历着历史的风风雨雨。西晋、北魏繁华时，洛阳梨花落如雪，承载了无数文人墨客的风流韵事；十六国残破时，则"黄头鲜卑入洛阳，胡儿持戟升明堂"[1]，城池、宫殿和宫人成为被士卒侵夺的对象。

逐鹿中原，洛阳首当其冲。洛阳在见证东汉、曹魏、西晋、北魏建都的繁华背后，也经历着数不尽的城破、兵毁、杀戮，洛阳在历史中见惯了一次次的兴亡更迭。

---

[1]〔唐〕张籍撰，徐礼节、余恕诚校注：《张籍集系年校注》卷一《永嘉行》，北京：中华书局，2011年，第64页。

第五章 崤函帝京的建制

东汉、曹魏、西晋、北魏是中华文明的发展期。洛阳作为都城，承载了太多的荣光。我们只能选取影响中华文明进程的大事来看洛阳的贡献。东汉的迁都之争、曹魏的石经刊刻、西晋的玄学风流和北魏的都城营建，都是洛阳对中华文明的实质贡献。

◇◇石经残片（作者　拍摄）

一、东汉的迁都之争

王国维说："都邑者，政治与文化之标征也。"[1]立都于何地，是地理位置的选择，也是政治理念的抉择。东汉初年展开迁都之争，双方围绕长安、洛阳的长处和缺点，进行了深入的论辩，让我们知道十三朝定都洛阳的原因。

---

① 王国维：《观堂集林（外二种）》卷十《殷周制度论》，石家庄：河北教育出版社，2001年，第277页。

东汉迁都之争分为两派。一是西土耆老①，以关中贵族为主，主张立都长安。二是都洛派，主张立都洛阳。

更始二年（24年）初，郑兴上疏劝更始帝弃洛阳而都长安。他认为天下大乱，关中地势险要，宜先据关中，后定赤眉。二月，更始帝自洛阳西迁长安。更始帝不先平赤眉，入关中后置官不当，沉湎女乐，以致长安更加混乱。在更始帝迁都长安的同时，刘秀经略河北，灭王郎，破铜马。建武元年（25年）刘秀称帝，定都洛阳。

建武六年（30年），光武始幸长安，始谒高庙，祭祀西汉帝陵。此时陇右隗嚣反，巴蜀公孙述屡犯，关中面临威胁。直到建武十二年（36年），关中才稳定下来。

刘秀一边用兵西北，一边营建洛阳。建武二年（26年）春，他在洛阳起高庙，建社稷，立郊兆。建武五年（29年）初，起太学。建武十四年（38年），起南宫前殿，完善洛阳都城设施。洛阳已经成为东汉的都城。

建武十八年（42年），光武帝巡幸长安，大规模修建基础设施。除了告祭园陵外，还祭祀天地，与此前的行程、规模都不相同。至于刘秀这次西巡是否涉及迁都，不得而知。西汉初年先都洛阳后迁长安的历史事实，关中贵族应当熟知，所以他们推测刘秀会同样定都长安。

山东的很多贵族也都认为光武帝刘秀会迁都长安，"是时山东翕然狐疑，意圣朝之西都，惧关门之反拒也"②。刘秀平定天下主要依靠山东势力。建武二十年（44年）前后，这些人有的虽

---

① 《后汉书》卷四十上《班固传》称之为"关中耆老"，卷七十六《王景传》言为"耆老"；班固《两都赋》中以"西都宾"相称，崔骃《反都赋》也称为"客"。参见〔南朝宋〕范晔撰，〔唐〕李贤等注《后汉书》卷四十上《班固》，第1335页；卷七十六《王景传》，第2466页；卷四十上《班固》，第1335页；〔清〕严可均编《全上古三代秦汉三国六朝文》，北京：中华书局，1958年，第711页。

② 〔南朝宋〕范晔撰，〔唐〕李贤等注：《后汉书》卷八十上《文苑列传》，北京：中华书局，1965年，第2598页。

已过世，却由子嗣袭爵，如李通、邓晨、邓禹、吴汉、贾复、臧宫、王霸、朱祐、刘隆、马武等仍任要职。汉明帝时确立的"云台二十八将"，有二十余人来自山东。

当时关中贵族尚存者，窦融已经免职，马援征越刚回，陈俊一直镇守齐地，耿弇虽授大将军，却已被罢免。即使他们有西迁的念头，此时也不会提出。更何况窦融、马援本为降将，曾依附隗嚣，盘踞河西，无法直接、明确地提出西迁的建议。

就在此时，杜笃上《论都赋》，主张西迁。此论一出，产生了很大的影响。顿时，"西土耆老，咸怀怨思，冀上之眷顾，而盛称长安旧制，有陋洛邑之议"①。他们以关中是先帝旧京，不宜立都洛邑为由，要求迁都关中。

这次迁都之争的结果是，主张西迁的杜笃以自己有眼疾，二十余年不窥京师。眼疾当然不是影响杜笃不至京师的根本原因。二十余年后，山东权贵势力衰落，杜笃又回洛阳依附东汉外戚马防。原因很有可能是这篇赋作激怒了山东贵族，杜笃深为忌惮，不得不避一时风头。

刘秀对西迁之论并未明言，杜笃的结局证明第一次西迁之论受到强烈排斥，但光武帝以实际行动表明了定都洛阳的决心。建武二十六年（50年），作寿陵；建武中元元年（56年），起明堂、灵台、辟雍、北郊。最终，迁都长安的争论被压制下来，以杜笃离开京师为代价暂时平息下来。

明帝即位，立马援小女为皇后。马氏家族势力逐渐壮大，居于洛阳的关中士人云集门下，马家俨然是关中势力在洛阳的总代表。

杜笃重回洛阳，表明山东权贵势力在明帝时期严重削弱，已不足以再给他制造压力，马氏兄弟又足以保全他。此时，西迁长

---

① 〔清〕严可均编：《全上古三代秦汉三国六朝文》，北京：中华书局，1958年，第602页。

安的说法又得到响应。杜笃为西迁派的旗手，成为马氏宾客集团的代表人物。王景、班固、崔骃等所说的"西土耆老"，主要指这批人。

明帝时的西迁之论，是在政治形势发生了重大变化时提出的。永平十年（67年）后，山阳王刘荆、楚王刘英、济南王刘康、淮阳王刘延等王室成员相继谋反，给洛阳带来了巨大威胁。当年，刘荆以为光武帝当传位于他，结果明帝即位。刘荆心中颇多怨恨，曾诈书为乱，事发，明帝因他是同母兄弟而没有追究。

然而刘荆又企图利用羌乱起事，事发后被拘。永平十年（67年）春二月自杀，王位被废除。十三年（70年），楚王刘英以图谶造舆论篡夺皇位，后被废，王位被废除。十六年（73年），淮阳王刘延谋反被发现，被贬为阜陵侯，只享有一个县的封地。

山东诸王相继反叛，给明帝的统治造成严重威胁。明帝严加盘查，牵连山东权贵甚多，有千余人死、迁，以致山东诸王高度戒备，人人自危。

明帝则继续兴礼乐，巡方国，建造洛阳北宫及各级官府，依然以洛阳为都。此时又有人重提西汉都关中而制诸侯的理由，主张西迁，得到西土耆老们的响应。

永平十七年（74年），甘露降临、树枝内附、芝草出生、神雀翔集，少数民族归附。这对于焦头烂额的明帝来说，可谓一时盛事。他马上策告宗庙，赐天下男爵、恤孤寡、赏官吏，赏赐略次于登基，可见这次祥瑞给明帝以极大鼓舞。

王景作《金人论》，以天人感应来论洛阳之美，得到明帝的赞赏。这样，明帝时期的西迁之议引发的纷争，借由这次祥瑞的出现和王景的《金人论》，暂时得到了消解。

围绕都洛阳还是都长安，西土耆老和都洛派展开了旷日持久的争论，章帝时余波未息，傅毅、崔骃、班固等纷纷以赋论事，主张定都洛阳，不要再有西迁的动议。

傅毅作《反都赋》《洛都赋》。《反都赋》仅存两句,颂美洛阳形势;《洛都赋》先叙光武受命,随后描绘东汉制度,显示洛阳建制皆有法度。崔骃作《反都赋》,其序尚存。其中提到有客言长安之富,意在陋洛都;崔骃认为国家兴亡成败,不能仅凭地理形势,支持光武帝定都洛阳。

崔骃与班固、傅毅齐名,三人同时入窦宪幕府,主张定都洛阳。针对西迁之论,作赋辩论,声气相和。班固作《两都赋》,也主张定都洛阳。《后汉书·班固传》言:

> 时京师修起宫室,浚缮城隍,而关中耆老犹望朝廷西顾。固感前世相如、寿王、乐方之徒,造构文辞,终以讽劝,乃上《两都赋》,盛称洛邑制度之美,以折西宾淫侈之论。

班固作赋就是为了劝章帝不要迁都。《两都赋》序中说:

> 臣窃见海内清平,朝廷无事,京师修宫室,浚城隍,起苑囿,以备制度。西土耆老,咸怀怨思,冀上之眷顾,而盛称长安旧制,有陋洛邑之议。故臣作两都赋,以极众人之所眩曜,折以今之法度。

章帝初期,马党势力最盛,也是西土耆老活动的高潮时期,西迁之论非常流行。建初三年(78年),杜笃战殁。建初八年(83年),窦氏集团取代了马氏集团。窦氏胜利后,班固、傅毅、崔骃等纷纷作赋,批判西迁之论,掀起了京都赋创作的高潮。

马氏集团在永平后期至建初八年(83年),权倾一时。杜笃等西土耆老常寄食门下,鼓吹西迁之论。随着马氏集团的没落,西迁之论立刻消歇。

东汉初年的迁都之争，是不同都城观念的一次交锋。士大夫借助赋作，论及洛阳、长安的地理位置、都城营造、宫殿建筑及文化蕴含。这场迁都之争强调了长安、洛阳的地理形势有别，讨论了长安和洛阳各自更适合作为都城的原因。

西汉定都长安，是将长安的山河险阻和土地肥沃作为明显优势。比如杜笃就认为，关中土地肥沃、物产丰富、山河险阻等，是霸王衍功的有利条件。

从经济上说，沃野千里能够保障都城的物资供给。从军事上来说，可与守近，利以攻远，是成就武功霸业的基础。从政治上来说，定都长安可以富国强兵，建立强大帝业。因此，杜笃认为，都城选址要充分考虑地利，高度重视都城自身的防御能力。他明确主张迁都长安。

在班固的《两都赋》中，西都宾认为，西汉初选址洛阳，随后弃之，定然是洛阳不如长安，他将长安的险要地势、肥沃土壤，作为西周兴起、秦国强大、西汉兴盛的基础，认为经过了西汉经营，长安物产丰富，经济发达，是东汉理想的建都之所。

在张衡的《二京赋》中，凭虚公子也夸耀西京，先引秦帝梦遇天帝、受金策而成帝业的传说，又引刘邦入关中，五星聚于东井的天文奇观，证明西汉都于关中，乃是天命。

杜笃、西都宾和凭虚公子，皆主张迁都长安。他们与西汉初年刘敬、张良定都长安的理由大体相同，考虑的是长安在军事上的攻防安全和经济上的自给自足，将地利作为都城选址的首要条件。

都洛派则认为东汉更重视文治，在洛阳实行的礼乐教化，是西汉所不具备的。他们强调洛阳礼制合乎周制，建筑不求阔大，但求俭省，讲求中和、中度、中庸之美。东汉在政治上推行文治，在社会上形成礼乐教化，处处体现出周礼的雍容大度。

杜笃的《论都赋》写了明堂、辟雍、灵台，班固的《东都赋》篇末附《明堂》《辟雍》《灵台》诗,歌咏东汉的明堂、辟雍和灵台。东汉重要的礼仪活动常在三雍举行,三雍成为东汉标志性的建筑。这表明东汉按照礼乐教化来治理国家,与西汉重视武功霸业形成了鲜明对比。由此而言,洛阳成为王道政治的象征,礼乐教化的渊源,是推行周政之所。

二、熹平石经的刊刻

中国最早刊刻的石经是在洛阳完成的。这也是洛阳对中华文明创新的贡献。最早的刊刻石经是汉灵帝时刊刻的熹平石经,竖立在太学门外。其次是魏齐王曹芳正始二年(241年)刊刻的正始石经,立在洛阳太学讲堂的西侧。

我们对汉灵帝的印象,大多停留在诸葛亮《出师表》中说的"先帝在时,每与臣论此事,未尝不叹息痛恨于桓、灵也"。这是从政治角度看待汉灵帝。确实,汉灵帝的变革,导致了东汉的覆亡。但"汉灵帝为什么要变革"才是问题的关键。他设立鸿都门学,是要削弱经学的师法、家法对国家朝政的控制。

汉灵帝的帝位是"从天上掉下来"的。

桓帝无子,当时掌握朝政的是窦太后。汉朝掌握过朝政的女性共有三位,一位是窦太后,另外两位分别是汉武帝的奶奶和汉和帝的母亲。

延熹八年(165年),窦武长女窦妙选为贵人,当年冬立为皇后。窦武也从郎中升任越骑校尉,被封为槐里侯,食邑五千户。窦武是前大司空窦融的玄孙、定襄太守窦奉之子,也是世家豪族。

窦武和儿子商议,让河间王刘宏即位。刘宏史称汉灵帝,是汉章帝的玄孙,他的曾祖父是河间孝王刘开,父亲是解渎亭侯。按说正常发展到他的时候,最多做个亭侯,混一辈子罢了。

他之所以被选作皇帝,不是因为他能力超群,而是他没有根基,容易被控制。这一点与汉文帝被西汉的功臣集团选为皇帝的理由相同,汉文帝没被控制,而汉灵帝被选他的外戚集团所控制。

汉灵帝偏不想被外戚集团控制。他没有汉宣帝的隐忍,选择了利用宦官去斗辅政的外戚集团。他利用宦官斗倒辅政的太傅陈蕃、大将军窦武,结果朝廷也被"十常侍"为首的宦官们控制了。汉灵帝在位的二十年,宦官弄权,尾大不掉,成为刘备叹息的理由。

其实,汉灵帝是个聪明人。盖勋就说:"吾仍见上,上甚聪明,但拥蔽于左右耳。"①皇帝周围都是宦官和妃子,他们拣皇帝喜欢听的话说。皇帝的格局若不够大,听到的就都是好消息,自然会误判形势。

汉灵帝觉得,当时的太学培养的太学生都是经学之士,应改革。

东汉经学有两个问题。一是主要选官的甲乙科考,把经学变成利禄之途。儒生不学习儒学的真精神,而钻到经学中,意在谋取一官半职。有些人为了一官半职,甚至不惜伪装自己,比谁装得都像经学提倡的模样,结果"举秀才,不知书;察孝廉,父别居"②。按说居家守孝期间不能行男女之事,结果有的官员在其间却生了三个孩子。

人人都按照礼教做样子,朝廷按照礼教选官,制造了很多伪君子。汉灵帝看不惯那些装模作样的儒生。他来自民间,"好胡服、胡帐、胡床、胡坐、胡饭、胡空侯、胡笛、胡舞"③,喜欢新

---

① 〔南朝宋〕范晔撰,〔唐〕李贤等注:《后汉书》卷五十八《盖勋》,北京:中华书局,1965年,第1882页。
② 〔晋〕葛洪著,杨明照撰:《抱朴子外篇校笺》卷十五《审举》,北京:中华书局,1991年,第393页。
③ 〔南朝宋〕范晔撰,〔唐〕李贤等注:《后汉书》志十三《五行一》,北京:中华书局,1965年,第3272页。

奇的东西，这使得他成为经学的对抗者。

光和元年（178年），汉灵帝始置鸿都门，作为对抗太学的举措。朝廷能从太学选官，我为什么不能从鸿都门学选官？李贤注："鸿都，门名也，于内置学。时其中诸生，皆敕州、郡、三公举召能为尺牍、辞赋及工书鸟篆者相课试，至千人焉。"[①]鸿都门学培养的是精通艺术、文章的学生，与太学精通一经或数经的传统不同。这就招致了很多经学出身的士大夫的反对。

二是儒生守着经学的家法和师法各自阐释。虽然东汉有"通儒"出现，但经书缺少定本，各自阐释，越说越远。要证明谁说得对，必须勘定经书，才能避免各自阐释；只有刊行经书，才能促成各经之间的交流。范晔说，灵帝即位之初对经学抱有浓厚的兴趣，只是此时的经学，既无家法之守，亦无师法之专，导致章句渐疏，追求浮华。

这是因为顺帝之后，博士弟子、如博士弟子大量扩招。被录取者鱼龙混杂，学门不能清静，好利之徒自然云集，装模作样。学问不精者，必附庸风雅而信口开河，使得章句之学变为随意的议论，就着经典随意发挥，越谈越远。

学无大儒，才使庸才遍地。自古好利之徒多竞进，有的人谈了一辈子经书，实际只懂皮毛而已。有的人读经只为做官，做了官又把持着学术不放。庸俗之才好卖弄，借助经术精致利己。他们不是真正的学问之士，戴着大帽子吓唬别人，妄作辩论，有时不能说服对方，就私自改订经书以为证。

熟知经学的灵帝知此弊端，下诏一统经学。《后汉书·儒林列传》说：

> 党人既诛，其高名善士多坐流废，后遂至忿争，更相

[①] 参见〔南朝宋〕范晔撰，〔唐〕李贤等注《后汉书》卷八《孝灵帝纪》，北京：中华书局，1965年，第341页。

言告，亦有私行金货，定兰台漆书经字，以合其私文。熹平四年，灵帝乃诏诸儒正定五经，刊于石碑，为古文、篆、隶三体书法以相参检，树之学门，使天下咸取则焉。

经书缺少定本、经学混乱，这是汉灵帝刊定石经的学术背景。《后汉书·宦者列传》说：

> 时宦者济阴丁肃、下邳徐衍、南阳郭耽、汝阳李巡、北海赵祐等五人称为清忠，皆在里巷，不争威权。巡以为诸博士试甲乙科，争第高下，更相告言，至有行赂定兰台漆书经字，以合其私文者，乃白帝，与诸儒共刻五经文于石，于是诏蔡邕等正其文字。自后五经一定，争者用息。

宦官李巡将太学中博士及博士弟子的弊端报告给灵帝。蔡邕提出了解决办法，就是"为古文、篆、隶三体书法以相参检"[①]。他主张刊定经书文字。灵帝召集诸儒共同校订经书，使得讹误多出、歧义日显的经书得以统一。

卢植作《始立太学石经上书》，其中记载了当时正定经书的基本做法，他意识到《礼记》中颇多讹误，应该比照不同的版本加以勘定。但他又觉得独自一人难以完成，希望能够寻找两个善书的助手，一起核对典籍，考察得失，比对文字，确定出来，刻为碑文。

熹平四年（175年），汉灵帝下令刊刻石经，卢植上疏要求参与《礼记》的刊刻。熹平六年（177年），汉灵帝亲自视察太学，督促石经的刊刻。学术界一般认为，熹平石经从熹平四年灵帝下诏正定

[①]〔南朝宋〕范晔撰，〔唐〕李贤等注：《后汉书》卷七十九上《儒林列传》，北京：中华书局，1965年，第2547页。

《五经》，到光和六年（183年）"凡历九年而始告成"①，参与者人数众多，是灵帝时期一项重大的文化工程。②

熹平石经的正定，需要儒生去校雠经义，需要精通文字者对经书中的古文、奇字、缪篆、虫书进行核定。最后由擅长古文、篆文、隶书三种书法者，对刊定的经文进行书写，交付刻工刻成。

现在很多人人云亦云地骂汉灵帝弄得朝政混乱，其实桓帝时也是如此，灵帝无力改变。

现存对鸿都门学激烈批评的三篇奏疏，分别出自议郎蔡邕、光禄大夫杨赐和尚书令阳球。如果仔细考察，会发现他们反对的是灵帝对鸿都门生的超拔而形成的鸿都门榜，认为这彻底扰乱了东汉的选官制度。

蔡邕的《上封事》谏阻鸿都门学的理由很明确，认为灵帝选拔鸿都门待诏至于高官，不符合传统。他强调，汉武帝时以射策选拔，文学之士本重策论。他认为职官的选拔，应该首重经术，即便要重视能为辞赋的文章之士，给他们以官禄已经算是超迁，不能给予他们实职。

蔡邕反对的不是文辞、书画之士的选拔，而是反对授予他们官职，尤其是给予刺史、郡守等高位。

光和元年（178年）七月，杨赐也上疏反对，理由也是鸿都门选扰乱了汉官的选用机制。杨赐认为灵帝时有两个弊政：一是宦官专权，使得正直之士在朝廷无法立身，形成清流，与宦官对抗；二是鸿都门选的小人以小技而身居高位，使得饱学之士无以立足，选举秩序彻底崩溃。

光和元年（178年）十二月，尚书令阳球在《奏罢鸿都文学》

---

① 马衡《从实验上窥见汉石经之一斑》："此巨大之工作，起于熹平四年，讫于光和六年（《水经注》言光和六年，当有所据，疑是刻成之年载在碑文者），凡历九年而始告成。"引自中央研究院历史语言研究所编：《庆祝蔡元培先生六十五岁论文集》，1935年。

② 杨九诠：《东汉熹平石经平议》，《文史哲》2000年第1期，第65—70页。

中指出，灵帝私设鸿都门学，从中选官，极不合法，彻底打破"立德、立功、立言"三不朽的文化传统。

蔡邕、杨赐、阳球的批评，主要集中于灵帝对文艺之士的超常提拔，范晔记述了灵帝引起三位集中批评的原因：

> 其诸生皆敕州郡三公举用辟召，或出为刺史、太守，入为尚书、侍中，乃有封侯赐爵者，士君子皆耻与为列焉。①

灵帝对鸿都门生的任用，是采用诏书，令州郡、三公直接选用。有些还直接被外任为州之刺史、郡之太守，或者被任用为尚书、侍中，甚至还有些直接被封为关内爵。

汉制选官有严格的程序：一是丞相四科取士，通过郡国、二千石察举，并经射策选拔的方正、孝廉，被任用为议郎、博士等。试用之后，再出任外职，这是五百石左右的中层官吏的来源。二是由太常主持的甲乙科考，对博士弟子、如博士弟子者进行考核，分甲乙科录取为郎中、舍人、文学，这是一二百石左右低层卒史的来源。自汉武帝之后，二者为汉官选用的基本途径。

马端临言，"汉制郡国举士，其目大概有三：曰贤良方正也，孝廉也，博士弟子也"②。贤良方正、孝廉参与的是四科取士，博士弟子参与的是甲乙科考。待诏官员多从较低职务做起，累功而渐转为外朝官吏，经察举之后，才能出任州郡长官。③

汉灵帝直接任命的鸿都门生超迁至数百石之上。若按照四科取士、甲乙科考的传统，数百石之上的官吏必须经过丞相、太常

---

① 〔南朝宋〕范晔撰，〔唐〕李贤等注：《后汉书》卷六十《蔡邕》，北京：中华书局，1965年，第1998页。
② 〔元〕马端临：《文献通考》卷二十八《选举考一·举士》，北京：中华书局，2011年，第806页。
③ 参见阎步克《从爵本位到官本位：秦汉官僚品位结构研究》，北京：北京大学出版社，2009年。

公选。马端临认为,灵帝任用鸿都门生,引起朝臣愤慨,主要在于私自任命:

> 太学,公学也;鸿都学,私学也。学乃天下公,而以为人主私,可乎?是以士君子之欲与为列者则以为耻,公卿州郡之举辟也,必敕书强之。人心之公,岂可诬也。①

他认为,鸿都门生,既不通经学又不懂经训,本被排除在四科取士、甲乙科考之外,却通过皇帝的私门,得以成为朝廷官员。因其不是通过丞相府、太常府的科考而入职,徇皇帝之私而为高官,与唐的斜封官性质相同②,经学之士、文学之士不愿与之为伍。

《后汉书·崔骃列传》言,后期的鸿都门学实际成为灵帝卖官鬻爵的机构。富足者直接付款,贫穷者可以先赊账,引得那些不能通过正常察举、科考入仕者蜂拥而至。他们通过宦官侍从、近习之臣的推荐保举,得以接近灵帝,缴纳钱财,换取灵帝的直接任命。蔡邕认为这种请托之门,会动摇国本。他谏阻灵帝,恳请灵帝能够停止鸿都门榜。

灵帝即位之初重视经学,是看穿了经学之士的把戏,有小聪明而无大智慧的他不再通过正途选官,然而,另辟的选官之路渐成卖官之路,是为鸿都门榜。

司马彪曾评论说:"而灵帝曾不克己复礼,虐侈滋甚,……官非其人,政以贿成,内嬖鸿都,并受封爵。"③此风一开,不可

---

① 〔元〕马端临:《文献通考》卷四十《学校考一·太学》,北京:中华书局,2011年,第1193页。

② 《宋史》卷三百四十五《任伯雨》:"汉之鸿都卖爵,唐之墨敕斜封,此近监也。"参见〔元〕脱脱等撰《宋史》卷三百四十五《任伯雨》,北京:中华书局,1985年,第10966页。

③ 〔南朝宋〕范晔撰,〔唐〕李贤等注:《后汉书》志十四《五行二》,北京:中华书局,1965年,第3297页。

收拾。南宋的叶时毫不客气地指出："桓灵之君，每叹天子无私财，而开鸿都卖爵以为私藏矣。"这类不经过丞相、太常公选，由灵帝自行以诏令任命的官员，官位很容易超越平常的官员，他们相互招摇，彼此援引，成为汉末吏治腐败的渊源。

汉桓帝时已经腐朽的东汉王朝，经过汉灵帝这一变革，基石彻底松动。

汉灵帝对经书的正定，让很多士人意识到经书的解释，不是经学家的专利，而是人人可为。很多士人上下文一读通，发现老师说的不对。这就砸了很多经学之士的饭碗，解放了当时士人的思想。他们不再被笼罩在师法、家法之中，觉得经学并不深奥，自己本来就能读懂。既然如此，那些人装模作样教什么？传注什么？他们可以自己解读，省了很多精力和时间去学比经书还多的注疏。

从经学中被解放出来的士人猛然发觉了自己的需求，他们可以让自己更美，可以自由思考，可以放浪形骸，可以为所欲为。魏晋的士人把自己的想法称为自然，把自己的需求称为风流，从此开始思考名教与自然的关系。

汉灵帝时竖立的熹平石经，在东汉末年董卓乱洛阳时被打碎了。曹芳当皇帝的正始二年（241年），太学再度繁荣起来。曹芳决心重新整理熹平石经碑石，重立石经。新立的碑文每字用古文、小篆和汉隶三种字体书写，也称《三体石经》，史称《正始石经》。

熹平石经用的是今文本，《正始石经》用的是古文本。《正始石经》刻成后，全国各地的郡学、县学的学生都前来校拓。从此，今古文合用，成为经学主流，倒逼儒生放弃了汉儒旧说，开始进行更深层的思考。经学不再神秘，也不再神圣，魏晋玄学应运而生。

北魏时，"洛阳虽经破乱，而旧《三体石经》宛然犹在，至熙与常伯夫相继为州，废毁分用，大至颓落"①。冯熙、常伯夫相继为洛州刺史时，《正始石经》彻底毁坏。后来，在洛阳偶尔出现《三体石经》的残片，是旧碑文的遗留。

三、魏晋玄学的突破

周公制礼、汉儒注经、唐儒正义，促成了汉学的发展，建构了稳固的经学体系。经学大厦的建立需要很长时间，颠覆汉学的玄学、怀疑经书的宋学却都发生在洛阳。魏晋玄学、程朱理学是瓦解汉学的利器，开一代风气之先。

汉魏晋的玄学，是对汉代经学的反叛，也是对经学的纠正。纠正的动因，是人的觉醒。

魏晋学者站在人文的立场，直接观察礼教和名教的存在方式。在他们看来，集体主义是名教，人都要做符合社会规定的行为。个人主义是自然，就是要做自己喜欢的事。

解决这一矛盾有两种办法：一是以实践来面对，生活上追求自由自在，不受名教的束缚，活出自己想要的样子。比如，王弼的放浪形骸，阮籍的穷途而哭，嵇康的自由自在。二是从学理上解决，重新解读名教与自然的关系。学术史上把玄学分为正始玄学、竹林玄学、元康玄学和江东玄学四个阶段。

正始玄学以何晏、王弼为代表。

"傅粉何郎"是说何晏。何晏面容洁白，魏明帝曹叡觉得他搽了厚厚的白粉，就在夏天赏赐他热汤面。不一会儿，何晏就吃得大汗淋漓，用衣服擦汗，结果脸色更白，于是魏明帝才相信他没有搽粉。何晏好修饰自己，实际是发现了自己的美。魏晋玄学说的自然就是注重人性人情。

---

① 〔北齐〕魏收撰：《魏书》卷八十三上《冯熙》，北京：中华书局，1974年，第1819页。

何晏撰《论语集解》《道论》，认为道是宇宙之本，无为是万物之根，圣人能以无为本体，因而不累于物，不存喜怒哀乐之情。他用道家清静素朴的要求来思考治理天下的方式，避免烦琐的名教对人日常生活的干扰。

王弼自幼生活在洛阳，继承了清流之士的风尚。他坐而论道，品评人物，清谈与生活无关的玄思。不理解的人觉得他们不食人间烟火，是吃饱了撑的，整天想那些与日常无关的话题。他也被注重名教的司马氏集团视为浮华少年、纨绔子弟。

王弼撰有《老子道德经注》和《周易注》。他认为名教是有，自然是无，宇宙万物都是从无开始衍生的，无是根本，有是枝叶，也就是说自然衍生出了名教。王弼认为，圣人治理天下，以无为本，不被名教拘束，顺其自然。一旦确立礼仪制度，就会有尊卑，大家都追逐名分，会导致混乱；如果恢复自然本初的状态，我就是我，物就是物，大家不要相互干扰影响，天下就安定了。他主张消除名教，恢复自然。

竹林玄学以阮籍和嵇康为代表。

阮籍用自己的行为方式诠释了什么是越名教而任自然，嵇康从理论上阐释了如何放弃名教而因任自然。有一次，阮籍正在下棋，听说母亲去世了，他不理睬，坚持要把棋下完。棋局结束后，他来到母亲灵柩前，哭到吐血。按照当时的丧葬制度，母亲去世他应当服斩衰举哀，阮籍不愿受这些外在礼法的约束，他相信自己的内心，蔑视外在的礼教。内心的伤感出于自然，并不按照约定俗成的礼法去表达。他曾说："礼岂为我辈设耶？"[①]

阮籍见邻家少妇貌美，经常跑去买酒，喝醉了便在少妇面前睡卧。邻居不放心，经常查看，发现阮籍只是不避男女之嫌而

[①] 〔南朝宋〕刘义庆著，〔南朝梁〕刘孝标注，余嘉锡笺疏，周祖谟、余淑宜、周士琦整理：《世说新语笺疏》卷下之上《任诞》，北京：中华书局，2007年，第658页。

已。人家心中干干净净，并无非分之想。自己内心干净，就不怕世人怎么想。我就是我，你们就是你们。

像这样的行为，现在都觉得不可思议。阮籍、嵇康完全因任于心中的自然，不为外在的要求所左右。心底纯净，不为名教所束缚，也不会胡作非为。阮籍在《通老论》中解释了自己因任自然，认为最完美的天人秩序应当合乎人之自然。如果天人秩序违背了自然，也就违背了人的天性、本性，更违背了道。

嵇康提出"越名教而任自然"，成为竹林名士对抗礼法、放弃名教的理论来源。如阮咸与猪共饮；刘伶"以天地为栋宇，屋室为㡓衣"①；王猛"扪虱而言"惊世骇俗之举②等，都是"越名教而任自然"的表现。

竹林玄学以向秀、郭象为代表。

向秀撰有《庄子注》，认为社会要发展，单纯地注重自然或名教都不好。二者不应对抗，应该和谐共存，他提出了"名教出于自然"的看法。

他认为，大鹏和斥鷃都未能达到逍遥的境界，因为大鹏和斥鷃皆有所待，有所凭借就无法达到真正的逍遥。如果能够在特有的条件下任性，那就能获得逍遥。

阮籍和嵇康主张尽量让行为合乎自然，有其深刻性。社会不能由着自己的性子来，还要有名教，只不过名教不要作伪，要符合人的需求。而向秀主张将任自然回归到名教的规范中。

人要能够以礼节情。情是自然，礼是名教。如何处理情与礼之间的张力，是竹林玄学所面对的关键问题。如果完全按照"越名教而任自然"的观点，自然要对抗名教，名教也就成为自然的枷锁。向秀认为，在礼的规定内可以任自然，他试图将名教与自

---

① 〔南朝宋〕刘义庆著，〔南朝梁〕刘孝标注，余嘉锡笺疏，周祖谟、余淑宜、周士琦整理：《世说新语笺疏》卷下之上《任诞》，北京：中华书局，2007年，第657页。
② 〔唐〕房玄龄等撰：《晋书》卷一百一十四《载记·王猛》，北京：中华书局，1974年，第2930页。

然相统一。

郭象的代表作是《庄子注》。据说，向秀去世后，其子尚幼，郭象骗取向秀的遗作，改成自己的作品。郭象认为，万物无待而自化。如果顺己之性发挥，便是足性。万物之间相互协调，就会达到逍遥的境界。向秀讲究天性，郭象讲究足性，主张万物自生独化。人若能在有限的空间内体认自然，也就做到了无待，无待便是自在，便能达到逍遥的境界。如果能够随时随地自在逍遥，礼教就不会成为约束。

裴𬱟生活于西晋的太康时期。当时很多人生活奢华，骄奢淫逸。裴𬱟认为，道生万物，万物都是由道衍生形成，各有各的用处。名教是合道的，自然也是合道的，都有存在的价值。不能以名教否定自然，也不能用自然否定名教，二者可以并存。从道的角度看，名教也是自然，自然也是名教。

魏晋在洛阳的玄学讨论，涉及中国哲学史上的有无、本末、言意等命题，思考形而上的问题。然而随着永嘉之乱，这些玄学的思考中断了。东晋时期，江东继续讨论的玄学，就与佛教合流了。

玄学是中国思想史上的重大突破。经学的核心意义在于继承经验，把形成于周之前的说法当成历史经验加以阐释。这些阐释在经学的道路上越走越远。因为历史是进步的，不可能只用文明形成之初的经验作为指导，何况这些经验是经儒家选择过的。经学的典籍不能被否定，但经学的阐释可以被质疑，这就推动了经学解释不断更新。

玄学的意义是探讨经书中的义理。宋学直接继承了孟子和汉儒的疑经思潮，开始怀疑经书的解释，试图讨论天地之间存在的义理，并将之推到比经书更高的位置上，开启了思考与辨析的新时代，推动了中华学术的繁荣。

玄学、理学这两个颠覆性的思潮都发生在洛阳，很值得玩味。洛阳有着独特的思想创新能力，它居于天下之中，包容开放，能汇聚天下学者，思考天下的学问。天下学者在洛阳，不必抱残守缺，不必朽木苦撑，而是可以千帆竞发，万木更新，时时刻刻激发创造力，为学术寻求新生的良方。

四、客家始迁第一站

洛阳汉魏故城遗址的阊阖门外，是西晋繁华的铜驼街，曾经的街口竖立着一块刻着"客家始迁第一站"的铜牌，说的正是东晋的洛阳人，从这里踏上了南迁的第一步。

元康元年（291年），原本用以拱卫西晋王室的汝南王司马亮、楚王司马玮、赵王司马伦、齐王司马冏、长沙王司马乂、成都王司马颖、河间王司马颙、东海王司马越八王，以及响应的其他王，起兵叛乱。

在平定"八王之乱"中，西晋耗光了所有的元气。此前归顺西晋的匈奴首领刘渊和他的儿子刘聪、刘曜乘机创立了前赵政权。刘曜率军进攻洛阳，西晋军队前后十二次战败，牺牲了三万余人，也没能守住洛阳。最终，刘曜的军队"杀太子诠、吴孝王晏、竟陵王楙、右仆射曹馥、尚书闾丘冲、河南尹刘默等，士民死者三万馀人。遂发掘诸陵，焚宫庙、官府皆尽"[①]。繁华的洛阳就这样毁了。

永嘉五年（311年），刘曜率兵攻陷洛阳，西晋贵族被迫离开京城。他们南涉洛水，出大谷关，沿洛阳、南阳、襄阳古道迁徙到江淮流域建立侨郡，将洛阳的文明带到南方，促进了江南的开发。

这批中原人的南下，是中国历史上第一次大规模的南迁。

---

① 〔北宋〕司马光编著，〔元〕胡三省音注：《资治通鉴》卷八十七《晋纪九·孝怀皇帝中》，北京：中华书局，1956年，第2763页。

南迁的洛阳人聚族而居。他们延续着北方的语言、文化和风俗，又吸收南方的文化因素，形成了既有中原文化传统又有地方特色的客家文化。

《资治通鉴》中记载：当时洛阳珠玉的价格还没有粮食贵。可见被前赵攻破之后的洛阳何等残破，到处是卖家产换粮食吃的贵族、士人。

西晋很多有名的士大夫在这场突如其来的变乱中，不知所终。太康时被称为"三张二陆两潘一左"的张载、张亢、张协，在永嘉五年（311年）之后再没有记载。西晋秘府所存《古文尚书》经文，欧阳氏及大小夏侯所传的《尚书》，梁氏所传《周易》，也在永嘉之乱中消失了。

永嘉之乱，几乎毁了魏晋创造的文明成果，其中既有有形的城池，也有无形的学术。

洛阳城破之日，居住在华北的百姓顿时慌乱起来，"独江东差安，中国士民避乱者多南渡江"[①]。镇东司马王导说服琅琊王司马睿乘机招收贤良自保。司马睿立刻辟掾属百余人，人称"百六掾"。

《述异记》记载：

> 晋永嘉之乱，既过江，诸公主不得随去。安阳公主与平城公主等奔入两河界，悉为民家妻，常怏怏不悦，故有思乡之志。村人感之，共筑一台以居之，谓之公主望乡之馆，至今岿然。王朗《怀旧赋》云："将军出塞之台，公主望乡之馆。"是也。

西晋的公主尚且不能自保，更何况普通的士大夫？西晋的洛

[①]〔北宋〕司马光编著，〔元〕胡三省音注：《资治通鉴》卷八十七《晋纪九·孝怀皇帝中》，北京：中华书局，1956年，第2766页。

阳人边走边流散，在动乱的夹缝中求生存。好一点的依附亲戚，不好的只能在当地人不愿居住的穷乡僻壤，寻找安身之地。

在当地人看来，他们是客人，也是客家。他们也认为总有一天会回到洛阳，回到老家。

逃亡的司空荀藩传檄四方，推司马睿为盟主。建武元年（317年）春，司马睿建立了东晋政权，寓居建康，史称晋元帝。

流落南方的洛阳人，分散居住在无主的土地上。唐代刘知几在《史通·邑里》说：

> 自洛阳荡覆，衣冠南渡，江左侨立州县，不存桑梓。由是斗牛之野，郡有青、徐；吴、越之乡，州编冀、豫。欲使南北不乱，淄、渑可分，得乎？系虚名于本土者，虽百代无易。既而天长地久，文轨大同。州郡则废置无恒，名目则古今各异。而作者为人立传，每云某所人也，其地皆取旧号，施之于今。

他们把居住地的地名也带过去，按照在北方的传统，仍称居住地为某州某乡某县。与原先的故乡不同的是，这些地方被称为"侨郡"，就是暂时居住的郡县。侨，说明北方人到南方时的心态，有侨居的漂泊感，希望有一天能回去。还有一种文化意义的遗存，就是吃南方饭，穿洛阳衣，发洛阳音，传承洛阳传统。

当时的洛阳人四散逃亡，一小部分迁到河北、山西，主流是南迁到南阳、信阳，再南迁到江淮，在南方建立新的郡县。许多新置的郡县，实际被冠以北方的名字。

晋元帝在大兴四年（321年）下诏，认为流民失籍，实行给客制度。当时通行的户口簿有两种：一是用白纸抄录，记录当地人；二是用黄纸抄录，记录客居者。客居者期望有朝一日回归北方。

东晋最初是想北伐的,谢安就曾努力过。但后来都觉得北伐无法成功,开始采取回避态度。桓温曾感叹:"遂使神州陆沈,百年丘墟,王夷甫诸人不得不任其责。"①世家子弟多不负重任,骨子里没有北伐的欲望,无非是喝酒的时候,一块伤感,一块痛哭。《世说新语·言语》中有"过江诸人"说法,说的是南渡的士人在江边喝酒,喝着喝着就想念自己的老家在北方,然后大家就哭啊,哭完也就完了,没事了,继续谈玄,以学术上的玄虚、行为上的旷达来回避现实的无奈,带有一种政治逃遁的意味。

玄学的核心主张是顺其自然,讲求无为,要求大家不要太有作为。江山既然如此了,大家相安无事,不要太折腾了,不必太努力去解决北方的问题。东晋士人在追求自然、崇尚无为中也就形成了一种风气,有意识地标榜、推崇旷达。行政事务,我也不去处理,表明我玄远;江山丢了,不着急,显示我想得开,很旷达。这样一来,大家一起享乐、清谈、标榜和自赏,世族并不想在政治上有什么实际权力,只要待遇好就好,只要闲适就好。于是,东晋形成了玄言诗、游仙诗、山水诗,文学有了新变化,大家渐渐也习惯了居住南方。

宋孝武帝大明中,王玄谟请土断诸侨郡县。所谓土断,就是将迁移的北方人划归居住地管辖,使其与当地原住民一样纳税服徭役。对王朝来说,这标志着再也没有打回去的可能;对百姓来说,只有安定下来才能正常地生产生活。

这批人有的从此定居下来,有的继续南迁,寻求可以耕种的土地。他们被称为客户。

客户,是背井离乡没有土地耕种或者给当地土著、贵族耕种的流民。北魏就招徕流民,分给他们土地,将他们的人头税交给国家。

---

① 〔唐〕房玄龄等撰:《晋书》卷九十八《列传·桓温》,北京:中华书局,1974年,第2572页。

唐初，朝廷设置劝农判官十人，到处督导，确定土地户口，对新附的客户免六年赋调，使得他们定居。"于是诸道括得客户凡八十馀万，田亦称是"①，大量的客户得以定居，赋税归于朝廷。唐睿宗时期，清查赋税，得土户与客户共计三百余万。

开元二十五年（737年）六月十五日，南阳把客户编成十二乡，设立唐城县管辖。他们大多是迁到南阳的洛阳人后裔。

从刘宋到隋唐，有大量的流民存在。国家并不掌握他们的户口，多次人口普查，陆续分给客户土地。或者把他们开垦的土地确定给他们，或者分给他们新的土地，使得很多流落江南的客户，成为第一批客家人。

洛阳，成为客家南迁的第一站。现在在江南、华南有很多洛阳镇、洛阳村、洛阳河、洛阳桥，都寄托了当初从洛阳迁出的洛阳人对家乡的记忆，他们用"洛阳"命名新的村子、街道、河流甚至带来的乐器。比如，福建泉州市有洛阳桥，广东清远市也有洛阳桥。

几千年过去了，他们虽然融入了当地，心里却总是怀念着祖祖辈辈在洛阳的根。

五、北魏的制度开创

北魏迁都洛阳不仅营建了洛阳，使北魏成为与南朝梁、陈并立的政权，并因入主洛阳获得了正统地位，更重要的是，北魏的贵族主动选择了说汉话、穿汉服、与汉人通婚，使得洛阳真正成为民族交融的聚合地。

北魏、北齐、北周为隋唐的兴盛做了制度的铺垫。

田余庆先生认为，从中华文明的发展来看，南北朝文化的主

---

① 〔后晋〕刘昫等撰：《旧唐书》卷一百五《宇文融传》，北京：中华书局，1975年，第3218页。

流在北不在南。① 传统的历史叙述常从南朝视角观察北朝，不可避免地遮蔽了北朝自身的发展脉络。

唐人重修北五史，使北史与南史并重，更开阔地观察南北分治情形下历史演进的线索。北朝延续游牧民族的风俗，少了很多历史的包袱，也不再顾忌文化的坛坛罐罐，这为中华文明注入了新的活力。北朝推动了魏晋徘徊不前的社会制度更新，使农耕文明充分吸收游牧文明的组织方式、社会风气，实现了中华文化的更新。

从文明史意义上说，北朝因地制宜、因时而化、不断出新的制度建构，补全了魏晋制度的天然缺失。由此，农耕文明积累的经验和游牧文明形成的气息才合二为一，全新的中华文明才熠熠生辉。

北朝新的制度建构主要有以下七点。

一是均田制的形成。北魏由胡汉分治的政治形态，转向了胡汉融合。这一文化创举将十六国时期已经启动的民族交流，以统一中华的制度准备固定下来。

北魏太武帝时期，畿内之田与四方四维的界限被打破，鲜卑族和其他民族同田同耕。通过持续分土定居、授民以田，朝廷引导游牧的鲜卑人进行农耕，并招徕流民、游民耕种土地，实现了鲜卑族的农耕化。

太和元年（477年）三月，孝文帝宣布实行授田制度，确定"一夫制理四十亩，中男二十亩。无令人有余力，地有遗利"②。太和九年（485年），按露田、桑田的分类授田于百姓，实现耕者有其田，稳定以家庭为单元的农耕秩序。

这就是均田制，人人拥有土地。这是天下大治的基石。

---

① 田余庆：《东晋门阀政治》，北京：北京大学出版社，1996年，第362页。

② 〔唐〕杜佑撰，王文锦、王永兴、刘俊文等点校：《通典》卷一《食货志·田制上》，北京：中华书局，1988年，第17页。

二是胡汉一体化管理。文成帝太安年间，军队归郡太守管理，实行护军制。护军制是以军统民的战时体制，特点是置将军统领百姓，随时作战。十六国设内史管理汉族的州郡百姓，设左右辅助延续民族部落制，胡汉分治。

石勒将所辖地区分为二十四郡，尽管前燕、前秦不断优化州郡管理职能，却未能将战时体制转化为和平体制。太安三年（457年）五月，北魏文成帝下诏改各部护军为太守，实行州郡理民体制，建立了胡汉一体的国家管理体制，也确立了天下稳定时期的治理体系。

三是实行租庸调制。文明太后期间，原本维护部族利益的宗主督护被三长制所取代，北魏建立国家统一的户口管理和赋税征缴体制①，彻底改变了国家治理，将镇户、营户、民户进行统一户籍登录，国家财税收入的底盘就清楚了。②太和十年（486年），孝文帝规定以一夫一妇为征收单位，每年缴纳帛一匹，粟二石。

北魏持续增加土地供给，吸引百姓归州郡管理，迅速增加了赋税。均田制后来被唐高祖、唐太宗采用，用于唐初恢复生产秩序。

四是胡汉同姓。早期的鲜卑族是部族聚居，为了彼此的血缘关系，他们学着汉族用姓氏标识亲疏："其穆、陆、贺、刘、楼、于、嵇、尉八姓，皆太祖已降，勋著当世，位尽王公；灼然可知者，且下司州、吏部勿充猥官，一同四姓。"③日渐形成了清晰的宗法关系。

在洛阳时，北魏贵族改汉姓，只是结果，不是原因。其实他

---

① 李凭：《民族融合与制度革新：十六国北魏的历史轨迹》，《学习与探索》2009年第5期，第219—224页。

② 李爱琴：《十六国时期的户籍制度》，《中山大学学报（社会科学版）》2007年第2期，第33—38页。

③〔北齐〕魏收撰：《魏书》卷一百一十三《官氏志》，北京：中华书局，1974年，第3014页。

们早就开始了采用汉姓的实践,在洛阳时只是巩固了这些关系。这就使鲜卑族融入到中华民族之中。

五是设立三省制。北魏对中枢机构进行改革,建立了分工合作又相互制约的三省制。中书负责出纳王言,制定文诰;门下作为皇帝的秘书机构,规谏驳议,辅助皇帝决策;尚书负责处理门下提交的决策,总理诸部政务。这就避免了汉、魏时期皇帝受制于权臣和宦官,也避免了西晋时的皇族干政,还避免了皇帝的为所欲为,更避免了权臣和宦官控制皇帝就控制了天下,也为士大夫提供了稳定的参政方式,为隋、唐、宋奠定了制度的框架。

孝文帝开始议定百官的秩品,将官员分九品,每品又分正、从。这就建构了稳定的官阶体系,为梁武帝所效法,成为南北朝通用的官禄体系。

六是坚持考课制度。为督促官员名实相副,北魏建立了考课制,大考百僚,对官员任职、任期进行考核,这也为唐朝铨选制度奠定了基础。

北魏有一次为选御史,曾对八百人进行策试。北齐选东西省官员时,也曾策试三千人。为保证公开选拔公平有效,他们开始建立科举制度,这成为此后中国人才流动的通道。

七是礼法合治的尝试。北魏的制度改革,不是凭空设想的,而是采用援经释律的方式,以经义裁量司法,成为《唐律疏议》的制定原则。

太平真君六年(445年)三月,太武帝下诏:"诏诸有疑狱皆付中书,以经义量决。"[1]要求对疑难案件按照经义进行解释。当时的高允"据律评刑,三十余载,内外称平"[2],以经义维持价值

---

[1] 〔北齐〕魏收撰:《魏书》卷七上《高祖纪上》,北京:中华书局,1974年,第144页。

[2] 〔北齐〕魏收撰:《魏书》卷四十八《高允》,北京:中华书局,1974年,第1089页。

共识，以司法制度维持社会秩序。礼法合治，以民间通行的礼义作为制定法律的基石，实现人情、法律和法理的统一。

经过长时间的实践之后，北魏建立的礼法合治的思路，成为唐宋礼制调整和司法实践的传统，深刻影响了中国文明的发展。

北朝通过完善制度，解决了魏晋的两大内在弊端：一是门阀士族阻隔了社会流动，士族不愿意做事，庶族没有权力，相互折腾，阻碍了人才发挥作用，使得南朝贵族缺少活力，社会只有内卷；二是贵族形成了有家族而无国家的认知，他们的出发点是维护家族利益，不顾及国家存亡，即使换了朝代，大家族还是大家族，他们注定没动力推动制度的变革。

北魏为统一中华，希望从制度变革中寻求解决现实问题之道。尊经而不拘泥于经，大刀阔斧地采用新制度。孝文帝借助经义不断完善制度，解决现实问题，这就使得北魏的制度建构多有创设，为隋唐探索了均田、三省、科举和律法制度的设置。

苏秉琦先生认为，大唐之盛，源于北朝。[①]隋唐的鼎盛繁荣，在于少数民族用刚健的活力，重新改造了中华文化的知识体系、文化精神和制度形态。南北朝的大分裂、大重组时期，正是中华民族的大认同、大融合过程。

---

① 苏秉琦：《中国文明起源新探》，北京：生活·读书·新知三联书店，2000年，第164页。

第六章 东方神都的确立

洛阳为何被称为神都？

追根溯源的说法，是都城有天子祭祀天地之所，众神降临于此。古代只有天子能够祭天，祭天音乐需要七变。在六变时，祭祀天神，各种自然神灵都要出现。东晋时就习惯用"神都"代称都城。流传于十六国时期的《大夏龙雀刀铭》说："大夏龙雀，名冠神都。可以怀远，可以柔迩。"①龙雀刀名冠京城。"神都"被用来代指大夏的都城。

北魏南安王拓跋桢劝孝文帝迁都洛阳时说："廓神都以延王业，度土中以制帝京。"②这里就用神都指代洛阳。隋代的郑辨志也说："禅师迹绍四衣，神逾八极，虽潜形丘壑，而誉彻神都，匿相岩阿，而名传上国。"③意思是说智琰禅师在神都洛阳很有名气。

这样来看，武则天用"神都"命名洛阳，不是自己的心血来潮，只是袭用之前的称呼。

洛阳能担当起"神都"的称呼，因为周公制礼于此、孔子问礼于此、佛教初传于此。在古人的观念中，儒、道、佛三教的众神都至于此，有无数神灵聚于洛阳。

北魏在洛阳开凿了龙门石窟、水泉石窟、虎头寺石窟、无佛山石窟、谢庄石窟、吕寨石窟、铺沟石窟、西沃石窟和当时属于洛阳的巩义石窟、鸿庆寺石窟等，在古人心中，每一个在石窟中的神灵，都护佑着洛阳。

---

① 〔唐〕房玄龄等撰：《晋书》卷一百三十《载记·赫连勃勃》，北京：中华书局，1974年，第3206页。

② 〔北齐〕魏收撰：《魏书》卷五十三《李冲》，北京：中华书局，1974年，第1183页。

③ 〔清〕严可均编：《全上古三代秦汉三国六朝文》，北京：中华书局，1958年，第4187页。

此外，还有数不尽的洛阳寺庙、道观和造像碑刻，供奉着功能不同的神仙，还有大大小小的陵墓，葬着各位神主。在武则天眼里，洛阳是当之无愧的神都。

一、老子在洛阳

老子是个什么样的人？

孔子见过老子。他用"神龙见首不见尾"来形容这位高人。[①] 司马迁没有见过老子，只说在当时老子的事迹已经是很遥远的传说了。据说老子"姓李氏，名耳，字聃，周守藏室之史也"[②]。西汉之前的官员大多居家办公，有事就到相应的职官家里处理。因此，老子应该居住在周王城中。

"老子"是对老先生的称呼。估计老子很老的时候，孔子才见到他。史书一般认为老子比孔子大二十二岁。《庄子·天运》说孔子五十一岁见老子，老子已经七十三岁了。在人生七十古来稀的春秋后期，老子完全是长者了。

司马迁说："老子者，楚苦县厉乡曲仁里人也。"[③] 这个"老子"应该是孔子所见的周守藏室之史的老子，此时老子任职、居住在洛邑。《淮南子·缪称训》说："老子学商容，见舌而知守柔矣。"老子师法商容，主张人应该谦退，知雄守雌，就像舌头柔软，不和牙齿硬碰硬，因此，人老了舌头还能用，而牙齿已经脱落。

其实，老子与商容不是同一时代的人，商容是商朝的贤人。

[①] 〔西汉〕司马迁撰，〔南朝宋〕裴骃集解，〔唐〕司马贞索隐，〔唐〕张守节正义：《史记》卷六十三《老子韩非列传》，北京：中华书局，2014年，第2605页。

[②] 〔西汉〕司马迁撰，〔南朝宋〕裴骃集解，〔唐〕司马贞索隐，〔唐〕张守节正义：《史记》卷六十三《老子韩非列传》，北京：中华书局，2014年，第2603页。

[③] 〔西汉〕司马迁撰，〔南朝宋〕裴骃集解，〔唐〕司马贞索隐，〔唐〕张守节正义：《史记》卷六十三《老子韩非列传》，北京：中华书局，2014年，第2603页。

司马迁说："商容贤者,百姓爱之,纣废之。"①周武王伐纣时,商容已经不在朝歌了,应该去世或者隐居了。周武王"释箕子之囚,封比干之墓,表商容之闾"②。连周武王都未见到商容,更不用说三百多年后的老子了。《淮南子》是说商容的学说后世有传,老子应该是学习了商容的退隐之道。

司马迁确实不知道老子的详情。他说孔子同时的老莱子也有可能是老子,孔子之后一百二十九年的周太史儋也被称为老子。他不能确定这几个被称为"老子"的人是不是一个人,只觉得老子是修道而长寿者。

我们关心的只是留下《道德经》的老子。《史记·老子韩非列传》说,老子出函谷关而去,实际上是离开东周王室去隐居了。关尹喜说:您既然隐居了,何不给我们留下点什么。

可能老子为了迅速出关,就写了《道德经》五千言留下,最后远走高飞了。

他去了哪里?司马迁说不知道。

我们现在见到的资料,有的说去了关中,有的说去了西域,有的说去了伏牛山。这些都是后世的推测,见多识广的西汉司马迁都不知道。后世说得神乎其神,都是为了神化自己所居的地方。

《庄子》和《列子》是春秋之后的道家经典。在他们的传说中,老子回到了楚国,隐居于沛地。《庄子·天运》说:"孔子行年五十有一而不闻道,乃南之沛见老聃。"孔子见到老子是在沛地。《列子·黄帝》中也说:"杨朱南之沛,老聃西游于秦,邀于郊。至梁而遇老子。"这里说老子到了梁地。

看来老子是游历了秦地、沛地,最终定居于梁地。他教杨朱

---

① 〔西汉〕司马迁撰,〔南朝宋〕裴骃集解,〔唐〕司马贞索隐,〔唐〕张守节正义:《史记》卷三《殷本纪》,北京:中华书局,2014年,第138页。
② 〔西汉〕司马迁撰,〔南朝宋〕裴骃集解,〔唐〕司马贞索隐,〔唐〕张守节正义:《史记》卷三《殷本纪》,北京:中华书局,2014年,第139页。

要"而睢睢,而盱盱,而谁与居?大白若辱,盛德若不足"①。杨朱接受了老子教诲,达到了"不争之争"的人生境界。

这个故事在《庄子·寓言》中也有记载,只是称杨朱为阳子。"杨"和"阳"在古代典籍中有相通之处。《寓言》说杨朱在沛之北的梁地见到了老子。司马迁没有注意到道家的这个说法,认为老子出关之后就彻底失踪了。

其实,老子可能去过关中,也去过其他地方,至少定居过沛地、梁地一段时间。总之,老子离开了洛阳,弃官隐居了。

那么,老子的学说是从哪儿来的呢?

老子的职务是周朝的守藏室之史,相当于现在的国家档案局工作人员。在先秦时期,知识不全是记载在书本上,更多是记在大脑里,用口耳相传的方式代代相传,巫官、史官、乐官常常累世而传。老子的思想和学说,是代代相传的史官文化积累的成果。

刘师培就认为古学出于史官,认为史官掌握了早期思想世界的三种基本知识:星占历算之学、祭祀仪轨之学、医药方技之学。②到了周代,史官掌握占卜、祭祀、记事等传统职能,还掌握法令、典志等。章学诚说,府史、内史、外史、太史、小史、御史等"五史",皆掌掌故,以存先王之道。③至少在周代,中国的历史、文化、典籍、法令、风俗等主要汇集在史官系统中进行积累和传承。

《国语·楚语下》记载,楚国左史倚相根据古代典籍解说各种事物,随时给国君提供前人的成败事例,使国君不忘记先王的业绩,他能上下博得天地神灵的欢心,顺应它们的好恶,使它们

---

① 〔清〕马骕撰,王利器整理:《绎史》卷一百三《杨朱墨翟之言上》,北京:中华书局,2002年,第2685页。

② 葛兆光:《中国思想史》第二卷,上海:复旦大学出版社,2013年,第28—29页。

③ 〔清〕章学诚著,叶瑛校注:《文史通义校注》卷三《史释》,北京:中华书局,1985年,第230页。

呵护楚国。

夏要灭亡的时候，最大的史官太史令终古拿着夏朝的图法，哭着逃亡到商。殷将灭亡的时候，负责掌策命诸侯、卿大夫，掌管四方之事书的内史向挚，背着殷朝留下来的地图法规，跑到了周朝。

国虽亡，史不亡，国家就能振兴。史家的学说流传到了周，由各种史官执掌。《国语·周语》中说，周王室要了解先王的遗训，翻阅前代的典图刑法，可以观其废兴，了解存亡福祸之道。

早期中国的史官其实是整个知识经验的传播者、整理者、记载者和总结者。中国古代的传播多是口耳相传，历史经验和历史教训主要积存在记忆之中。这样，每一个史官除了掌握文献资料，在大脑中还积存了大量的历史经验和文化常识。

晋国赵鞅出兵救郑，要占卜一下吉凶，请史官赵、史官墨、史官龟来占卜。史官说，可以出兵，但只利于进攻齐国，不利于进攻宋国，"伐齐则可，敌宋不吉"①。晋国就停止了救郑。

《左传·昭公十七年》记载，太史推算出天上将出现日食，要求百官素服。国君就不再举行宴饮，而是避居正殿，奏乐祈祷。可见史官还能预测灾祸，禳除不祥。

史官还能够洞察天道人道。《左传·昭公三十二年》记载，史墨结合天象论朝政人事安排，说天上有日月星辰，地上有五行金木水火土，万事万物分左右和阴阳，两两相对。他说："王有公，诸侯有卿，皆有贰也。"任何事物、任何事情都是成双成对的。

史墨讲的很多话听起来好像格言。后面还有一句更经典的："社稷无常奉，君臣无常位，自古以然。"②史官看透了历史，总结

---

① 〔西晋〕杜预注，〔唐〕孔颖达正义：《春秋左传正义》卷五十八《哀公九年》，北京：北京大学出版社，1999年，第1651页。

② 〔西晋〕杜预注，〔唐〕孔颖达正义：《春秋左传正义》卷五十三《昭公三十二年》，北京：北京大学出版社，1999年，第1528页。

出很多历史、社会、人生的规律，用类似格言的形态表现出来，代代相传。

这些史官的语言，有的与《道德经》里的话很接近。《国语·周语下》中的"动莫若敬，居莫若俭，德莫若让，事莫若咨"，就与《道德经》的说法相似。

《左传》中的"非我族类，其心必异"[1]"无始祸，无怙乱，无重怒"[2]等，言简意赅。《国语·郑语》记载，史伯对郑桓公说："和实生物，同则不继。以他平他谓之和，故能丰长而物归之，若以同裨同，尽乃弃矣。"史官讲的是大道理、大经验，历史总结既有知识，更多的是规律。

这些规律的思想表述、语言风格有很多洞穿历史的大智慧。享年较高的老子，对历史的成败存亡、古今祸福之事烂熟于胸，也掌握了很多类似的格言。这些格言，既是历史经验，也是现实教训。《道德经》第九章说："金玉满堂，莫之能守。富贵而骄，自遗其咎。"第二十三章说："飘风不终朝，骤雨不终日。"这些格言都是贯穿历史兴废的哲理和人生体验的教训。

老子脑海中有大量这样的格言名句，集中起来就成了五千言《道德经》。这些经典的格言名句，不是老子几天就想出来的，是几十代、数以万计史官总结的历史经验、社会规律和人生智慧，最后由老子写定而流传出来。

如果说儒家思想充满积极向上的少年精神，适合四十岁之前学习，那么《道德经》则饱含历史沧桑的历史经验，是提纲挈领般的人生智慧，中年更容易悟透。

班固总结说："道家者流，盖出于史官，历记成败存亡祸福古今之道，然后知秉要执本，清虚以自守，卑弱以自持，此君人

---

[1] 〔西晋〕杜预注，〔唐〕孔颖达正义：《春秋左传正义》卷二十六《成公四年》，北京：北京大学出版社，1999年，第717页。

[2] 〔西晋〕杜预注，〔唐〕孔颖达正义：《春秋左传正义》卷十六《僖公十五年》，北京：北京大学出版社，1999年，第378页。

南面之术也。"① 这些智慧更适合经历了人生沧桑的四十岁以上的人领悟。

老子并不认同儒家的学说，司马迁就说："世之学老子者则绌儒学，儒学亦绌老子。"老子批评孔子骄气、多欲、态色、淫志，但他还是教了孔子关于"礼"的学问，让他继承周公之志，继续建构礼义之邦。

这样来看，老子至少掌握了三套学问：礼、道、德。礼教给了孔子，成为儒家学说的基石。道、德涵养了庄子、列子、文子、鹖冠子，还影响到韩非子、《淮南子》。在汉初推行的黄老思想，就延续着老子因顺自然的学说。从秦汉的文献记载来看，他还懂得如何修身、养生，以至贵生的杨朱都向他请教。

道教是先有宗教后有理论。他们奉《道德经》为经典，奉老子为太上老君。老子被视为道教的教主。唐人奉老子为先祖，道教为国教，太上老君管理的众神就汇聚于洛阳的道观。东都洛阳成为道教诸位神仙光临的场所。

二、孔子问道于老子

司马迁的《史记·老子韩非列传》保存了孔子问礼于老子的对话：

> 孔子适周，将问礼于老子。老子曰："子所言者，其人与骨皆已朽矣，独其言在耳。且君子得其时则驾，不得其时则蓬累而行。吾闻之，良贾深藏若虚，君子盛德，容貌若愚。去子之骄气与多欲，态色与淫志，是皆无益于子之身。吾所以告子，若是而已。"孔子去，谓弟子曰："鸟，吾知

---

① 〔东汉〕班固撰，〔唐〕颜师古注：《汉书》卷三十《艺文志》，北京：中华书局，1962年，第1732页。

其能飞；鱼，吾知其能游；兽，吾知其能走。走者可以为罔，游者可以为纶，飞者可以为矰。至于龙吾不能知，其乘风云而上天。吾今日见老子，其犹龙邪！"

这段话最能体现老子和孔子的学说区别，也是年长的老子对年轻的孔子的教诲。在老子看来，年轻人只知道用加法，长者才知道用减法。加法就是有志向、有追求，不断通过自我实现来成就事业。这就是"多欲"和"淫志"。要实现自我，就要相信自我，发挥自己的力量，自尊自信，就很容易形成"骄气"。

社会有各种各样的规矩要适应。这就需要掌握待人接物的礼，应付不同的人，这就是"态色"。在老子看来，孔子的毛病正在于注重实现自我、适应社会。老子则注重利用外部的条件，顺应外部时事的变化。有机会就实现，没有机会就隐居不出。

这是孔子踌躇满志时不一定能领悟的。他说老子像神龙一样，自己充满崇拜之情。这可能是老子见孔子时说的一段话。被儒家经典记录下来，流传到了司马迁那里，从中可以看出老子与孔子的不同，也可以体会儒家与道家的区别。

儒家重视进取，明知不可为而为之。道家重视顺应，知不可为而不为。任何人和事都有天花板，不要去做那些力所不能及的事情，否则白忙活一场。

老子还教了孔子周王室的礼。据《孔子家语·观周》记载，孔子在参观了周王室的郊社、明堂、庙朝之后，才知道天子之礼与诸侯之礼的区别。他之所以问礼于老子，在于鲁国并没有王室礼乐。他从老子那里掌握了这些没见过的礼，返鲁后推广礼乐教化。

在道家经典中，保留了更多老子与孔子的对话。《庄子》喜欢用孔子及其弟子的言论宣传自己的学说。这些话有的可能是真的，经道家学派流传至战国秦汉；有的可能是依托想象，塑造了一个逐渐领悟并体认道家学说的孔子。儒家后学们没有反驳《庄子》对孔子的重塑，也没有理会道家学说的附会，说明这些事有一定根据。

从道家经典中也可以看到，老子至少两次见到孔子。

一次是鲁昭公二十一年（前521年），孔子三十一岁入洛问礼。司马迁描述了孔子对老子的仰慕之情。另一次是孔子五十一岁时，老子居住在沛，孔子亲自拜访。当年恰逢阳虎之乱，孔子担任中都宰，正改革当地的丧葬习俗。这次见面，双方讨论了孔子正在推广的仁、义、礼、智之类的道德观念。《庄子·天运》记载：

> 孔子行年五十有一而不闻道，乃南之沛见老聃。
>
> 老聃曰："子来乎？吾闻子，北方之贤者也，子亦得道乎？"
>
> 孔子曰："未得也。"
>
> 老子曰："子恶乎求之哉？"
>
> 曰："吾求之于度数，五年而未得也。"
>
> 老子曰："子又恶乎求之哉？"
>
> 曰："吾求之于阴阳，十有二年而未得。"

老子称孔子是北方人，显然老子居住在南方。一种说法是孔子五十一岁任中都宰，正在进行礼制改革，给中都的百姓规定了丧葬制度。另一种说法是孔子五十一岁时未任职。《论语·阳货》和《孟子·滕文公下》记载，阳货见孔子，说孔子"怀其宝而迷其邦"[①]，显然孔子未出仕。实际上孔子五十一岁出仕与否，都不影响孔子在五十一岁见曾经的老师老子。老子说"子来乎"，一

---

① 〔魏〕何晏注，〔北宋〕邢昺疏：《论语注疏》卷十七《阳货》，北京：北京大学出版社，1999年，第232页。

看就是双方曾经相识。老子觉得年轻人一定得撞了南墙才回头。孔子说自己"求之于阴阳，十有二年而未得"，如果减去十二年，也就是说，孔子三十九岁时开始研究阴阳之道，十二年没有领悟。若孔子"五十以学易"，他或许学习《周易》时再次遇到阴阳问题，问老子该如何理解。

《论语·公冶长》载，子贡说"夫子之言性与天道，不可得而闻也"。孔子是知道性与天道的学问的，却没有对子贡明说。老师不讲，不等于不知道。《周易》的《序卦》《说卦》《杂卦》记载，孔子多次言及天道、阴阳，只是子贡无缘学习。孔子的孙子子思和孟子所形成的思孟学派，恰恰是言心性的。很有可能孔子只与高明的人言天道，子贡也知道孔子懂天道，只是孔子没跟子贡说罢了。

老子鼓励孔子学会"采真之游"，正确对待尘俗的各种恩怨、取与、谏教、生杀，能够超脱出去。只要不动心，就能超脱，不要为他人所累。

五十一岁的孔子正无比热衷于自己的政治理想。他对老子谈起自己的学说：

> 孔子见老聃而语仁义。
>
> ……老子曰："幸矣子之不遇治世之君也！夫《六经》，先王之陈迹也，岂其所以迹哉！今子之所言，犹迹也。夫迹，履之所出，而迹岂履哉！……性不可易，命不可变，时不可止，道不可壅。苟得于道，无自而不可；失焉者，无自而可。"
>
> 孔子不出三月，复见曰："丘得之矣。乌鹊孺，鱼傅沫，细要者化，有弟而兄啼。久矣夫，丘不与化为人！不与化为人，安能化人！"
>
> 老子曰："可。丘得之矣！"

看来这次谈话进行了很长时间。孔子问了天道后,又谈了自己熟知的经典。孔子认为,这些经典是先王的经验,只能用于治世,不能用于乱世。目前是乱世,这些自己所熟悉的经典不能改变尘俗。天下无道,只能管好自己。老子告诉他要学会顺应自然,不要强求。

孔子在三个月后由弟子子贡陪同又见老子,认为自己悟出了老子所说的道理。从《论语》来看,孔子所说的"邦有道,不废;邦无道,免于刑戮"①"天下有道则见,无道则隐。邦有道,贫且贱焉,耻也。邦无道,富且贵焉,耻也"②"邦有道,危言危行。邦无道,危行言孙"③"邦有道如矢,邦无道如矢。……邦有道则仕,邦无道,则可卷而怀之"④,很类似道家的顺其自然。孔子晚年确实用有道、无道来看天下之事,不再一味地进取,学会了取舍、放弃和顺应。这或许正是他从老子处得到的智慧。

《庄子·天运》载子贡对老师孔子见老子后受教之事不服气,意欲难倒老子。老子又说了一段近乎黄老之学的话,认为时世不同,不能用同一个标准应对这个变动不居的世界,应该因时处顺、与时偕行。古代帝王也不是书上说的治世之君,从另一个角度来说他们扰乱了人心的纯朴,使得世界莫衷一是,没有定论。哪能用固定的成法来治理国家呢?言外之意,试图用三皇五帝的方法来治理现在的国家,会使得国家越治越乱,何苦呢?

---

① 〔魏〕何晏注,〔北宋〕邢昺疏:《论语注疏》卷五《公冶长》,北京:北京大学出版社,1999年,第54页。
② 〔魏〕何晏注,〔北宋〕邢昺疏:《论语注疏》卷八《泰伯》,北京:北京大学出版社,1999年,第104—105页。
③ 〔魏〕何晏注,〔北宋〕邢昺疏:《论语注疏》卷十四《宪问》,北京:北京大学出版社,1999年,第183页。
④ 〔魏〕何晏注,〔北宋〕邢昺疏:《论语注疏》卷十五《卫灵公》,北京:北京大学出版社,1999年,第209页。

道家是超越的，是站在自然中看人。人类熙熙攘攘，皆为利忙。蚂蚁，看似在有规律地行进，在人类看来也只不过瞎忙一场罢了。自然界还有很多规律未能明白，人类也有很多秩序尚在建设，哪能用几千年前的经验来面对眼前的世界？

《庄子》由三十三篇组成，《内篇》七篇是庄子作的，《外篇》十五篇是庄子的后学所作，反映的是庄子时代的见解和传说。《杂篇》十一篇是战国后期的学者所作，反映的是战国秦汉学说和思想。《天运》收录在《外篇》中，我们不能视为庄子的直接学说，现在学者多将之视为战国后期的道家学说。相对于《文子》《鹖冠子》《尸子》等道家经典，《天运》更接近于庄子的主张。

我们可以把其中关于孔子的记载视为道家学说的展开。孔子再次见到老子一事被言之凿凿地记载其中，至少说明孔子三次见到老子，讨论自己的疑问。老子也欣赏孔子的态度，不厌其烦地跟孔子及其弟子讨论。

老子在沛地所说的话，反映了战国后期道家学说的新变。他不再汲汲于小国寡民的政治理想，而是发展了道家学说。这些学说更接近道法家或者黄老学说，我们将之归结为帝道学说。

帝道学说是道家对国家如何治理、社会如何运行进行的思考，与儒家的王道、法家的霸道一起成为早期中国的国家治理学说。汉朝初年以黄老之学为理论基础进行了治国实践，黄老之学与儒家结合，在汉武帝时形成帝王之道。

孔子问礼于老子，是儒家礼乐形成的基石。孔子与老子在洛阳的相遇，实际开启了道家和儒家学说的酝酿。那时《道德经》尚未形成，孔子尚未弄明白礼的问题，更不用说涉及天道阴阳的《周易》。

老子与孔子的学说不同。老子经过沉淀，写出了《道德经》；孔子经过思考，教弟子《诗》《书》、执礼，皆用当时流行于东周洛阳的雅言。孔子继承了周公的志向，在鲁地推行礼乐，为后来的礼乐教化做了尝试。

孔子晚年吸收了老子的睿智，从个人的角度区别对待国家事务，甚至在某些时刻产生了隐退的想法。《庄子》中保存的孔子、杨朱至于沛地见老子的说法，很值得我们关注。在汉画像石中有大量的孔子见老子的图案，孔子究竟是在洛阳问礼，还是在沛地问道？也值得进一步考证。

西汉初年，刘邦以太牢在曲阜祭祀孔子，赢得鲁人的信任。王莽开始借用周礼附会旧制，在长安城修建儒家礼制建筑，并宣布迁都洛阳。东汉在洛阳建设辟雍、灵台、太学，举行养老、饮酒、乡射之礼，直接继承了儒家的礼乐教化。

东汉时，国家举行养老礼，不仅派人到曲阜祭祀孔子，还在洛阳祭祀孔子。汉灵帝建宁二年（169年），史晨供职于鲁，按照祭祀社稷规格祭祀孔子，从此形成了公祭孔子的历史传统。

正始二年（241年），后来被废的魏齐王曹芳派专管祭祀的太常，到太学以太牢行释奠礼祭祀孔子，颜回配享。泰始三年（267年），晋武帝下诏，每年四季以"三牲"祭祀孔子。

魏文帝在洛阳为孔子单独建庙，国家按时进行祭祀。北齐规定各类学校通行释奠礼，春秋仲月祭祀孔子，大家向孔子行跪拜礼，向颜回行作揖礼，从此历代都城立孔庙。

唐太宗李世民诏令全国立孔庙，规格同祭祀社稷，春秋两次祭祀由地方长官主祭。京城的孔庙一般由太子亲祭，宰相主祭，皇帝间祭。唐玄宗为孔庙建立从祀，由孔子弟子和经学家陪同接受祭祀，选择传承儒学、注释儒经的有功之人二十二位，如郑玄、王弼等，享受祭祀。武则天迁都洛阳，在东都立孔庙，从祀有儒家的历代先贤。至此，洛阳就有了很多出身儒家的神灵护佑。

三、佛教祖庭白马寺

佛教正式传入中国是从东汉开始的。

据佛教传说，秦与西汉佛教已经开始浸润。秦始皇"收天下兵，聚之咸阳，销以为钟鐻，金人十二，重各千石，置廷宫中"①。这些金人，据佛教典籍说就是佛像。在东周时，洛阳太庙就有金人的形象："孔子之周，观于太庙。右陛之前，有金人焉，三缄其口，而铭其背。"②这些金人是用青铜做的，背部刻有铭文。

在汉武帝时，匈奴铸造金人。汉骠骑将军霍去病率领军队出陇西，过焉支山千余里，"击匈奴，得胡首虏万八千馀级，破得休屠王祭天金人"③。他攻入了匈奴的王庭，俘获了匈奴王专用的金人。

这些金人被带回长安，放在神庙里。当时的左冯翊"有休屠、金人及径路神祠三所"④，归降汉朝的匈奴人在长安周边已经开始祭祀金人。这些金人所代表的，是类似三星堆的原始祭祀？或是类似后世佛教的佛陀崇拜？还是像汉代史官说的，金人是祭天用的？还有待进一步考证。

不过，敦煌变文中却说佛陀常变为金人："睹佛玉毫之相，何福不臻？现金人最胜之形，何灾不殄？"⑤佛陀附体于金人观察世事，所以西域祭祀用金人可能是受佛教影响的结果。但史官认为金人是用于祭天的，说明西汉的官员尚不清楚其用途。

---

① 〔西汉〕司马迁撰，〔南朝宋〕裴骃集解，〔唐〕司马贞索隐，〔唐〕张守节正义：《史记》卷六《秦始皇本纪》，北京：中华书局，2014年，第307页。

② 〔西汉〕刘向编，刘文典学：《说苑斠补》卷十《敬慎》，昆明：云南人民出版社，1959年，第221页。

③ 〔西汉〕司马迁撰，〔南朝宋〕裴骃集解，〔唐〕司马贞索隐，〔唐〕张守节正义：《史记》卷一百十《匈奴列传》，北京：中华书局，2014年，第3514页。

④ 〔东汉〕班固撰，〔唐〕颜师古注：《汉书》卷二十八上《地理志》，北京：中华书局，1962年，第1545页。

⑤ 项楚：《敦煌变文选注》上编《破魔变》，北京：中华书局，2006年，第598页。

曹魏鱼豢所撰《魏略·西戎传》记载："昔汉哀帝元寿元年，博士弟子景卢受大月氏王使伊存口授《浮屠经》曰复立者其人也。《浮屠》所载临蒲塞、桑门、伯闻、疏问、白疏间、比丘、晨门，皆弟子号也。"[①] 元寿元年（前2年）是西汉时期，当时佛教已经传入了大月氏。

所以，汉明帝梦见的金人，"长大，顶有光明"[②]，与一般的塑像不同。他问群臣是什么，傅毅说："西方有神，名曰佛，其形长丈六尺而黄金色。"[③] 这是东汉初年朝廷正式讨论佛教问题。

汉明帝是真的梦见，还是假托梦境让朝臣讨论，只有明帝知道。中国历史上商汤见伊尹、周文王见姜太公，商汤、周文王都说自己是梦见的，以证明天意如此。看来，佛教可能在秦、西汉时已经在民间浸润，匈奴已经将佛作为祭祀对象。

以这个梦为契机，汉明帝可以名正言顺地去西域拜佛、求取佛经了。当时的王景反对杜笃迁都长安的建议，作《金人论》颂洛邑之美。他所说的金人，应该就是佛陀了。因为佛陀通过图画已经形象化，在民间就有信佛教者。

汉明帝派遣郎中祭愔、博士弟子秦景出使天竺，记录佛陀的事迹。这是中国最早官方派遣使者去西方取经。

祭愔到了天竺，得到佛经四十二章和释迦的立像。他没去学佛，却请到了两位高僧摄摩腾、竺法兰，随他一起返回洛阳。

这两位高僧用白马驮经，到洛阳后居住在外交专用的寺里翻译佛经。这座在洛阳雍关西的寺因此被称为白马寺。现在寺门口的石刻白马，就是象征驮经的白马。寺，也由此成为佛教建筑的

---

① 《三国志·魏志·东夷传》注引，参见〔晋〕陈寿撰，〔南朝宋〕裴松之注，陈乃乾校点《三国志》卷三十《魏书·东夷》，北京：中华书局，1982年，第859页。
② 〔南朝宋〕范晔撰，〔唐〕李贤等注：《后汉书》卷八十八《西域传》，北京：中华书局，1965年，第2922页。
③ 〔南朝宋〕范晔撰，〔唐〕李贤等注：《后汉书》卷八十八《西域传》，北京：中华书局，1965年，第2922页。

专用称呼。因此，白马寺应该是中国第一座佛寺。

明帝让画工画佛的形象，放置在洛阳宫的清凉台上和显节陵上，日常朝拜。摄摩腾、竺法兰在白马寺翻译的《四十二章经》，被汉明帝抄写，藏在专门藏书的兰台石室里。

在汉明帝的提倡下，佛教正式传入中国，并在皇室和贵族间传播。摄摩腾、竺法兰长期居住在白马寺传播佛教，最后圆寂于此。因此，佛教界称白马寺为佛教祖庭。

当时的楚王刘英信奉佛教，进行斋戒、祭祀，得到汉明帝的表彰。他让刘英把进献给自己的黄缣白纨三十匹转赠给佛教信徒，认为他祭佛陀、好黄老，不会有大的过错。汉桓帝曾在皇宫中祭祀佛陀、老子。民间相信佛陀的人更多，普遍认为佛教的俭朴、好善是好品行，值得信奉。

到汉灵帝时，汉传佛教出了一本《牟子理惑论》，作者是东汉洛阳人牟子。他在书中谈了对佛教的看法，认为佛超越于儒。由于当时佛教主张出家，与汉人传统的守孝观念不同。即使大家信奉佛教，但出家修行的并不多。

摄摩腾、竺法兰翻译的《四十二章经》，只是佛教经典的摘录。这对于普及佛教知识有帮助，却无法建立一个完整的宗教体系。

汉桓帝时，安世高和支娄迦谶来到洛阳翻译佛经。两人翻译佛经的方式和内容不同，形成了安世高的禅法和支谶的般若两大派别。

禅法通过坐禅方式修行，注重心性的修行，强调身体力行。般若主张渐修和顿悟，注重顿悟义理，侧重于知识的累积。

安世高学习阿毗昙学："昔汉氏之末，有安世高者，博闻稽古，特专阿毗昙学。其所出经，禅数最悉。"[1]他认为佛教修行的

---

[1] 〔南朝梁〕释僧祐撰，苏晋仁、萧炼子点校：《出三藏记集》卷六《安般注序》，北京：中华书局，1995年，第245页。

关键在于禅与数。

禅，是通过禅定静虑来领悟佛理，安般守意。坐禅时，需专心计算呼吸次数，使分散浮躁的意识得以专注，达到安谧宁静的境界。禅息与中国传统神仙方术的食气、导气、守一的做法相似，容易得到士大夫的体认。

安世高翻译了《安般守意经》《大十二门经》《小十二门经》《大道地经》《五十校计经》《阴持入经》《禅行法想经》等，介绍如何修习禅法。

数，是用名词分类来论述理论体系。安世高系统阐释了四谛、八正道、十二因缘、五蕴、十二入、十八界、十二门禅等学说，将佛教义理体系化。

他借助翻译的《五法经》《七法经》《十二因缘经》《十四意经》《阿毗昙五法经》《阿毗昙九十八经》等经典，阐明了小乘佛教的原理。

大乘佛教与小乘佛教之间的区别在于：小乘佛教主要靠自修，修行的最高境界是罗汉；大乘佛教强调在自修的过程中，通过领悟，获得无上智慧，修行的最高境界是佛。

中国大乘佛教的创始者是支娄迦谶。他译《道行般若经》《般若三昧经》《首楞严经》，宣扬大乘佛教的诸法悉空、诸法如幻的般若思想。小乘佛教认为，佛法是最高的原则；大乘佛教以佛理是最高的境界，认为佛法只是对佛理进行表达，可以依据佛理取舍佛法。

佛教从西域传入之后，沿着丝绸之路东传。东汉首都洛阳，是佛教传播的中心。

佛教初传入中国，吸引了贵族信佛。徐州刺史陶谦，"断三郡委输，大起浮屠寺。上累金盘，下为重楼，又堂阁周回，可容三千许人，作黄金涂像，衣以锦彩。每浴佛，辄多设饮饭，布席于路，其有就食及观者且万余人"①。这影响了当地的百姓风俗，引导百姓向佛。

古代中国相信自然中有一种神秘的力量决定人的生老病死和贫贵祸福，道教称之为道，主张依道修炼身心，就会成仙。早期中国有很多成仙的故事，黄帝、王子乔、赤松子、羡门等都成了神仙。神是有职务、有法力的神灵；仙是有法力却无职务的修行者。

大多数人是见不到神仙的，也做不到长生不老。这就使道教宣传的神仙思想和长生不老的观念在民间传播受限。佛教最初不太关心来世，只关心此生的修养。它也承认人是要死亡的，符合百姓的认知，普通百姓更容易接受佛教教义。

佛教在中国的流行，是靠着法力得到承认的。魏明帝曾欲破坏宫西的佛图寺，结果来自外国的和尚用金盘盛水，以佛舍利投于水中，顿时五色光起，明帝叹曰："自非灵异，安得尔乎？"②他只好改信仰，并作周阁百间，建造了从宫殿到白马寺的廊道，相信佛教。

曹魏时，洛阳建立了很多寺塔："凡宫塔制度，犹依天竺旧状而重构之，从一级至三、五、七、九。世人相承，谓之'浮图'，或云'佛图'。晋世，洛中佛图有四十二所矣。"③正始中，孙惠蔚侍讲禁内，夜论佛经，去世后称为"惠蔚法师"。

晋元康中，支恭明翻译佛经《维摩》《法华》等，继续传播佛教。之后有大量西域高僧入中土传教。佛图澄在永嘉四年（310年）来到洛阳传经。他说自己一百多岁，"常服气自养，能

---

① 〔南朝宋〕范晔撰，〔唐〕李贤等注：《后汉书》卷七十三《陶谦》，北京：中华书局，1965年，第2368页。

② 〔北齐〕魏收撰：《魏书》卷一百一十四《释老志》，北京：中华书局，1974年，第3029页。

③ 〔北齐〕魏收撰：《魏书》卷一百一十四《释老志》，北京：中华书局，1974年，第3029页。

积日不食。善诵神咒，能役使鬼神"①，前者是辟谷功法，属于本土文化；后者就是佛教传说了。佛经有很多咒语，据说有能量。《西游记》记录有各种咒，最典型的是唐僧的紧箍咒。中古时期，通过咒语来解决问题的民俗开始流传。据说，佛图澄"能听铃音以言吉凶，莫不悬验"②，他有一定的风角占卜能力。

当时洛阳正逢战乱，石勒杀了大量修行而不耕种的沙弥。佛图澄在洛阳一带传教，就给石勒表现了水生莲花的魔术："澄即取钵盛水，烧香咒之，须臾钵中生青莲花，光色曜日，勒由此信之。"③石勒相信了佛图澄的法力，老百姓更相信了佛图澄的神通。"百姓因澄故多奉佛，皆营造寺庙，相竞出家，真伪混淆，多生愆过。"④大家都信了。

石季龙相信佛图澄的法术，宣布全国信佛："朕出自边戎，忝君诸夏，至于飨祀，应从本俗。佛是戎神，所应兼奉，其夷赵百姓有乐事佛者，特听之。"⑤宣布后赵要礼佛。

十六国时期，很多皇帝只要遇到好事，就认为是佛陀保佑，宣布立寺庙祭拜佛陀。前燕的慕容皝在龙山见到黑龙、白龙，亲率群僚观之，回宫就宣布大赦，"立龙翔佛寺于山上"⑥。洛阳的很多寺庙就是汉、魏、晋、北魏时期为祈求护佑、感恩护佑而修建的。

---

① 〔唐〕房玄龄等撰：《晋书》卷九十五《列传·佛图澄》，北京：中华书局，1974年，第2485页。
② 〔唐〕房玄龄等撰：《晋书》卷九十五《列传·佛图澄》，北京：中华书局，1974年，第2485页。
③ 〔唐〕房玄龄等撰：《晋书》卷九十五《列传·佛图澄》，北京：中华书局，1974年，第2485页。
④ 〔唐〕房玄龄等撰：《晋书》卷九十五《列传·佛图澄》，北京：中华书局，1974年，第2487页。
⑤ 〔唐〕房玄龄等撰：《晋书》卷九十五《列传·佛图澄》，北京：中华书局，1974年，第2487—2488页。
⑥ 〔唐〕房玄龄等撰：《晋书》卷一百九《载记·慕容皝》，北京：中华书局，1974年，第2826页。

北魏贵族笃信佛教，他们在平城时修建了大同石窟，构筑了一个佛国世界。迁都洛阳之后，皇室、贵族笃信佛教，就在洛阳继续修建龙门石窟，建构起一个平民化的佛教众神世界。

孝文帝的废太子元"恒读佛经，礼拜归心于善"①。守卫尉卿王太兴，有病时在佛前乞愿，若此病痊愈，请为沙门，更名僧懿，后居于嵩山。尔鸾缮起佛寺，劝率百姓。刁雍笃信佛道，训导子孙。散骑常侍陆馛民以物造佛寺，名长广公寺。

据《洛阳伽蓝记》记载，北魏洛阳城内城外有1367座寺庙。寺庙是正式的礼佛之所，还有数不清的造像碑竖立在城中各处，更不用说洛阳龙门山上还有大大小小的佛窟，这就使得洛阳成了向佛的世界。

现存的北魏寺沟造像碑、崔兴祖等人造像碑、常岳造像碑、三菩萨造像碑，以及北齐姜寨造像碑、平等寺造像碑、赵庆祖造像碑等，都让我们看到北魏、北齐普通百姓对佛陀的虔诚。

北魏胡太后笃信佛教，修建了永宁寺用于礼佛，修筑了当时最高的佛塔。她还派遣宋云和惠生，去西方求取佛经。这是自东汉蔡愔之后，官方第二次派人去西方取经。

这次取经在《洛阳伽蓝记》有粗略的记载。他们经行西域十一国，最后取得大乘佛经一百七十部，促进大乘佛教进一步在中国流传。

隋唐洛阳城继承了北魏、北齐、北周的文化氛围，继续礼敬佛教。李世民破宋老生，在台州立普济寺；破宋金刚，在晋州立慈云寺；破刘武周，在汾州立弘济寺；破王世充，在邙山立昭觉寺；破窦建德，在郑州立等慈寺；破刘黑闼，在洺州立昭福寺。他笃信佛陀保佑自己，便建造寺庙以感谢之。"又给家人车牛、

---

① 〔北齐〕魏收撰：《魏书》卷二十二《废太子恂》，北京：中华书局，1974年，第588页。

田庄，并立碑颂德。"①

李世民兼任陕东道大行台，在洛阳设文学馆，选择十八位文士为顾问。玄武门政变之后，他下诏改洛阳为洛阳宫，在贞观六年（632年）、十一年（637年）、十八年（644年）巡幸洛阳。并以洛阳为中心，视察周边区域。贞观十八年，他还在洛阳会见了刚从西域回来的玄奘。

唐高宗时期，武则天为摆脱长安旧官僚的束缚，劝说唐高宗迁都洛阳。显庆二年（657年），他们率文武百官来到洛阳宫，宣布洛阳为东都。

武则天即位后，继续开凿龙门，试图建造一个佛国众神的世界。她捐出自己的脂粉钱开凿卢舍那大佛，作为龙门奉先寺的主要雕塑。有人说，卢舍那大佛是依照武则天的面容雕刻的。在武则天心中，洛阳凝聚了来自佛国的万千神灵。

道教、儒家、佛教的众神汇聚在洛阳。洛阳又建有可以通天的明堂，武则天觉得有众多的神灵护佑大周，就宣布洛阳为神都。

四、武则天在洛阳

开皇二年（582年），隋文帝认为长安故城是汉建立的旧邑，"宫宇蠹朽，谋欲迁都"②。他在长安修筑了大兴城，却多次巡视洛阳，视洛阳为战略要地。开皇十四年（594年），夏关中大旱，不能自给。他率文武百官"就食于洛阳"③。后隋炀帝宣布迁都洛阳，

---

① 《唐太宗全集校注》注引《广弘明集》，参见吴云、冀宇校注《唐太宗全集校注》文告编《为战阵处立寺诏》，天津：天津古籍出版社，2004年，第265页。
② 〔唐〕韦述撰，辛德勇辑校：《两京新记辑校》卷一《西京》，北京：中华书局，2020年，第53页。
③ 〔唐〕魏徵等撰：《隋书》卷二《高祖下》，北京：中华书局，1973年，第39页。

他说：

> 然洛邑自古之都，王畿之内，天地之所合，阴阳之所和。控以三河，固以四塞，水陆通，贡赋等。故汉祖曰："吾行天下多矣，唯见洛阳。"自古皇王，何尝不留意，所不都者盖有由焉。……今可于伊、洛营建东京，便即设官分职，以为民极也。①

他在洛阳营建宫室，打算迁都。当时，隋炀帝登北邙望伊阙，对大臣们说："此龙门耶，自古何为不建都于此？"仆射苏威对曰："自古非不知，以俟陛下。"隋炀帝认为，洛阳"北据山麓，南望天阙，水木滋茂，川源形胜，自古都邑莫有比也"②。作为大运河的终点，洛阳有自然形势和天然的便利，可以轻易乘船到扬州，隋炀帝打算定都洛阳。

洛阳南部夹伊河的两山被称为伊阙。它望之如阙，是洛阳的天然屏障，隋炀帝称呼其为"龙门"。隋代营建的洛阳城正对龙门，与汉魏洛阳故城相去较远，就是现在的隋唐洛阳城遗址。

唐太宗车驾始幸洛阳宫，居住在隋代营建的宫室中。贞观、永徽之间的洛阳宫，一度荒芜。武则天宣布将洛阳改为东都后，洛阳宫才被修补缮造。高宗经常对负责修建的司农少卿韦机说："两京，朕东西二宅，来去不恒，卿宜善思修建。"③高宗建造了上阳宫等宫殿，扩大了洛阳宫城的建制。

隋炀帝时，洛阳作为隋代的东都，建造的应天门只有三道门。唐武德九年（626年），改称为洛州都督府。贞观六年（632年），

---

① 〔唐〕魏徵等撰：《隋书》卷三《炀帝上》，北京：中华书局，1973年，第61页。
② 〔北宋〕李昉等撰：《太平御览》卷一百五十六《叙京都下》，北京：中华书局，1960年，第760页。
③ 〔唐〕韦述撰，辛德勇辑校：《两京新记辑校》卷四《东都》，北京：中华书局，2020年，第140页。

唐太宗改东都旧宫为洛阳宫。显庆元年（656年），复为东都。

《旧唐书·则天皇后本纪》记载：嗣圣元年（684年）春正月一日，改易年号；九月，大赦天下，改年号为光宅，"旗帜改从金色，饰以紫，画以杂文。改东都为神都，又改尚书省及诸司官名"。《旧唐书·地理志》记载："光宅元年，改东都为神都。"按弘道的年号计算，弘道二年实际就是光宅元年（684年），欧阳修的《新唐书》统一记录为"光宅元年"。

武则天是古代中国皇帝中改年号最多的帝王，共有十七个年号。这些年号背后蕴含了丰富的政治、经济、宗教和文化内涵。这些年号有光宅、垂拱、永昌、载初、天授、如意、长寿、延载、证圣、天册万岁、万岁登封、万岁通天、神功、圣历、久视、大足、长安。"弘道"这个年号是唐高宗在位的时候改的。弘道元年（683年）高宗驾崩，"弘道"只用了一个月，随即改年号为"嗣圣"，又改年号为"文明"。《新唐书·地理志》就说："光宅元年曰神都，神龙元年复曰东都。"也就是在公元684年，武则天宣布洛阳为"神都"。武则天认为洛水贯都，像天上的银河，众神所在，是为神都。

武则天迁都洛阳的主要原因，是要实现自己的政治理想。她起用庶族的士大夫替代关中的老贵族，这是武则天对中华文明最大的贡献。之前的官僚，大部分出身累世的贵族。这些贵族拥有世袭的权力，处处与武则天抗衡，也延续着南朝而来的门第观念。

武则天迁都洛阳后，采用科举考试选拔官员，使用庶民出身的士大夫担任官吏，获得了来自社会下层的拥护。由此改变唐代的政治格局，促进中唐社会由古代的贵族社会转向近代的平民社会。

世袭大家族开始衰微，取而代之的是庶民、市民的兴起，这是中华文明在唐宋时最为伟大的转型。这使百姓逐步放弃与生俱来的身份标志，不再依靠出身和姓氏区别身份，而依靠才学通过科举考试，依靠德行通过铨选进入仕途，这是人的身份最根本的解放。

这一过程是缓慢的。武则天通过科举制度、铨选制度、官员任命等推动了这一不可逆转的历史进程。

武则天迁都洛阳，说洛阳是天下之中，便于山东的贡赋输入。长安四年（704年）正月，洛阳县尉杨齐哲上疏说：

> 神都帑藏储粟，积年充实，淮海漕运，日夕流衍，地当六合之中，人悦四方之会，陛下居之，国无横费。长安府库及仓，庶事空缺，皆藉洛京，转输价直，非率户徵科，其物尽官库酬给，公私縻耗，盖亦滋多，陛下居之，是国有横费，人疲重徭。①

他确实提到了唐代一个重要的贡赋输送问题。长安位于西北地区，隋唐的贵族、士大夫也云集长安，带来了一个很现实的问题——长安越来越大，人口越来越多，需要的粮食也越来越多。风调雨顺时，长安有粮食可以食用；若是天旱或者洪涝之时，无法从洛阳运来粮食，皇帝只好率群臣就食于洛阳，就是到洛阳吃饭去。这是隋唐多次发生的现象。

开皇五年（585年），隋文帝就令百姓往关东就食，到潼关以东吃饭。开皇十四年（594年），天下大旱，隋文帝又率百官就食于洛阳，沿途百姓随行，他下诏说官吏不得驱赶。关中的粮食无法自给，是长安最大的缺点。

当时，各地贡赋运到长安，南有秦岭难以翻越，只好经行黄河水道。水道在天旱、洪涝时都无法使用；陆运经行崤函潼关，

---

① 〔北宋〕王溥撰：《唐会要》卷二十七《行幸》，北京：中华书局，1955年，第518页。

成本太高。四百里之外的洛阳却粮船积压。隋炀帝宣布都洛阳不是心血来潮，而是他至少两次去洛阳吃过饭。

武则天建立的大周，朝代是在贞观之治和开元盛世之间。现在的电视剧或电影充分显示了武则天时期的血雨腥风和阴谋重重。实际上，百姓只在乎自己的生活，只要过上好日子，谁当皇帝都行。哪怕太后当了皇帝也没关系，更何况是在开放强盛的盛唐。

武则天是按照周礼制定大周制度的，最明显的一点是营造明堂。明堂是古代中国天人合一的建筑。东汉《白虎通·辟雍》就讨论了明堂的结构和用途：

> 明堂，上圆下方，八窗四闼，布政之宫，在国之阳。上圆法天，下方法地，八窗象八风，四闼法四时，九室法九州，十二坐法十二月，三十六户法三十六雨，七十二牖法七十二风。

垂拱四年（688年）春二月，武则天毁乾元殿，就地建造明堂，实现了汉儒和唐儒的设想：

> 凡高二百九十四尺，东西南北各三百尺。有三层：下层象四时，各随方色；中层法十二辰，圆盖，盖上盘九龙捧之；上层法二十四气，亦圆盖。亭中有巨木十围，上下通贯，楠、栌、樽、槐，借以为本，亘之以铁索。盖为鸑鷟，黄金饰之，势若飞鹜。刻木为瓦，夹纻漆之。明堂之下施铁渠，以为辟雍之象。号万象神宫。①

明堂采用上圆下方的结构，合乎阴阳、五行、时序、星象，

---

① 〔后晋〕刘昫等撰：《旧唐书》卷二十二《礼仪志》，北京：中华书局，1975年，第862页。

成为中国建筑史上体量最大的木构建筑。它作为大周的布政之宫,也是礼敬众神之所。武则天称帝前曾五次大享明堂。永昌元年(689年)后,每年元日、冬至,她都在明堂举行大朝会、大合祀,使之成为大周最为重要的建筑,象征着大周王朝的繁荣和鼎盛。①

除此之外,她还修建天堂,作为天上的众神来去之所,表明洛阳有各种天神护佑,能够长治久安。

武则天治下的洛阳,是世界上最为繁华的城市。至今许多洛阳人依然对武则天的事迹津津乐道,还传说着她关于洛阳牡丹、洛阳水席,甚至洛阳喝汤的故事。这些故事尽管于史无证,却流传很广泛。

◇◇明堂远眺(张献文 拍摄)

① "永昌元年正月,天后亲享明堂。戊午,布政于明堂,颁九条以记于百官。己未,神皇御明堂,飨群臣,赐缣练有差。自明堂成后,纵神都妇人及诸州老人入观,兼赐酒食,至是日始止。"参见吴玉贵撰《唐书辑校》卷三,北京:中华书局,2008年,第728页。

第七章 东都洛阳的流光

唐代以洛阳为东都，相对于首都长安的尊卑有序，戒备森严，洛阳则轻松惬意得多。洛阳既有很多的皇家离宫，也有无数的酒楼歌肆。洛阳的晚上流光溢彩，是文人墨客眷恋的风月之地。很多江淮的士人来长安，顺路在洛阳栖息徘徊，整装休息。李白在《春夜洛城闻笛》中写道："谁家玉笛暗飞声，散入春风满洛城。此夜曲中闻折柳，何人不起故园情。"[1]洛阳东边的嵩山、南边的九皋山和西边的女几山是唐代的隐居之所，李白、岑勋、贾岛、元丹丘等都在此隐居过。特别是三乡驿道，留下了美丽的三乡题诗，成为中国文学史上的亮丽景观。

◇◇三乡驿（作者　拍摄）

一、唐代的分司东都

经过武则天的营建，洛阳的宫室池苑基本完备。唐玄宗即位

---

[1]〔唐〕李白著，〔清〕王琦注：《李太白全集》卷二十五《春夜洛城闻笛》，北京：中华书局，1977年，第1161页。

后,常到洛阳居住,大量官员随唐玄宗往来于长安和洛阳之间,在洛阳置有别业。唐玄宗曾说:"洛阳芳树映天津,灞岸垂杨窣地新。直为经过行处乐,不知虚度两京春。"①他来洛阳,主要是游玩。官员在洛阳休息饮宴,比待在长安轻松多了。

隋在洛阳有会通苑,唐改为东都苑,又名上林苑,武后一度称为神都苑。神龙元年(705年),恢复旧称东都苑。东都苑东抵宫城,西至孝水,北背邙阜,南拒非山。最东边是凝碧池,东西五里,南北三里,上有凝碧亭。安禄山攻陷东都后,在凝碧池大宴群臣,让俘获的梨园弟子、教坊工人奏乐演唱。

其中有著名的李龟年,在洛阳的歌伎乐工都为安禄山演奏乐舞。乐工雷海清不胜悲愤,掷乐器于地,西向恸哭。安禄山大怒,缚之于试马殿前,当众肢解。洛阳的梨园弟子嘘唏泣下,被迫给安禄山演奏。王维听说此事后作诗:"万户伤心生野烟,百官何日再朝天?秋槐花落空宫里,凝碧池头奏管弦。"②此诗抒发了他无奈的感慨。

平定安史之乱后,唐肃宗按"陷贼官三等定罪"处罚那些出任安禄山伪职的官员。当时为安禄山奏乐的乐工也不再任用,洛阳宫中的很多乐人被赶出宫室。这也是李龟年流落江南的根本原因。但他讳莫如深。

王维的《凝碧池》闻名于世。后来,唐肃宗处理他时,他的弟弟王缙愿意降职替哥哥赎罪,唐肃宗赦免了王维。其他人就没这么幸运了。被赶出离宫的乐工无家可归,只好居住在离宫周围,被称为前朝遗老。他们精通音乐,却终身不能再为皇室演唱,以致流落民间。

这无形之中促成了两件事:一是使得宫廷音乐流传到民间,

---

① 〔清〕彭定求等编:《全唐诗》卷三《明皇帝·初入秦川路逢寒食》,北京:中华书局,1960年,第29页。
② 〔后晋〕刘昫等撰:《旧唐书》卷一百九十下《王维》,北京:中华书局,1975年,第5052页。

成为百姓喜欢的新声，达官贵人依声填词，促进了中唐、晚唐曲子词的繁荣；二是离宫的乐工教习有音乐天赋的小孩学乐，有的成为教坊乐工，有的直接荫补成为协律郎。李贺就是在连昌宫乐工的教习下，在避父讳不能考进士的情况下，十九岁到奉常任职，出任协律郎。

安史之乱后，皇帝很少来洛阳离宫，曾经灯红酒绿的上阳宫、连昌宫、三阳宫、紫桂宫、奉天宫等冷落寂寞，为中晚唐诗人写离宫提供了很多素材。元稹的《连昌宫词》写了唐玄宗时连昌宫的热闹和"安史之乱"后的冷清。王建也写了《宫词》一百首，其中就写到了洛阳上阳宫内的白发宫女。

隋、唐实行两都制，在洛阳设有分司官。王鸣盛在《十七史商榷》里说中唐的洛阳：

> 唐都长安，而洛阳为东都，相去非远，其宫阙盖亚于西都，不特人主临幸频数，而官于朝者亦多置别业于其中，士自江淮来者，至此则解装憩息焉。又设为分司官，不关政事而食其禄，本以处罢黜之人，或既远黜，复量移于此，而性乐恬退者，亦或反从而求为之。此其制颇似明南京官，而宋奉祠亦似之。……知不论尊卑文武，上自宰相，下讫庶僚，皆可分司，大约宰相多以宾客居之。①

北周的周宣帝宣布洛阳为东京，设东京六府进行管理，有了分司洛阳的雏形。隋炀帝以洛阳为东都，设置了分司机构，直接任命官员处理洛阳的事务。唐太宗贞观年间，升洛州为洛阳宫，在洛阳设武器署，作为长安的东方哨卡。

唐高宗显庆二年（657年）十二月，改洛阳宫为东都御史台

---

① 〔清〕王鸣盛著，陈文和主编：《十七史商榷》卷八十五《分司官》，北京：中华书局，2010年，第1186—1187页。

和东都尚书省，作为办事机构。此机构主要负责监察东都洛阳的百官，并负责洛阳的明堂、辟雍、郊庙、武库等机构的管理。中唐以后的分司东都，是安排官员负责行香拜表之类的闲散事情，主要以太子太傅、太子少傅、太子宾客的名义安置退休的宰相和德高望重的老臣。王缙、齐澣、严挺之、舒元舆、王璠、康承训、田弘正、张弘靖等都曾被贬官分司东都。白居易、李德裕、刘禹锡、皇甫湜、司空图、杜牧等人，都在洛阳留下了足迹。

白居易在青年时，对时政颇多见解，试图解除弊政。他的《新乐府》讽刺了很多时政问题，惹怒了官员们。大家不说白居易说得对不对，而是认为他的身份不应该说，合力给他安了"越职言事"的罪名，将其发配到江州。白居易在江州进行了反思，不再多说了。自己改变不了的，就少说为妙。从此，他官做顺了，职务不断晋升。

晚年的白居易不想陷入牛李党争中，希望置身事外，就称病远离了长安那个是非窝。大和五年（831年），白居易担任河南尹，居住在洛阳。大和七年（833年），复授太子宾客，分司东都。白居易在《咏怀》中说："自遂意何如，闲官在闲地。闲地唯东都，东都少名利。闲官是宾客，宾客无牵累。"他觉得担任太子宾客实际是放弃了名利。他在《从同州刺史改授太子少傅分司》中写道："月俸百千官二品，朝廷雇我作闲人。"他将在洛阳作的诗歌称为"闲适诗"。五十岁之后的白居易觉得朝廷之事无非是功名利禄，没有意义。他主动放弃高官厚禄，抱着被遗忘的心态分司东都，过上清闲幸福的生活。他在《早出晚归》中说："早起或因携酒出，晚归多是看花回。若抛风景长闲坐，自问东京作底来？"①

---

① 〔唐〕白居易撰，谢思炜校注：《白居易诗集校注》卷二十八《早出晚归》，北京：中华书局，2006年，第2180页。

◇◇白居易墓，位于河南省洛阳市唐代香山寺遗址（索彪 拍摄）

牛李党争是理解中晚唐士人浮沉的一把钥匙。从唐宪宗元和三年（808年）的制科案开始①，以牛僧孺为首的牛党和以李德裕为首的李党轮流执政，在唐宪宗、穆宗、敬宗、文宗、武宗、宣宗六朝，双方明争暗斗了将近四十年。大多数士人被卷入其中身不由己地浮沉，如李商隐就陷于其中，痛苦了一辈子。白居易分司东都，就是不愿参与他们的斗争。

李德裕的父亲是曾担任宰相的李吉甫。父亲得罪的官员，自然成为他的敌人，注定他一生既有同道，也有死敌。他还未担任宰相时，牛党就开始提防，担心他起来之后李党会如虎添翼。这使得他的从政之路充满了坎坷，三起三伏。

李德裕一生三次分司洛阳，是在与牛党的党争中暂时退却或最终倒台。第一次，从宰相被贬为节度、太子宾客，分司东都。

① 唐宪宗元和三年，时涯甥皇甫湜与牛僧孺、李宗闵并登贤良方正科第三等，策语太切，权幸恶之……乙亥，以岭南节度使赵昌为江陵尹、荆南节度使，以户部侍郎杨于陵为广州刺史、岭南节度使。参见〔后晋〕刘昫等撰《旧唐书》卷十四《宪宗上》，北京：中华书局，1975年，第425页。

第二次，宣宗即位后罢相，任为东都留守。第三次，白敏中等说起其私密事，他以太子少保的身份分司东都。

唐穆宗长庆年间，李德裕任浙西观察使。父亲李吉甫喜欢龙门，瞩目伊川。他就在洛阳龙门之西置平泉别墅，作为未来退居伊洛的居所，用作会客、宴饮、雅集。修成后的平泉山庄成为洛阳一景，胜友如云，高朋满座。时称"平泉朝游"，延续数十年。宋人李格非所撰的《洛阳名园记》未载平泉别墅，因其毁于五代兵乱。

皇甫湜是古文运动的主力干将，早在担任陆浑尉时就与韩愈唱和，二人终生友善。韩愈去世后，皇甫湜作神碑，李翱作行状。大历、贞元间，文字多尚古学，独孤及、梁肃最称渊奥。韩愈举进士后，帮皇甫湜投文公卿间，由此知名。

皇甫湜与柳宗元、李翱一起，响应韩愈的号召，推动了古文运动。皇甫湜任工部郎中时，由于喜欢辩论，言辞激切，喝醉酒又耍酒疯，得罪了很多同事。他最终要求分司东都，暂时栖息。皇甫湜作文高之、下之、详之、略之，以文字为意，把韩愈的古文运动推到了险怪境地。

刘禹锡籍贯洛阳，父亲刘绪去世归葬洛阳。他丁忧在洛阳居住三年。元和十四年（819年），母亲去世，他又在洛阳居住了两年。大和元年（827年），刘禹锡调回洛阳任职于东都尚书省，与白居易交往甚密。他的代表作《酬乐天扬州初逢席上见赠》是写在洛阳当年两人初次相识的情景，为唱和白居易的《醉赠刘二十八使君》而作。

作文的方法有两种：一是亲自看世界，我手写我心，看到什么就写什么，题材很新鲜；二是阅读，读多了就会模仿，自己作文是工作，生活是生活。这就发展出宋诗的山谷体。脱胎换骨的本质是，思想是别人的，语言是自己的。点铁成金的实质是，语言也是别人的，只比赛谁说得更好。

这是文学的内卷。文学要面对生活，而不是面对书本，用别人说过的话、将别人想过的事再说一遍，或者使劲地在鸡蛋里挑骨头批评之，为赋新词强说愁，大家都累。皇甫湜就是靠文字技巧成为二流作家的，那时在洛阳他很清闲，有余力变着花样创新文本。

杜牧是在洛阳知道自己考中进士的。他曾写过一首题目为《洛阳》的诗："文争武战就神功，时似开元天宝中。已建玄戈收相土，应回翠帽过离宫。侯门草满宜寒兔，洛浦沙深下塞鸿。疑有女娥西望处，上阳烟树正秋风。"他感慨洛阳经历了太多的历史沧桑，写下了自己眼中和心中的洛阳。

当时，唐文宗与大臣郑注、李训合谋诛杀干政的宦官。杜牧觉得风向不对，就称自己有病，以监察御史的身份要求分司东都。在洛阳期间，他得知计划泄露，以宰相李训、王涯等为首的大批高级官员被杀，长安将经历腥风血雨。杜牧注释过《孙子兵法》，擅长判断局势，他预判了待在长安将对自己不利，提早离开了。

杜牧在洛阳避开了朝廷的风风雨雨，写下了许多人生感悟。《洛阳长句二首》其一："草色人心相与闲，是非名利有无间。桥横落照虹堪画，树锁千门鸟自还。芝盖不来云杳杳，仙舟何处水潺潺？君王谦让泥金事，苍翠空高万岁山。"①这首诗表达了芸芸众生不过是青山的过客，从不是历史主宰的感慨。是非功过都是浮云，幸福生活才是真。

司空图曾被授洛阳光禄寺主簿。他在洛阳时"每园林行乐，则杖履相过，谈宴终日"②。乾符六年（879年），宰相卢携以太子宾客身份分司东都，司空图与之交游。他们在洛阳流连诗酒，司

---

① 〔唐〕杜牧撰，何锡光校注：《樊川文集校注》樊川文集第三《洛阳长句二首》，北京：中华书局，2007年，第279—280页。

② 〔清〕王鸣盛著，陈文和主编：《十七史商榷》卷八十五《分司官》，北京：中华书局，2010年，第1187页。

空图有充分的时间酝酿诗歌的妙处,促成了《二十四诗品》。

分司东都,为退休的官员提供了优渥的俸禄,也提供了暂时退居的空间,使他们在洛阳的山水间交游、赋诗,成就了唐代文学史上的一段段佳话。这值得我们好好研究。

二、岑夫子隐居九皋

李白在三十多岁时,曾一度希望隐居当时属于洛阳的嵩山之间,与司马承祯、元丹丘、胡紫阳一起修道。他还与岑夫子、丹丘生①举行了一场著名的酒局,成就了《将进酒》的不朽名篇。

李白到嵩山修道,缘于他对司马承祯的仰慕。当年,二十五岁的李白在江陵遇到八十七岁的司马承祯,两人惺惺相惜,结为忘年之交。李白作《大鹏遇希有鸟赋》,以大鹏自喻,以希有鸟赞美司马承祯。司马承祯也认为李白仙风道骨,可相与神游八极之表,并将李白视为其"仙宗十友"之一。司马承祯得道的嵩山,在唐代是最著名的修行之所。相传王子晋、葛洪、寇谦之等都曾在此修道。司马承祯师事嵩山道士潘师正,他的再传弟子胡紫阳、三传弟子元丹丘都在嵩阳一带修行。

李白在三十一岁时来到嵩山,得到道士元丹丘的指点,并与之订交,开始了隐居嵩山、漫游中原的生活。两人出处无间,李白也感受到隐于山川的轻松惬意,期望有一天能修成正果,带着妻女成仙。他以嵩山为中心,与元丹丘、胡紫阳、元演、杨山人等一起炼气、修仙,度过了三年洒脱自如的时光。

李白修行场所在嵩山的玉女峰。后来,他曾对嵩山隐士杨山人说:"我有万古宅,嵩山玉女峰。长留一片月,挂在东溪松。

---

① 岑夫子即岑勋,丹丘生即元丹丘。两人为李白的好友。

尔去掇仙草，菖蒲花紫茸。岁晚或相访，青天骑白龙。"①其中提到的菖蒲，被《神农本草经》列为上品，是补益心神、服食成仙的良药。东晋道教学者葛洪在《神仙传》中记载，汉武帝在嵩山遇到的仙人说："闻中岳石上菖蒲一寸九节，可以服之长生，故来采耳。"《水经注》曾言发源于嵩阳的狂水上游有"石上菖蒲，一寸九节，为药最妙，服久化仙"。李白重述此事时说："我来采菖蒲，服食可延年。"李白与好友元丹丘在嵩山一带采药、炼丹，并漫游颍河、洛阳一带。

当时，嵩山最传奇的炼丹女道士焦炼师，是李白在嵩山最希望遇到的神人。李白在《赠嵩山焦炼师》序中说："嵩山有神人焦炼师者，不知何许妇人也。又云：生于齐、梁时，其年貌可称五六十。常胎息绝谷，居少室庐，游行若飞，倏忽万里。"②李白踏遍嵩山所有山峰，寻找焦炼师，却无缘相见。他想写诗相赠，却无法送出，只能临风遥寄。

他在诗中想象焦炼师得道后的自由自在："下瓢酌颍水，舞鹤来伊川。还归空山上，独拂秋霞眠。"诗中，焦炼师从颍河取水炼丹，乘鹤从嵩山到伊川漫游。李白言，自己寻访不到焦炼师，莫非她如其他仙人一样，乘鹤去了伊川？

在初唐，嵩山、缑山、九皋山等相连之山合称为嵩阳，被视为神仙栖居、道士隐修之地。武三思曾言："缑山杳杳翔寥廓，辽水累累叹城郭。……九皋独唳方清切，五里惊群俄断绝。"③他说，仙人在缑山、嵩山、伊川之间，乘九皋之鹤往来天上人间。其中闻名遐迩的九皋山，因为"鹤鸣九皋"的传说而被视为著名

---

① 〔唐〕李白著，〔清〕王琦注：《李太白全集》卷十七《送杨山人归嵩山》，北京：中华书局，1977年，第829页。
② 〔唐〕李白著，〔清〕王琦注：《李太白全集》卷九《赠嵩山焦炼师》，北京：中华书局，1977年，第508页。
③ 〔清〕彭定求等编：《全唐诗》卷八十《武三思·仙鹤篇》，北京：中华书局，1960年，第865页。

的隐居修行之地。

九皋山是方外山的支脉，延伸到伊水边，山水环抱，林茂草美，也是周王室津津乐道的"天室"，为周王城南面的望山。《诗经·小雅·鹤鸣》言九皋山上仙鹤起舞，伊水岸边池沼相连，山水有情，是乐居之所、乐游之园。此诗为周代士大夫所作，写居于九皋、伊水之间的快乐生活。"九皋之鹤"由此成为高雅清幽生活的写照，被赋予君子尊道修身的蕴意。

汉魏之际，刘璋的谋士秦宓言自己不慕荣华富贵而宁愿隐居耕读时说："听玄猿之悲吟，察鹤鸣于九皋。"①他以鹤鸣九皋为意象，言自己安身立命，闭门自持。西晋辛旷曾言："山无逸民，水无潜龙。爰彼九皋，克量德音。"②他用鹤鸣九皋称赞皇甫谧的名实合一。裴度也曾对好友窦九说："须为九皋鹤，莫上五湖船。"③他勉励朋友要做九皋之鹤遗世独立，勿做五湖倦客只谋生计。

"鹤鸣九皋"不仅成为引人入胜的自然景观，而且成为士大夫寄托理想人格的精神家园。王昌龄言："秋在水清山暮蝉，洛阳树色鸣皋烟。送君归去愁不尽，又惜空度凉风天。"④在洛阳远望九皋山，烟云无边。

李白在嵩山隐居修道数年，声名远播至嵩阳、洛阳一带。开元二十三年（735年）秋，元丹丘的好友岑勋来到嵩山，与李白一起举行了中国文学史上著名的酒局，其间李白写下了名作《将进酒》。

---

① 〔晋〕陈寿撰，〔南朝宋〕裴松之注，陈乃乾校点：《三国志》卷三十八《蜀书·秦宓》，北京：中华书局，1982年，第973页。
② 〔唐〕欧阳询撰，汪绍楹校：《艺文类聚》卷三十六《隐逸上》，上海：上海古籍出版社，1965年，第642页。
③ 〔清〕彭定求等编：《全唐诗》卷三百三十五《裴度·窦七中丞见示初至夏口献元戎诗，辄戏和之》，北京：中华书局，1960年，第3755页。
④ 〔清〕彭定求等编：《全唐诗》卷一百四十三《王昌龄·送狄宗亨》，北京：中华书局，1960年，第1448页。

李白描述了两人相见的场景：岑勋从东南回伊川，先写信给李白，期望相聚。李白靠在松树上打开信笺，想到也曾跟元丹丘相约畅饮，立刻策马前往。三人进行了不醉不散的欢会："喜兹一会面，若睹琼树枝。忆君我远来，我欢方速至。开颜酌美酒，乐极忽成醉。我情既不浅，君意方亦深。相知两相得，一顾轻千金。且向山客笑，与君论素心。"①

在这次酒宴上，李白创作了著名的《将进酒》，淋漓尽致地写出了与岑夫子、丹丘生畅饮之乐。其中的"天生我材必有用，千金散去还复来"，是醉酒之后的酣畅之辞；而"一顾轻千金"是饮酒之前的理性之思；"会须一饮三百杯"是酒中之夸张；"开颜酌美酒，乐极忽成醉"是客观的叙述；"且向山客笑，与君论素心"，是李白与岑夫子、丹丘生情意相投、志趣相同，方才有"呼儿将出换美酒，与尔同销万古愁"的豪放之情。

李白对岑勋以岑夫子敬称，在于岑勋为唐中书令岑文本四世孙，举止优雅，李白视之为"夔龙""至人"。从岑勋在天宝十一年（752年）所撰的《大唐西京千福寺多宝佛塔感应碑》来看，他文笔省净，文采斐然。岑勋不慕荣华富贵，隐居九皋，让李白倾慕不已。李白称赞岑勋"贵道能全真，潜辉卧幽邻。探元入窅默，观化游无垠"②，与自己志趣相投。他感慨"至人达机兆，高揖九州伯。奈何天地间，而作隐沦客"③，认为岑勋如此才华横溢，却难以仕进，自己"与尔同销万古愁"此句正是写隐士的无可奈何。

此时的李白还对出仕抱有极大的期待。他对岑勋说："余亦

---

① 〔唐〕李白著，〔清〕王琦注：《李太白全集》卷十九《酬岑勋见寻，就元丹丘对酒相待，以诗见招》，北京：中华书局，1977年，第889页。
② 〔唐〕李白著，〔清〕王琦注：《李太白全集》卷十七《送岑徵君归鸣皋山》，北京：中华书局，1977年，第831页。
③ 〔唐〕李白著，〔清〕王琦注：《李太白全集》卷十七《送岑徵君归鸣皋山》，北京：中华书局，1977年，第831页。

谢明主，今称偃蹇臣。登高览万古，思与广成邻。蹈海宁受赏，还山非问津。西来一摇扇，共拂元规尘。"①他期望能与岑勋一起登山畅游，于九皋山一起修行，更期望能够得到朝廷重用，实现拜将入相的理想。

李白于开元十九年（731年）、二十年（732年）曾畅游洛阳，多次醉宿。他作《鸣皋歌奉饯从翁清归五崖山居》，言自己曾经梦回鸣皋，还描述了九皋山清幽秀美的景色，准确写出了五崖峡的险要和伊水苍茫的景色。由此来看，李白应当到过九皋山。

开元二十六年（738年），李白在漫游汝州、陈州、宋州后，与岑勋分别，南下淮阴。在送岑勋返回鸣皋时，李白作《鸣皋歌送岑徵君》赠别。当时，商丘大雪，有三尺厚。李白想象了九皋山雪后的景色，感慨冰封万里、道路断绝的艰辛，象征人生出路难觅，只能反顾九皋之鹤，寄托出世之思，"盘白石兮坐素月，琴松风兮寂万壑"②，希望自己能忘记尘世之中所有的不如意、不得意、不顺意。

面对可以"同销万古愁"的岑勋，李白毫不掩饰自己的真情。他用"鸡聚族以争食，凤孤飞而无邻。蝘蜓嘲龙，鱼目混珍。嫫母衣锦，西施负薪"比喻社会现实，直抒胸臆，感慨自己既不能像蹇叔、鲁仲连一样"沽名矫节以耀世"，也难以像岑夫子一样"弃天地而遗身"。他只能将所有的烦恼化成一句"白鸥兮飞来，长与君兮相亲"③，期待能与岑勋常来常往，一起隐逸。

李白于开元年间在洛阳、嵩山、商丘一带漫游、隐居、修道，这是他一生中最为重要的时光。这段时光，涵养了他仙风道

---

① 〔唐〕李白著，〔清〕王琦注：《李太白全集》卷十七《送岑徵君归鸣皋山》，北京：中华书局，1977年，第831页。

② 〔唐〕李白著，〔清〕王琦注：《李太白全集》卷七《鸣皋歌送岑徵君》，北京：中华书局，1977年，第395页。

③ 〔唐〕李白著，〔清〕王琦注：《李太白全集》卷七《鸣皋歌送岑徵君》，北京：中华书局，1977年，第396页。

骨、飘逸洒脱的个性，成就了他道教中人的身份。后在元丹丘、玉真公主的推荐下，他得到了唐玄宗的召见。

这一时期，也是李白对人生理想方向进行校准的时期。他既希望能修道成仙，可以与元丹丘相伴；又放不下入仕做官的执念。他把岑夫子看成自己怀才不遇的镜像，将自己的惆怅、忧愁和孤独淋漓尽致地倾泻出来。李白入仕不顺，他知道如何修仙，如何隐逸，最终没能实现"舞鹤来伊川"的愿望，也留下无边的遗憾，却在《将进酒》中留下一段文学史的佳话。

三、"洛下唱和"的风流

大和三年（829年），白居易居于洛阳。大和八年（834年）三月，他担任东都留守。开成元年（836年）秋，刘禹锡分司东都，此时李绅也居住在洛阳城。开成二年（837年）五月，牛僧孺出任东都留守，分司东都。

中唐的"洛下唱和"是中国文学唱和的最高层面。

大和四年（830年），白居易曾与同榜进士王鉴、李六员外、郑俞同游龙门，开始喜欢上洛阳的山水。三年后，白居易、张仲芳、皇甫铺、李绅四人都出任太子宾客，白居易抱着"龙门泉石香山月，早晚同游报一期"[①]的想法，与志同道合者一起赏洛阳风物。他们多谈风月，不谈尘俗。这期间，他的老领导裴度也来洛阳任职了。

裴度一生两次出任东都留守。第一次是在长庆二年（822年），曾短暂任职，旋授为淮南节度使。第二次是在大和八年八月，以判东都尚书省事的身份，任东都留守。裴度打算长期隐居洛阳。

---

① 〔唐〕白居易撰，谢思炜校注：《白居易诗集校注》卷三十一《赠皇甫六张十五李二十三宾客》，北京：中华书局，2006年，第2370页。

裴度在洛阳建立宅邸，意欲安度晚年，害得唐文宗提心吊胆，总是牵挂裴度在洛阳过得如何。当时，白居易、刘禹锡、令狐楚、张籍也在分司东都。他们就在裴度府邸的绿野堂频繁雅集，你来我往，相互唱和，留下了很多诗作。

　　裴度以前提携过白居易、刘禹锡。两人在洛阳见到老领导，格外开心。白居易写下"朱门陪宴多投辖，青眼留欢任吐茵"①，赞美老领导的提拔和关照。刘禹锡则有《自左冯归洛下酬乐天兼呈裴令公》。他们作了很多诗歌叙述雅集的快乐。

　　裴度作诗不多，更多时候担任文人雅集的组织者。他曾作《白二十二侍郎有双鹤留在洛下，予西园多野水长松，可以栖息，遂以诗请之》，言及与白居易的雅事："闻君有双鹤，羁旅洛城东。未放归仙去，何如乞老翁。且将临野水，莫闭在樊笼。好是长鸣处，西园白露中。"白居易卸任杭州刺史时，从杭州带走一块天竺石、两只华亭鹤，视为心爱之物。裴度也喜欢华亭鹤，就写诗言及，希望放置在自己的园子里。

　　裴度是自己的老领导，又曾提携过自己。虽然白居易十分喜爱这两只华亭鹤，以爱物相赠，有点不舍，但经刘禹锡、张籍劝说，作《答裴相公乞鹤》《送鹤与裴相公临别赠诗》，最终忍痛割爱送了出去。刘禹锡作为见证者，作《和裴相公寄白侍郎求双鹤》《和乐天送鹤上裴相公别鹤之作》等诗赞美两人的友情。

　　送出华亭鹤后，白居易念念不忘，不闻鹤鸣，心中惆怅，他说"别有夜深惆怅事，月明双鹤在裴家"②，仍怀念那两只仙鹤。

　　裴度能向白居易乞鹤，说明两人关系不一般。白居易也曾向裴度乞过马，证明了来而不往非礼也。

　　白居易看中了裴度的一匹骏马，裴度毫不犹豫，慷慨相赠。

---

① 〔唐〕白居易撰，谢思炜校注：《白居易诗集校注》卷三十二《和刘汝州酬侍中见寄长句因书集贤坊胜事戏而问之》，北京：中华书局，2006年，第2468页。

② 〔唐〕白居易撰，谢思炜校注：《白居易诗集校注》卷二十七《问江南物》，北京：中华书局，2006年，第2168页。

裴度借用三国名将曹彰以美妾换白马的故事，对白居易说："君若有心求逸足，我还留意在名姝。"①他开玩笑地说白居易要拿自己的宠妾相换。

宠妾之中，白居易最喜欢小蛮和樊素，曾作诗赞美："樱桃樊素口，杨柳小蛮腰。"②小蛮腰就是说小蛮的腰细而多姿。裴度又让白居易也忍痛割爱。白居易回答说："安石风流无奈何，欲将赤骥换青娥。不辞便送东山去，临老何人与唱歌。"③他用东晋谢安的典故来称赞裴度，让裴度只好名马相赠，成全天下美名，不好意思再要小蛮。

于是，白居易把骏马收下了，小蛮也没有换过去。其实，无论是东都留守，还是太子宾客，留在身边的仙鹤和骏马都是身外之物。盯着对方的心爱之物相要，只是表明两人的友谊到了可以共财的地步。

裴度晚年居住于宅午桥庄别墅，常以诗酒琴书自乐，酣饮终日，高歌放言。白居易曾唱和："坐久欲醒还酩酊，夜深初散又踟蹰。南山宾客东山妓，此会人间曾有无。"④文人雅士饮宴后就在裴度府邸留宿，留下了很多诗。裴度的《度自到洛中，与乐天为文酒之会，时时构咏，乐不可支，则慨然共忆梦得，而梦得亦分司至止，欢惬可知因为联句》，多次提到白居易来家里饮酒。

白居易与裴度唱和，作《裴侍中晋公以集贤林亭即事诗三十六韵见赠，猥梦征和，才拙词繁，辄广为五百言以伸酬献》，叙述裴度曾游白园，称赞他的能力："文之者何人，公来亲指

---

① 〔清〕彭定求等编：《全唐诗》卷二百三十五《裴度·句》，北京：中华书局，1960年，第3757页。
② 〔唐〕白居易撰，谢思炜校注：《白居易诗集校注》外集卷上《句·一》，北京：中华书局，2006年，第2928页。
③ 〔唐〕白居易撰，谢思炜校注：《白居易诗集校注》卷三十四《酬裴令公赠马相戏》，北京：中华书局，2006年，第2581页。
④ 〔唐〕白居易撰，谢思炜校注：《白居易诗集校注》卷三十二《夜宴醉后留戏裴侍中》，北京：中华书局，2006年，第2450页。

麾。……因下张沼沚，依高筑阶基。嵩峰见数片，伊水分一支。"曾经平定淮西叛乱的裴度，流觞赋诗，忘怀尘世。白居易最后祝愿裴相公："愿公寿如山，安乐长在兹。愿我比蒲稗，永得相因依。"他自谦地希望自己能一直依靠老领导快乐下去。

裴度在洛阳期间与白居易、刘禹锡经常唱和，在《全唐诗》中保留有《宴兴化池亭送白二十二东归联句》《西池送白二十二东归兼寄令狐相公联句》等。他们在文酒之会的活动，促成了白居易的闲适诗创作。

开成二年（837年）三月三日，东都留守裴度在洛水之滨举行了"祓禊会"①，邀请了白居易、萧籍、李仍叔、郑居中、裴恽、李道枢等15人参加。裴度先赋诗一首，让四座唱和。白居易作了《三月三日祓禊洛滨并序》：

> 开成二年三月三日，河南尹李待价以人和岁稔，将禊于洛滨。前一日，启留守裴令公。令公明日召太子少傅白居易、太子宾客萧籍李仍叔刘禹锡、前中书舍人郑居中、国子司业裴恽、河南少尹李道枢、仓部郎中崔晋、伺封员外郎张可续、驾部员外郎卢言、虞部员外郎苗（愔）、和州刺史裴俦、淄州刺史裴洽、检校礼部员外郎杨鲁士、四门博士谈弘谟等一十五人，合宴于舟中。由斗亭，历魏堤，抵津桥，登临溯沿，自晨及暮，簪组交映，歌笑间发，前水嬉而后妓乐，左笔砚而右壶觞，望之若仙，观者如堵。尽风光之赏，极游泛之娱。美景良辰，赏心乐事，尽得于今日矣。若不记录，谓洛无人，晋公首赋一章，铿然玉振，顾谓四座继而和之，居易举酒抽毫，奉十二韵以献。

---

① 祓禊会：古人在水边举行祈福的活动。

这次参与的人不比石崇的金谷园聚会时少，也不比王羲之的兰亭会的水平低。此会没有被历史大书特书，是因为参与的官员都很低调。白居易写诗描绘了他们饮宴时的景象。他们的乐趣不在于喝酒，而在于赋诗。他们虽喝酒吃饭，但更多是写诗唱和，与一般的俗人不同，这类饮宴后世称之为"雅集""文会"。

没想到当年夏天，裴度就被调离洛阳，白居易、刘禹锡为他送行。白居易作了《度自到洛中，与乐天为文酒之会，时时构咏，乐不可支，则慨然共忆梦得，而梦得亦分司至止，欢慊可知》，说他们的饮宴是"文酒之会"，表明友情不限于喝酒，还有对酒当歌和对酒赋诗。方回在《瀛奎律髓》中说："裴晋公度累朝元老，于功名之际盛矣，而诗人出其门尤盛。"[1]裴度到东都洛阳后，多与诗人往来唱和，成就了很多文坛佳话。

裴度离开洛阳两年前（835年），刘禹锡改任同州刺史，裴度、白居易、李绅等为他送行。文人与俗人相比，除了喝酒吃饭和吹牛之外，还会留下诗作。白居易和刘禹锡的交情十分深厚。早在元和三年（808年）白居易任翰林学士时，刘禹锡任左拾遗，就曾作《翰林白二十二学士见寄诗一百篇，因以答贶》回应白居易的赠诗。晚年的他们也是能玩到一起、说到一起的好朋友。白居易在《赠梦得》中说：

> 年颜老少与君同，眼未全昏耳未聋。放醉卧为春日伴，趁欢行入少年丛。寻花借马烦川守，弄水偷船恼令公。闻道洛城人尽怪，呼为刘白二狂翁。

白居易一生最好的朋友是那时属洛阳人现在属巩义人的元稹，还有在洛阳终老的刘禹锡，两人都是白居易的洛阳亲友。有

---

[1]〔元〕方回编：《瀛奎律髓》，上海：上海古籍出版社，1993年，第194页。

一次，刘禹锡要用喝酒来换白居易的镜子。他在《和乐天以镜换酒》中说：

> 把取菱花百炼镜，换他竹叶十旬杯。嚬眉厌老终难去，蘸甲须欢便到来。妍丑太分迷忌讳，松乔俱傲绝嫌猜。校量功力相千万，好去从空白玉台。

刘禹锡自己没见过镜子，就为了得到它而多饮十杯酒。读刘禹锡的集子，会发现他时刻不忘白居易，时常寄诗给他。如《刑部白侍郎谢病长告，改宾客分司，以诗赠别》《同乐天送河南冯尹学士》《和乐天南园试小乐》《答乐天戏赠》《和留守令狐相公答白宾客》《吟白乐天哭崔儿二篇，怆然寄赠》《答乐天所寄咏怀，且释其枯树之叹》《和白侍郎送令狐相公镇太原》《乐天寄重和晚达冬青一篇，因成再答》《河南白尹有喜崔宾客归洛兼见怀长句，因而继和》《和乐天洛下醉吟，寄太原令狐相公，兼见怀长句》等，也就是说，他见了白居易就灵感大发。

大和三年（829年），白居易将两人的唱和诗整理成《刘白唱和集》，他在序言中写道：

> 彭城刘梦得，诗豪者也，其锋森然，少敢当者。予不量力，往往犯之。夫合应者声同，交争者力敌，一往一复，欲罢不能。由是每制一篇，先相视草，视竟则兴作，兴作则文成。一二年来，日寻笔砚，同和赠答，不觉滋多。太和三年春以前，纸墨所存者，凡一百三十八首。其余乘兴扶醉，率然口号者，不在此数。

刘禹锡的"诗豪"称呼就是白居易叫开的。他认为刘禹锡的诗始终有股豪情在，不屈服，不畏缩，自信而开朗。刘禹锡晚年的诗作，延续了早年诗作的笔力情志，又增加了古今沧桑，有眼前的入木三分，也有历史的深度，时空感比较强，与白居易的和光同尘有不同的趣味。如果说白居易开创了宋初的风格，适合看透了你争我夺的超脱者，那么刘禹锡的诗作则入木三分地刻画了自然人情的微妙，仍想维护唐的绚丽。

唱和就是一起写诗，或者用同一个韵，或者用同一个意思，回答他人。这次相聚，白居易作了《刘二十八自汝赴左冯，途经洛中相见联句》，叙述他们的深情厚谊。

狭义的"洛下唱和"，指白居易专门组织的文学活动。广义的"洛下唱和"，还包含在洛阳发生的大大小小的文酒之会。

会昌五年（845年）三月二十一日，白居易在洛阳的履道里宅组织了"七老会"。此次文酒之会，由已经七十四岁的白居易，邀请八十九岁的前怀州司马胡杲、八十六岁的前卫尉卿吉皎、八十四岁的前右龙武军长史郑据、八十二岁的前慈州刺史刘真、八十二岁的前侍御史内供奉官卢贞和七十四岁的前永州刺史张浑参加。

正式受邀请的都是年过七旬的退休官员，因此这次聚会又称"尚齿之会"。白居易作《胡吉郑刘卢张等六贤皆多年寿，予亦次焉，偶于弊居合成尚齿之会，七老相顾既醉甚欢，静而思之，此会稀有，因成七言六韵以纪之，传好事者》，这么长的题目就是白居易写的，显示他晚年真是闲适，有耐心把趣事交代清楚。

当年夏天，白居易又在香山组织了"九老会"，在原来"七老"的基础上，邀请了李元爽、僧人如满。大家作诗，白居易作序，写下了《九老图诗并序》。这次诗会在文学史中被大书特书，成为洛下唱和的巅峰。

洛下成为退休官员闲居的地方，他们有分司东都官员的身份，待遇优厚，有能力、有时间、有心情参加聚会，饮酒赋诗。特别是白居易，他在朝廷有影响力，更熟悉洛阳，所以他能够把居洛的文人、官员组织起来，形成文人之会，诗酒唱和，不谈朝政。

李德裕晚年也在洛阳居住。他在会昌年间任宰相，辅佐唐武宗实现了会昌中兴，是历史上有名的救时宰相。李商隐为《会昌一品集》作序时，称赞他是"万古良相"。

李德裕却不太喜欢白居易。会昌二年（842年），唐武宗想起用白居易，就咨询李德裕，"裕素恶居易，乃言居易衰病，不任朝谒。其从父弟左司员外郎敏中，辞学不减居易，且有器识。甲辰，以敏中为翰林学士"①。李德裕反感白居易的闲散，不赞成任用他。

牛僧孺在洛阳任留守时，与白居易唱和。李德裕来洛阳后，不与白居易交往。白居易赠给李德裕的诗作装满了一大箱子，李德裕看都没看。李德裕认为，白居易只是诗人，并无宰相之才。两人共同的朋友都为李德裕的成见感到可惜。

李德裕在伊阙西南修建平泉山庄。他将土地分成五块，分别种花、布石、种茶、种树、主宅，修建了自己的别业，打算在此养老。山庄建成时，很多在洛阳的官员都来了。李德裕作《洛中士君子多以平泉见呼愧获方外方之名，因以此诗为报奉寄刘宾客》，刘禹锡也作《和李相公以平泉新墅获方外之名，因为诗以报洛中士君子兼见寄之什》与他唱和。

李德裕最初在平泉山庄居住时间不超过一年，不过，他一生却有八十多首诗提到平泉山庄，可见他对洛阳故居念念不忘。白居易来过平泉山庄，他在《醉游平泉》中说："狂歌箕踞酒尊前，眼不看人面向天。洛客最闲唯有我，一年四度游平泉。"自认为超脱的白居易，没想到自己不自觉陷入了牛李党争中。

历史真是奇怪，白居易能与裴度心心相印，裴度能赏识李德

---

① 〔北宋〕司马光编著，〔元〕胡三省音注：《资治通鉴》卷二百四十六《唐纪·武宗至道昭肃孝皇帝》，北京：中华书局，1956年，第7967页。

裕，李德裕却始终不欣赏白居易。何况他们还有共同的朋友刘禹锡、元稹。刘禹锡将自己与李德裕唱和的诗编为《吴蜀集》。人与人的交往就是如此，朋友的朋友不见得就是自己的朋友，有时候会被对方看不习惯。这么来看，会选择朋友很重要。

会昌六年（846年）八月，白居易病逝于东都履道里宅。与他交往密切的裴度在开成四年（839年）三月，刘禹锡在会昌二年（842年）七月，牛僧孺在大中二年（848年）冬，先后辞世。洛下唱和的主力就这样零落殆尽了。

会昌六年（846年）九月，李德裕为东都留守，年底回到洛阳就职。第二年任太子少保，分司东都。白居易与李德裕并无唱和，他们就这样错过了。

在白居易逝世后，洛下诗人没有再组织大规模的唱和，洛下诗坛逐渐趋于寂静。偶有文人的聚会，但缺乏高层次的唱和，几乎可以忽略不计。直到北宋，西京留守钱惟演到洛阳，洛阳文坛才又开始热闹起来。

四、三乡题诗的风采

三乡题诗，是因为宜阳三乡是重要驿站，官员需要在此换乘，庶民视为地标。他们在此停歇或者送别，情感难免波动，有感而发，写下许多诗篇。张九龄随着唐玄宗的大驾经过三乡时，向南眺望女几山，向北仰望崤山，写道：

> 羽卫森森西向秦，山川历历在清晨。晴云稍卷寒岩树，宿雨能销御路尘。圣德由来合天道，灵符即此应时巡。遗贤一一皆羁致，犹欲高深访隐沦。①

---

① 〔清〕彭定求等编：《全唐诗》卷四十八《张九龄·奉和圣制早发三乡山行》，北京：中华书局，1960年，第594页。

三乡南面的女几山，是唐代的仙山，有很多隐士在此居住。有很多的神仙在此有庙或祠，比如兰香庙等。张九龄希望自己能有机会去访问隐士。

唐宪宗时，白居易和元稹出差路过三乡，两人唱和，白居易作《和微之任校书郎日过三乡》，说自己将这首诗"十四日留题福昌县宇之东轩"。他描写了三乡的美景：

洛川秋入景尤佳，微雨初过径路斜。水竹洞中藏县宇，烟岚坞里住人家。霜余红间千重叶，天外晴排数缕霞。溪浅溪深清潋滟，峰高峰下碧查牙。鸟日择木飞还远，云为无心去更赊。……就此岩边宜筑室，乐吾真乐乐无涯。

白居易中才识兼茂明于体用科，以对策入第四等，罢校书郎，任周至县尉，秋天出使洛口驿，路过三乡，看到山水相依的美景，觉得自己应该在此筑室居住。这是白居易第一次打算安居洛阳。

会昌二年（842年），有个若耶溪女子，本来在家吟风弄月，没想到丈夫被迫从军，她决心送丈夫到函谷关。一路上，两人同宿同游，曾在三乡待了五天。良辰美景，她历历在目。没想到丈夫从军而殁，自己赶到陕西去料理后事。她形单影只地渡过浐水、渭川，经行陕州，到达三乡，沿途所见，都是两人曾经宴笑的场所。

她感觉丈夫死得冤枉，觉得自己活着也是行尸走肉，再没有乐趣，路过三乡驿站，就在上面题字：

余本若耶溪东，与同志者二三，纫兰佩蕙，每贪幽闲之境，玩花光于松月之亭，竟昼绵宵，往往忘倦。洎乎初笄，至于五换星霜矣。自后不得已，从良人西入函关，寓居晋昌里第。其居也，门绝嚣尘，花木丛翠，东西邻二佛宫，皆上国胜游之最。伺其闲寂，因游览焉，亦不辜一时之风月也。不意良人已矣，邈然无依。帝里芳春，吊影东迈。涉浐水，历渭川，背终南，陟太华，经虢略，抵陕郊，挹嘉祥之清流，面女几之苍翠。凡经过之所，皆曩昔宴笑之地，绸缪之所。衔冤茹饮，举目魂销。虽残骸尚存，而精爽都失，假使潘岳复生，无以悼其幽思也。遂命笔聊题，终不能涤其怀抱，绝笔恸哭而去。……时会昌壬戌岁仲春十九日。①

这个女子是谁？她没说，所有人也不知道。《全唐诗》记为"若耶溪女子"。若耶溪在越州，也就是欧冶子铸剑处。

据《越绝书》记载，若耶溪深而不测，欧冶子死在其中，那是一个很美的地方。这位蕙质兰心的女子在三乡驿题了一首诗：

昔逐良人西入关，良人身殁妾空还。谢娘卫女不相待，为雨为云归此山。

若没有《云溪友议》的序言，我们还不知道有这么凄美的故事。若耶溪女子的深情赢得了很多人的敬佩，她的遭遇引起了经行三乡的诗人们的共鸣。

唐文宗时的贾驰和了一首诗为：

壁古字未灭，声长响不绝。蕙质本如云，松心应耐雪。耿耿离幽谷，悠悠望欧越。杞妇哭夫时，城崩无此说。②

---

① 〔唐〕范摅撰，唐雯校笺：《云溪友议校笺》卷中《三乡略》，北京：中华书局，2017年，第102页。
② 〔唐〕范摅撰，唐雯校笺：《云溪友议校笺》卷中《三乡略》，北京：中华书局，2017年，第103页。

这首诗题名《复睹三乡题处留赠》。贾驰再次看到三乡的题诗，引发了心中的伤感。他想象若耶溪女子的相貌，更觉得她有坚定的情感，期待她像孟姜女一样哭塌长城，让丈夫重回自己身边，能把自己的委屈都说出来。唐昭宗时的王涤唱和道：

浣纱游女出关东，旧迹新词一梦中。槐陌柳亭何限事，年年回首向春风。①

他感慨本该浣纱的女子，却不得不踏上寻夫征途。她期望自己的丈夫归来，却不能实现，只有这一首诗，留在三乡驿站，让人伤感。

陆正洞是唐末人，不早于唐昭宗时期。他到来时，在三乡驿和若耶溪女子诗作的已有十来人。北宋阮阅的《诗话总龟前集》说有十一人。进士陆贞洞同情若耶溪女子的遭遇，并称赞她是"蔡文姬第二"：

惆怅残花怨暮春，孤鸾舞镜倍伤神。清词好个千人事，疑是文姬第二身。②

此诗留在三乡驿的墙壁上，一直到晚唐时仍有人题诗。唐末进士刘谷题诗为：

兰蕙芬香见玉姿，路傍花笑景迟迟。苎萝山下无穷意，

---

① 〔唐〕范摅撰，唐雯校笺：《云溪友议校笺》卷中《三乡略》，北京：中华书局，2017年，第102页。
② 〔唐〕范摅撰，唐雯校笺：《云溪友议校笺》卷中《三乡略》，北京：中华书局，2017年，第102页。

并在三乡惜别时。①

他想象若耶溪女子的神态,想象她与丈夫分开的样子。王祝作《和三乡诗》:

女几山前岚气低,佳人留恨此中题。不知云雨归何处,空使王孙见即迷。②

他觉得若耶溪女子应该在女几山修道,这让后来路过三乡的人徒增想象,试着在雾气迷蒙的山间寻找她。韦冰的和诗为:

来时欢笑去时哀,家国迢迢向越台。待写百年幽思尽,故宫流水莫相催。③

他想到人生大多来去无常,刚刚欢笑,转眼就要面对生离死别,不是只有若耶溪女子如此,何人不是如此呢?抱着希望而去,怀着失望而归,人生就是长长的遗憾。附近的兰昌宫的宫人和宫女难道不是如此?李昌邺和诗为:

红粉萧娘手自题,分明幽怨发云闺。不应更学文君去,泣向残花归剡溪。④

---

① 〔清〕彭定求等编:《全唐诗》卷七百二十六《刘谷·和三乡诗》,北京:中华书局,1960年,第8319页。
② 〔清〕彭定求等编:《全唐诗》卷七百二十六《王祝·和三乡诗》,北京:中华书局,1960年,第8320页。
③ 〔清〕彭定求等编:《全唐诗》卷七百二十六《韦冰·和三乡诗》,北京:中华书局,1960年,第8320页。
④ 〔清〕彭定求等编:《全唐诗》卷七百二十六《李昌邺·和三乡诗》,北京:中华书局,1960年,第8320页。

他认为，学了文学，让人更加细腻敏感，知道了人的觉醒和文的觉醒，注定此生只能在幽怨中度过。文学不是制造欢乐，而是制造忧伤。文学让人学会了思考，学会了精致地生活。可是文人的伤痛也比常人更多，因为他们思考人生，也能深刻体味人生。王硕的和诗为：

无姓无名越水滨，芳词空怨路傍人。莫教才子偏惆怅，宋玉东家是旧邻。①

他通过诗文安慰若耶溪女子不要惆怅，因为或许会有更好的人等着她。这种对空的安慰，只是作者一厢情愿的美好想象和祝福。若耶溪女子可能再没回过三乡驿，也不能看到王硕的美好心愿，但是这份美好的祝福却永远留了下来。李缟的和诗为：

会稽王谢两风流，王子沉沦谢女愁。归思若随文字在，路傍空为感千秋。②

事不关己高高挂起，这是典型的晚唐体的风格。诗作使用了太多的典故，没有切身的感受，他只说这些诗会流传下去，若耶溪女子还是早点回家吧。淡漠遥远的文字理性，使晚唐诗歌和宋初的晚唐体，读起来像看挂在墙上的油画，总入眼不入心，缺少感情的共鸣。张绮的和诗为：

洛川依旧好风光，莲帐无因见女郎。云雨散来音信断，

---

① 〔清〕彭定求等编：《全唐诗》卷七百二十六《王硕·和三乡诗》，北京：中华书局，1960年，第8321页。
② 〔清〕彭定求等编：《全唐诗》卷七百二十六《李缟·和三乡诗》，北京：中华书局，1960年，第8321页。

此生遗恨寄三乡。①

他用诗只是在讲一个故事,很悠邈,很遥远,客观冷静得看不到自己。这首诗不好,但能写出来,说明作者还是愿一试身手的。当时看到若耶溪女子诗的路人应该很多,敢于留下和诗的,还是有几分自信的,其中也不乏被同行者怂恿的诗人。这首很平庸的诗,也掺杂在诸诗之中,什么都说了,又仿佛什么都没说。高衢的和诗是:

南北千山与万山,轩车谁不思乡关。独留芳翰悲前迹,陌上恐伤桃李颜。②

他起码有自己的感受。三乡不仅引起了他的乡关之思,而且引发了共鸣,让人悲伤。在他的心中,若耶溪女子有着桃李一样的容颜,隔着千山万水,自己也能感受到她的跋涉之苦和伤心。

这些和诗,只是唐武宗会昌年间到唐末写在三乡驿墙壁上的诗作。还有很多人看了若耶溪女子的遭遇,心中有诗没有题在上面。其中除了贾驰、陆正洞、刘谷是唐末人,其余诸人生平事迹不详,这些诗作是在会昌后到唐末形成的。

能在三乡驿留下诗作的,都是文人墨客。若耶溪女子的诗作,引发了唐代诗人的共鸣。《云溪友议》说会昌有十一首和诗,书中录的诗,不全是会昌作诗。其可能只有两种,一是作者确实是会昌人,与唐末诗人同名同姓;二是诗有好有坏,《云溪友议》只录了其中比较好的。北宋阮阅的《诗话总龟前集》抄录了十首,南宋尤袤的《全唐诗话》照抄,《全唐诗》没有辨析,照录,

---

① 〔清〕彭定求等编:《全唐诗》卷七百二十六《张绮·和三乡诗》,北京:中华书局,1960年,第8321页。

② 〔清〕彭定求等编:《全唐诗》卷七百二十六《高衢·和三乡诗》,北京:中华书局,1960年,第8322页。

讹误成都是会昌时人。

北宋文学家张耒在熙宁六年（1073年）曾任寿安尉。福昌在北宋熙宁五年（1072年）并入寿安，张耒到寿安任职，巡视乡里，也曾到过三乡。

张耒利用春游的机会，到昌谷探访李贺的故居。他写到李贺的老家："连山忽中开，呀若敞双户。清泉泻中间，行子并溪去。苍崖左右壁，田垄亦棋布。"[①]李贺居住在昌谷深处，下面是星罗棋布的田野。

张耒写了很多诗描写福昌县的美景，如："秋野无人秋日白，禾黍登场秋索索。豆田黄时霜已多，桑虫食叶留空柯。小蝶翩翩晚花紫，野鹑啄粟惊人起。洛阳西原君莫行，秋光处处系人情。"如今到洛阳乡下，仍能看到这些景色，能否与张耒共情，就看个人修养了。

张耒那时正是踌躇满志的青年官员，天生的诗人气质让他还是感到了秋天的伤感："黄桑萧萧新雨晴，田中日午村鸡鸣。场头九月禾黍熟，空原雉飞饱新谷。枣篱虫鸣村路曲，路边古坟生野菊。人稀田阔草茫茫，洛阳秋深能断肠。"他的诗是看到什么写什么，很接地气。

黄庭坚、陈师道、陈与义的诗是文人诗，很多感受和景色不是来自眼前所见，而是来自书本转写。这种写法在杜甫的诗歌中已经有影子。杜甫一生经历太多苦与难，把来自书本的典故运用于书写之中，读起来有生机。吕本中将杜甫称为"一祖"，黄庭坚、陈师道、陈与义被称为"三宗"，是后世的追加，表明三宗学习杜甫，来源正宗。其实吕本中自己作诗后也不学黄庭坚。张耒跟着苏轼学习，与黄庭坚并称"苏门四学士"，但他们作诗的风格是不一样的。

[①]〔清〕吴之振等撰，〔清〕管庭芬、〔清〕蒋光煦补：《宋诗钞》初集《宛丘诗钞·福昌北秋日村行》，北京：中华书局，1986年，第1004页。

张耒的诗写得很淡泊，没有隔膜，直接就能看到情景。任寿安县尉时，他经常来三乡办案或者走访。他所作《三乡道中遇雨》中写道：

> 萧萧古道西风雨，惨惨黄昏匹马行。未遇功名莫嗟叹，逢时更自忆平生。①

县尉骑马巡视乡下，回去遇到下雨。张耒安慰自己这么辛苦，为的是未来能有出息。他在《渡洛游三乡书所见》中说这次出差他遇到了转瞬即逝的暴雨，跑到寺庙避雨，回来就写了这首有意思的诗。他写了女几山的云雨之美，还有傍晚新月初升的情趣。

宋诗喜欢写日常生活，絮絮叨叨，有种老熟之美。张耒在做寿安县尉时就这么写，说明他一开始就摸到了宋诗的脉搏，诗中有一种平淡之美，需要咀嚼才能体会得到。张耒有一首《三乡怀古》，写他游览光武祠、兰昌宫的感受：

> 清洛东流去不还，汉唐遗事有无间。庙荒古木连空谷，宫废春芜入乱山。南陌絮飞人寂寂，空城花落鸟关关。登临

◇◇位于偃师杜楼的杜甫衣冠冢
（索彪 拍摄）

---

① 〔北宋〕张耒撰，李逸安、孙通海、傅信点校：《张耒集》卷二十七《三乡道中遇雨》，北京：中华书局，1990年，第482页。

几度游人老，又对东风鬓欲斑。①

这首诗写得好。诗人把眼前之景、历史事件和自己的感受融合起来，虚实结合，写出了沧桑之感和人生之感，诗句最有历史穿透力。张耒没看到若耶溪女子的题诗，可能那驿站或者墙壁已不复存在，否则张耒可能也会和上一首。

嘉定十一年（1218年），二十八岁的元好问到三乡避难。他喜欢洛宁的山水之胜，打算终老于此。当时"洛西山水佳胜，衣冠之士多寓于此"②，在宜阳、洛宁交界的三乡聚集了很多文人。元好问在《竹林禅院记》中写三乡的风光：

> 东望女几，地位尊大，居然有岳镇之旧，偎麽劫立，莫可梯接。仙人诸峰颜行而前，如进而侍、如退而听、如敬而慕、如畏而服。重冈复岭，络脉下属，至白马则千仞突起，朗出天外，俨然一敌国之不可犯。金门、乌啄奔走来会，小山累累如祖龙之石，随鞭而东。云烟杳霭，浓淡覆露，朝窗夕扉，万景岔入，广一揽而洛西之胜尽。

他在欣赏三乡的自然美景的同时，还有辛愿、赵元、刘昂霄、魏璠、马伯善、麻革、性英、张澄等朋友可以唱和，一下子激发了他的诗情。他在《木庵诗集》序中回忆三乡的人和事时说：

> 贞祐初南渡河，居洛西之子盖，时人固以诗僧目之矣。三乡有辛敬之、赵宜之、刘景玄，予亦在焉，三君子皆诗

---

① 〔北宋〕张耒撰，李逸安、孙通海、傅信点校：《张耒集》卷二十三《三乡怀古》，北京：中华书局，1990年，第414页。

② 〔元〕元好问著，狄宝心校注：《元好问编年校注》卷五《费县令郭明府墓碑》，北京：中华书局，2012年，第638页。

人，上人与相往还，故诗道益进。

他在好友赵秉文的鼓励下，在兴定元年（1217年）写了《论诗三十首》，谈了他对古代诗歌的感受和对世人的评价，该文至今仍是中国文学史上著名的评论。

元好问对在三乡的游览和唱和念念不忘。三十年后他重游三乡，写下《定风波·三乡光武庙，怀故人刘公景玄》，再次怀念当年在三乡的好友：

> 熊耳东原汉故宫，登临犹记往年同。底事爱君诗句好？解道，河山浮动酒杯中。存没悠悠三十载，谁会，白头孤客坐书空。黄土英雄何处在？须待，醉寻萧寺哭春风。

三乡孕育了李贺，滋养了张耒、元好问，以及一大批唐、宋、元的诗人，是洛阳以西重要的文坛盛地。特别是元代的"洛西唱和"，是继金谷集会、洛下唱和、北宋雅集之后洛阳的又一段文坛风流，只不过其中的很多元代诗人读者不熟悉，他们的故事就被遮蔽在了文学史的书写中。

第八章
西京洛阳的溢彩

洛阳是宋太祖赵匡胤的故乡，现在在洛阳瀍河区夹马营路北端西侧的八孔窑街还有宋太祖庙。他的洛阳亲友还在纪念着他。

北宋汴梁是唐宋时期重要的漕运站。南方的粮食运到汴梁后，沿黄河运到洛阳、长安。占据了汴梁，就控制了唐代的粮道。后周实力强大，当道设都，便控制了洛阳、长安的漕运命脉。赵匡胤陈桥兵变后，就将北宋的首都定在了汴梁。

北宋之前的五代十国，没有一个国家超过一百年。赵匡胤也担心若有一天在汴梁坚持不下去，那就回到老家洛阳去。唐将洛阳视为控制东方的枢纽，设东都分司。宋将洛阳作为控制西北的重镇，设西京留守。

北宋时，洛阳汇聚了一批年轻待起用的官员和年老的退居二线的大臣。大家在此著书立说，如暂时退避的司马光、正锻炼做官的欧阳修，使得宋时西京延续唐时的风华，继续成为当时的文化中心之一。

一、西京留守的设置

留守，是古代皇帝出征时看家护院的职事。留守的权力很大，要替皇帝看守都城，随时处置突发事件，保卫首都安全。唐朝在长安、洛阳、太原设三都留守，直接统率军队，分别称京城留守、东京留守（时称东都）、太原留守。那时的京城在长安，皇帝不在，不能后院起火，就委任信得过的大臣来负责看守。唐太宗亲征辽东，令太子太傅房玄龄充京城留守，让萧瑀做东都留守。咸亨二年（671年）正月，唐高宗幸洛阳，以雍州长史李晦为西京留守。仪凤元年（676年）十一月，任命司农卿韦弘机为东都留守。垂拱三年（687年）以右丞相苏良嗣为西京留守。景龙二年（708年）三月，侍中苏瑰充西京留守。

宋时，开封、洛阳称两京。洛阳为西京，开封为东京。按宋制，皇帝巡狩、亲征时，命亲王或大臣出任留守。建隆元年（960年），宋太祖亲征泽、潞两地，让枢密使吴延祚为东京留守。他在西京、南京、北京留守各一人，以知府事兼之。宋朝的西京是洛阳，南京是商丘，北京是大名。

这些留守司掌宫钥，负责京城守卫、修葺、弹压之事，总管畿内钱谷、兵民之政。特别是西京留守，直接管理政务，由皇帝信得过的从臣充任，并节制在洛阳的全部军马。非常时期就有非常之事，要选择信得过的人，替皇帝解除后顾之忧。宋太祖时，石守信担任过西京留守。宋太宗时，赵匡胤的儿子赵普任西京留守，兼任河南尹，守太保兼中书令。至道初，右仆射出判河南府兼西京留守。真宗时期，以王廷美为西京留守，兼中书令；向敏中任知河南府兼西京留守。

西京留守在官员序列中，高于节度使。在和平时期，一般由退居二线的半退官员兼任，或者由河南尹兼任。其中，对西京洛阳影响最大的是钱惟演。

钱惟演是吴越王钱俶的儿子。博学能文辞，召试学士院，以笏起草立就，真宗很欣赏，就任他做太仆少卿。他曾进献《咸平圣政录》，称颂真宗的文治武功。钱惟演在真秘阁，参与修订了《册府元龟》。他与杨亿分别作序，任除尚书司封郎中、知制诰，又迁给事中、知审官院。

天圣八年（1030年），钱惟演上疏，认为北宋帝陵在洛阳（那时候的巩义归洛阳管辖），希望能为守陵园，守卫洛阳。就这样他判河南府，兼任西京留守。宋仁宗即位后，钱惟演任兵部尚书。王曾担任宰相时，钱惟演为枢密使。

当时，钱惟演看到丁谓有权势，与他结为姻亲。在他看来这是门当户对，在时人看来是攀附。丁谓要排挤寇准，钱惟演就在官署介绍历任枢密使时，漏掉了寇准。丁谓失势后，钱惟演怕被牵连，又排挤丁谓，以求获得豁免。

宰相冯拯厌恶钱惟演的见风使舵，就建议宋仁宗："钱惟演将妹妹嫁给了刘美，他是章献太后的亲家，按规定不能参与朝政和机要，应该调走。"钱惟演被任命为保大军节度使、知河阳，就这样离开了中枢。一年后，钱惟演要求回汴梁。他被任命为同中书门下平章事、许州通判，却没有立即赴任。直到侍御史鞠咏弹劾他，才匆忙赴任。

钱惟演出身贵族，不喜欢庶务，喜欢风花雪月。既然京城汴梁无法居留，那就退而求其次，来到洛阳热闹一番。

钱惟演家中有很多藏书。他自幼喜欢阅读，说平生唯好读书，坐则读经史，卧则读小说，如厕则阅小词，盖未尝顷刻释卷。他喜欢平易晓畅的文风，写出的文章文辞清丽。

钱惟演与杨亿、刘筠三人号称"江东三虎"。他写诗最初学李商隐，被称为"西昆体"。杨亿后来编写十七人创作的诗歌为《西昆酬唱集》。这十七人是：杨亿、钱惟演、刘筠、李宗谔、陈越、李维、丁谓、刁衎、张咏、舒雅、钱惟济、晁迥、崔遵度、薛映、任随、刘骘、刘秉。

现在说起钱惟演，文学史一般忘了他是西昆体的得力干将，可能是因为他品行不太好。《全宋词》收录了钱惟演的《木兰花》：

  城上风光莺语乱，城下烟波春拍岸。绿杨芳草几时休，泪眼愁肠先已断。

  情怀渐变成衰晚，鸾镜朱颜惊暗换。昔年多病厌芳尊，今日芳尊惟恐浅。

这是典型的宋词正风，细腻柔和，写尽了雍容富贵。总有美丽的风景融入他眼中，触动心中柔软的一角。他的《玉楼春》写道：

锦箨参差朱栏曲,露濯文犀和粉绿。未容浓翠伴桃红,几许纤枝留凤宿。

嫩似春荑明似玉,一寸芳心谁管束。劝君速吃莫踟蹰,看被南风吹作竹。

在从伶工之词变为士大夫之词的宋初,李煜、晏殊、晏几道、欧阳修是一以贯之的线索,文学史书写者忘记了钱惟演的串联。

西昆诗人学李商隐,提升了诗歌的境界和格局,使之在唐诗之后,寻求到了更优雅的表达。诗歌境界更加开阔干净,诗人可以写日常生活的絮絮叨叨,但却勇于表达心中纯粹的美景和高拔的境界,与一般俗人的吃喝拉撒睡不同。

钱惟演有诗句:"雪意未成云著地,秋声不断雁连天。"[1]此句言简意赅地写出了秋冬之际的风景,境界开阔,画面感很强,是典型的文人诗风。

清代的宋荦说:"唐以后诗派,历宋、元、明至今,略可指数:宋初晏殊、钱惟演、杨亿号'西昆体'。仁宗时欧阳修、梅尧臣、苏舜钦谓之欧、梅,亦称苏、梅,诸君多学杜、韩。"[2]他没忘记西昆体的干将是晏殊、钱惟演。欧阳修在钱惟演幕府工作过,钱惟演正是延续宋初诗风的关键人物。

文学史书写遮蔽了这条线索,我们得说出来。

钱惟演喜欢奖励后进。他做西京留守时,不仅让年轻官员增长文学才华,而且训练了他们的行政能力。很多仁宗朝杰出的诗人,在钱惟演任西京留守时,在西京度过了一段开心的时光。

---

[1] 〔宋〕魏庆之著,王仲闻点校:《诗人玉屑》卷三《宋朝警句·七言》,北京:中华书局,2007年,第116页。

[2] 〔清〕王夫之等撰:《清诗话·漫堂说诗》,北京:中华书局,1963年,第419页。

天圣八年（1030年）五月，欧阳修出任将仕郎、试秘书省校书郎，充任西京留守推官。景祐元年（1034年）三月，西京任满，经王曙举荐，被召试学士院，授官宣德郎。欧阳修在洛阳待了整整四年，在他人生的起步阶段，得到了钱惟演的悉心栽培。

欧阳修觉得钱惟演富贵雍容，从容不迫，能交接宾客，谈论诗赋；又能包容贵贱，处事宽容，真是个好领导。

欧阳修父亲早逝，母亲画荻教子，才将他培养成人。他踏着贫贱而来，不可避免地充满了寒士的窘迫。看到钱惟演的气派后，他才有决心改变自己。这使此后他任太守，学会了与民同乐，宽容执政，像钱惟演一样地提携后进。

人的蜕变是痛苦的。

欧阳修在洛阳期间，有好领导又有好山水，也学会了吃喝玩乐。有一次，他喝多了上班迟到，王曙严厉地批评了他：可以喝酒，却不能纵酒，更不能因此耽误第二天的正事。他提到寇准晚年之祸，就是因为纵酒，毁了自己的事业。

在宋太宗时，寇准得到了宋太宗最高的称赞："朕得寇准，犹文皇之得魏徵也。"① 从此，寇准一路顺风顺水，拜准左谏议大夫、枢密副使，改同知院事。

但寇准爱喝酒，每晚在家里通宵达旦、灯火通明地举行酒宴。《宋史》中描述道："准少年富贵，性豪侈，喜剧饮，每宴宾客，多阖扉脱骖。家未尝爇油灯，虽庖匽所在，必然炬烛。"② 寇准整天在喝酒。

由于喝酒，寇准被同事妻子告到了上级那里。寇准天天拉副手来家里陪酒，每次不醉不休。没想到，副手喝酒过多病倒了。寇准仍没有停下喝酒，照常拉副手陪酒。副手的妻子无奈，只好

---

① 〔元〕脱脱等撰：《宋史》卷二百八十一《寇准》，北京：中华书局，1985年，第9527页。

② 〔元〕脱脱等撰：《宋史》卷二百八十一《寇准》，北京：中华书局，1985年，第9534页。

投诉寇准,宋太宗方才令寇准停止拉副手陪酒的行为。

太宗很欣赏寇准,架不住身边的人常说寇准的坏话。有一次,太宗对身边的人说:"寇准在青州乐乎?"对曰:"准得善藩,当不苦也。"太宗多日连续发问。身边的人觉得太宗这是要起用寇准,就说:"陛下思准不少忘,闻准日纵酒,未知亦念陛下乎?"①太宗听后没再说话。

寇准终日纵酒成为他的罪状。他在酒场得罪了丁谓:

> 初,丁谓出准门至参政,事准甚谨。尝会食中书,羹污准须,谓起,徐拂之。准笑曰:"参政国之大臣,乃为官长拂须邪?"谓甚愧之,由是倾构日深。②

丁谓被视为佞人,心里狡诈。早先丁谓希望依附于风头正劲的寇准。没想到寇准毫不领情,在酒宴上耍了性子,给了丁谓难堪。丁谓就转而依附反对寇准的王钦若,成为寇准仕途上的绊脚石。丁谓投靠了王钦若和刘太后,最终借周怀政谋反事件,将寇准贬到了雷州。

寇准晚年最大的祸患就是纵酒,钱惟演以此告诫欧阳修。欧阳修意识到寇准有"不知止"的祸患,就是说寇准没有边界感,自己戒掉了纵酒的习惯。他在《醉翁亭记》中说自己"醉翁之意不在酒,在乎山水之间也",意识到喝酒只是形式,不能以此为乐。

《宋史》说欧阳修在洛阳时,"与梅尧臣游,为歌诗相倡和,遂以文章名冠天下"③。梅尧臣是宣城人,他的父亲是侍读学士梅

---

① 〔元〕脱脱等撰:《宋史》卷二百八十一《寇准》,北京:中华书局,1985年,第9528页。

② 〔元〕脱脱等撰:《宋史》卷二百八十一《寇准》,北京:中华书局,1985年,第9533页。

③ 〔元〕脱脱等撰:《宋史》卷三百一十九《欧阳修》,北京:中华书局,1985年,第10375页。

询。梅尧臣的诗深远古淡，间出奇巧，但在当时并不出名。钱惟演出任西京留守后，特别喜欢梅尧臣，两人结为忘年交，一起唱和。欧阳修与梅尧臣也结为诗友，他认为自己不及梅尧臣。

欧阳修人聪明，进步很快，刻苦自勉，精思苦学，在洛阳时便名闻天下。他曾说梅尧臣："凡诗，意新语工，得前人所未道者，斯为善矣。必能状难写之景如在目前，含不尽之意见于言外，然后为至也。"洛阳的文士视此为对梅尧臣的准确评价。

梅尧臣预修《唐书》，这为欧阳修撰《新唐书》做了铺垫。梅尧臣注《孙子》十三篇，撰《唐载记》二十六卷、《毛诗小传》二十卷、《宛陵集》四十卷。

梅尧臣喜欢饮酒，在洛阳的士大夫多从之游，常常载酒过门。他善谈笑，与物无忤，这种豁达的人生态度深刻影响了欧阳修。

欧阳修的从容、宽容、与民同乐的行政风格，是在洛阳跟着钱惟演养成的，平淡儒雅的诗风则是受了梅尧臣的影响而形成的。

梅尧臣去世时，欧阳修撰《祭梅圣俞文》，回忆他与梅尧臣在洛阳的初识："昔始见子，伊川之上，余仕方初，子年亦壮。读书饮酒，握手相欢，谈辩锋出，贤豪满前。"[1]言二人一起在伊川游玩，相互欣赏，由此订交。

二、伊川山水洛阳花

梅尧臣晚年写给王安石的诗中，也曾兴致勃勃地回忆当年在洛阳时的幸福时光："当年仕宦忘其卑，朝出饮酒夜赋诗。伊川嵩室恣游览，烂熳遍历焉有遗。是时交朋最为盛，连值三相更保

---

[1] 〔北宋〕欧阳修著，李逸安点校：《欧阳修全集》卷五十《祭文十七首·祭梅圣俞文》，北京：中华书局，2001年，第701页。

鳌。谢公主盟文变古，欧阳才大何可涯。"①其中的谢公，是指当时的西京留守通判谢绛，学记博深，也是梅尧臣、欧阳修等人的良师益友。

在梅尧臣眼中，伊川山清水秀，景色宜人，不仅有"千龛晚烟寂，双壁红树秋"的龙门山色，更有"水鸟静相依，芦洲蔼将晚"的沙洲草浦，是当时他们最常去的地方。

梅尧臣在《洛中寒食》中由衷赞叹"游人莫惜醉，风景满伊川"，感慨伊川山清水秀，足以让他如谢灵运那样徜徉山水而诗意盎然，也能像陶渊明那样载酒行远而乐不思归。

初到洛阳的欧阳修，曾与智蟾上人游南岳庙，看到了伊川两岸的山水田园风光，写到伊水的清澈和青山的秀美，让他仿佛回到了江西庐陵老家。

第二年，欧阳修和谢绛、梅尧臣等人畅游伊川。夕阳西下，众人却不愿归城，咏着唐代诗人刘长卿的山水诗。面对如此秀美山川，他们也纷纷作诗。欧阳修写出了伊川秋天的山水之美："木落山半空，川明潦尤积。飞鸟鉴中看，行云舟中白。夷犹白苹里，笑傲清风侧。极浦追所远，回峰高易夕。"②他将远山清影、近水澄澈、蓝天倒影、白云飘逸的景色写得宛在眼前。

景祐元年（1034年），钱惟演之子钱暖知道欧阳修对伊川恋恋不舍，就问他伊川为何让他如此魂牵梦萦。欧阳修说："之子问伊川，伊川已春色。绿芷杂芳浦，青溪含白石。山阿昔留赏，屐齿无遗迹。惟有岩桂花，留芳待归客。"③他想象伊川应该春暖花开，芳草如茵，水流潺潺，山岩上的桂花孕育着芳香，等待友

---

① 〔北宋〕梅尧臣著，朱东润编年校注：《梅尧臣集编年校注》卷二十八《依韵和答王安之因石榴诗见赠》，上海：上海古籍出版社，2006年，第1049页。

② 〔北宋〕欧阳修著，李逸安点校：《欧阳修全集》卷五十一《和谢学士泛伊川浩然无归意因咏刘长卿佳句作欲留篇之什》，北京：中华书局，2001年，第721页。

③ 〔北宋〕欧阳修著，李逸安点校：《欧阳修全集》卷五十二《答钱寺丞忆伊川》，北京：中华书局，2001年，第730页。

人的归来。

欧阳修钟爱洛阳牡丹,曾作《洛阳牡丹记》,如数家珍。他后来在《戏答元珍》中说:

> 春风疑不到天涯,二月山城未见花。残雪压枝犹有橘,冻雷惊笋欲抽芽。夜闻归雁生乡思,病入新年感物华。曾是洛阳花下客,野芳虽晚不须嗟。

欧阳修贬官至峡州夷陵县(今湖北宜昌)时,仍怀念洛阳二月已经盛开的牡丹,而江南残雪压枝,一片冰冷。

欧阳修在洛阳仅四年,终生不忘伊川山水。他在《夜行船》中写道:"忆昔西都欢纵,自别后有谁能共。伊川山水洛川花,细寻思旧游如梦。今日相逢情愈重,愁闻唱画楼钟动。白发天涯逢此景,倒金尊殢谁相送。"他说自己一生最快乐的时光是在伊川畅游山水,在洛阳欣赏牡丹。他每次想起青年时光,都会生出无限感慨,既是对青春岁月快乐时光的无尽追忆,也是对后来宦海浮沉的无限感伤。如果说洛阳牡丹给欧阳修的是雍容华丽的诗酒风华,那么伊川山水给欧阳修的则是安静闲适的心灵抚慰,也养成了欧阳修终生寄情山水之乐、得之心寓之文的习惯。

庆历四年(1044年),阔别洛阳十年的欧阳修途经洛阳,写下了《再至西都》,感慨自己离开洛阳后的宦海浮沉。

当年,作为人生伴侣的青山绿水、鱼鸟芳草应该嘲笑自己忘记了当初在洛阳时的闲散自如,变得如此面目可憎,少了几分从容淡定,多了几分官场庸俗。欧阳修写道:"伊川不到十年间,鱼鸟今应怪我还。浪得浮名销壮节,羞将白发见青山。野花向客开如笑,芳草留人意自闲。却到谢公题壁处,向风清泪独潺潺。"①他再次来到当年与谢绛等人题壁的地方，感慨清风明月依旧，青山绿水常在，自己却不能履行旧约，与洛阳的秀美山水相伴。

北宋时的洛阳伊川，以山水名闻天下，吸引了张齐贤、富弼、范仲淹、文彦博等名相的青睐，成为他们心中的隐逸之所和潇洒之地。

元丰七年（1084年），苏轼从黄州迁汝州时，曾对弟弟苏辙说："先君昔爱洛城居，我今亦过嵩山麓。水南卜筑吾岂敢，试向伊川买修竹。"②他说父亲苏洵最喜欢洛阳，自己听父亲讲过到伊川的茂林修竹。

苏轼在看郭熙画《秋山平远》时，觉得其中的景色便是伊川山水："伊川佚老鬓如霜，卧看秋山思洛阳。"他希望未来能够到伊川看秋山。可惜苏轼未能到汝州上任而病逝于常州，伊川之游也成为他的遗憾。

文彦博功成身退而归居洛阳。苏辙说："方将翱翔嵩、少之下，溯回伊、洛之间。身寄白云，堂开绿野。释鼎钟之重负，收竹帛之余光。"③归隐洛阳可以看天上云卷云舒，赏门前花开花落，轻松自在。他在送好友李昭叙去洛阳任职时也说："归去伊川潇洒地，不须遗念属清湘。"④他认为洛阳山清水秀、景色宜人，可以去伊川游赏山水，纾解乡愁。

北宋诗人或泛舟，或驱马游于洛阳山水之间，兴致盎然，历历在目的便是一处处充满诗情画意的名胜，水寨、白沙、江左、

---

① 〔北宋〕欧阳修著，李逸安点校：《欧阳修全集》卷十一《再至西都》，北京：中华书局，2001年，第176页。
② 〔北宋〕苏轼撰，〔明〕茅维编，孔凡礼点校：《苏轼文集》卷六十八《题别子由诗后》，北京：中华书局，1986年，第2135页。
③ 〔北宋〕苏辙著，陈宏天、高秀芳点校：《苏辙集》卷五十《贺文太师致仕启》，北京：中华书局，1990年，第865页。
④ 〔北宋〕苏辙著，陈宏天、高秀芳点校：《苏辙集》卷五《次韵李昭叙供备燕别湖亭》，北京：中华书局，1990年，第94页。

半坡、鸣皋，正是伊川山水之美的历史记忆。

三、程朱理学的形成

中唐时期，佛教的盛行引起了韩愈的忧虑：一是财政危机，寺庙占据了大量土地，僧侣不必纳税，许多百姓托名僧侣的身份逃避税收。"会昌灭佛"之后，寺庙被拆毁，僧侣被迫还俗，暂时缓解了财政危机。二是文化危机，百姓笃信佛教，中国传统的儒学式微。自周公、孔子、孟子之后一度中断，只有重建道统，才能延续中国学脉。

在韩愈、李翱、柳宗元、刘禹锡、欧阳修等人的努力下，唐朝有古文运动，宋朝有诗文革新，形成了以中华文化为正统的文化形态。他们遇到了必须正视的问题，先秦的儒家是站在人群中看人，制定了礼乐教化，那么这些秩序又是从哪里来的呢？合理吗？

从学术脉络上说，这时疑经的思潮到了自觉阶段，不再对一些经书抱着朦胧的崇拜。

孟子关注经书的究竟义，不苛求于文本义。他主张从知识中探求义理，不必纠缠于知识的细节。他举例说：男女交往不能越过界限，是前代流传下来的道德行为准则。但若嫂子落水，小叔子可以拉她的手来救她，这是权宜之法，是义理。义理要超越制度、观念和经典文本，是判断事物的依据。他重视经书的义理，不纠结于经书的言辞。他说："不以文害辞，不以辞害志。以意逆志，是为得之。"[①]读书要超越文本来思考义理，沿着义理去推想作者要表达的真实含义。

在他看来，知识被写定时，已经成为过去时，可以作为借鉴，却不能必然合乎未来。要从知识中寻求义理，付诸实践。孟

---

① 〔东汉〕赵岐注，〔北宋〕孙奭疏：《孟子注疏》卷九上《万章章句上》，北京：北京大学出版社，1999年，第253页。

子强调不去追求礼的外在形式，更重视探求其中的礼义。

东汉王充在《论衡》中，以"九虚""三增"概括传统经典的虚妄不实："儒者称圣过实，稽合于汉，汉不能及。非不能及，儒者之说，使难及也。实而论之，汉更难及。"①经书的话，也并非句句属实，把经书作为依据，必须去除不合情理的虚妄成分。

唐代刘知几曾对诸多经典的文本问题发微："尝议《孝经》郑氏学非康成注，举十二条左证其谬，当以古文为正；《易》无子夏传，《老子》书无河上公注，请存王弼学。"②他也认为经注有诸多的抵牾扞格之处，值得怀疑。

刘知几指出古代史书有重言轻事的传统。古书阙载了古人的诸多言行，流传于世的记录难以证明真假对错。它们只记载了道的部分内容，因此经书也就不能涵盖全部义理。这就把汉儒最重视的经与传釜底抽薪，彻底否定了他们对经传的盲从。

魏晋玄学不反经学，只是反对经学的人性束缚。他们提倡儒道合一，实际是用道家思想来对付儒学。

魏晋南北朝是门阀政治。门阀要维持，就需要谱牒，就需要大家族。大家族要运行，就要区分亲疏远近，就要论丧服，就要讲求伦理的严格。魏晋南北朝的礼学发达，跟这有密切的关系。

道家站在自然中看人，看到的是自然；儒家站在人群中看人，看到的是伦理；佛教站在宇宙中看人，看到的是终极。唐代因为老子姓李，与皇帝同姓，所以皇室更推崇尊重道教，很多王公贵族主动出家做道士，使得道教更流行。后来，唐通西域，丝绸之路上来了很多胡人，佛教浸润民间生活，寺庙林立，连皇帝都笃信佛教。

这四百年间解释儒家经典的书很多，到了唐代汇聚为《五经

---

① 〔东汉〕王充著，黄晖撰：《论衡校释》卷二十《须颂篇》，北京：中华书局，1990年，第856—857页。
② 〔北宋〕欧阳修、〔北宋〕宋祁撰：《新唐书》卷一百三十二《刘子玄传》，北京：中华书局，1975年，第4522页。

正义》，是汉儒以来经学解释的总结。

《五经正义》中的"五经"，是指《诗经》《尚书》《礼记》《周易》和《左传》。相对于汉代经学，唐朝以《礼记》代替《仪礼》，以《左传》超越《公羊》《谷梁》，正在于《礼记》更多阐释礼义，《仪礼》更多记述的是周朝礼仪制度的细节；《左传》将《春秋》的故事讲得更详细，不像《公羊》《谷梁》斤斤计较于《春秋》的笔法，阐释春秋为什么这样写。

《五经正义》是汉学的总结，却孕育着改变。任何细微的改变都孕育着生机。在经学内部，也在孕育着新的发展。就像孩子长大以后，不会再天然地认为父母说的一切都对。古代的经验只能适合当时的人，不能适合未来的人。社会向前发展，怎么能固守两千年前的经验呢？何况，产生于汉末的道教已经走入了小传统之中，西域传入的佛教也告诉大家有因就有果。那么，经学规定的公共秩序是从哪里来的呢？它们合理吗？

经验需要论证，才能证明它们合乎现实的逻辑，才能证明它们有意义。

孟子以来的疑经思潮在宋代迅速被学者们接受。他们觉得在经典之上，还有一重道理。经书正是按照这重道理进行建构的，要读透经书，就要读懂这重道理。宋儒就开始探讨这重道理是什么。

这就要对经书进行新的解读，看看经书中说的道理与汉儒说的是否一样。汉儒按照解经的方式来注释经书，认为经书的说法都是对的。宋儒按照自己的理解来注释经书，结果发现经书有很多问题。

汉学与宋学的分野就在于此。宋人不完全信从于某一部经书，他们对某部经书的阐释，是阐释经书当中蕴含的学理。孙复的《春秋尊王发微》，通过《春秋》来阐述自己认为的"尊王"之道。王安石作《五经新义》，借五经的神圣性阐释变法的意义。

汉儒是我注五经，经书是不容置疑的存在，他们变着法子阐释经书说的话，想办法弥合经书中的抵牾之处。宋儒是五经注我，经书中蕴含着很多道理，需要自成体系进行解释。他们认为，经书也得为阐释道理服务，它们只是前代的经验，要能解决当时的问题。

宋儒很自信。他们抱着"为天地立心，为生民立命，为往圣继绝学，为万世开太平"的使命感①，排斥佛教，借用道教，目的是发展儒学。儒学是不断前行的，就像孔子、孟子、荀子、董仲舒、扬雄和王通等，跟着时代在发展儒学。而经学却是封闭的，孟子之后再无经书。

宋儒发展儒学，探索经学之上的道理。周敦颐觉得《周易》是经学的道理所在。他继承了陈抟的《无极图》和《先天图》，建构了《太极图说》，认为无极、太极是宇宙本原，蕴含了先天的道理。道家认为，阴阳由道衍生，无极生太极，太极中蕴含了阴和阳，阴和阳一静一动，产生四时、八卦，最终衍生出万物。周敦颐认为，宇宙本体是阴阳动静，宇宙起源归于静。由天知人，人性的关键在于内心之诚。

如果想要保持"诚"，就应该守住"神"。"神"来自人的善性。每个人都有善性，却未必能落实善性。因为人在善恶交汇时，善性被蒙蔽了，恶念就出来了。因此，人要守住善的本根，守住神，在关键的时刻弃恶从善，走向正道。

周敦颐的学说，要求人心清静，不被外物蒙蔽、诱惑，达到虚静状态，让内心更加纯净，至于至善。

邵雍也研究《周易》，认为它体现了宇宙的规律。人要认识这些规律，就要从"格物"入手，探寻人与外物的互动关系。人只有忘掉自我，才能体会道的存在。邵雍说的"我"，是受到后

---

① 〔北宋〕张载著，章锡琛点校：《张载集》，北京：中华书局，1978年，第320页。

天蒙蔽的我。只有去除后天的蒙蔽，才能体认"道"的存在，才能观物之性，尽物之性。

在邵雍看来，人感知的世界，只是局部的世界。真理无法穷尽，人心有无限潜能。只有用心来观察宇宙，才能体会宇宙运行。心有多大，宇宙就有多大。拓展自己的心灵，才能达到与道融合的境地，体会天地之道。

邵雍生性闲散，不入仕途。他认为，一旦有了名利之心，就不利于自己体认大道。他在洛阳时，筑"安乐窝"去用心体认天地之道。他的梅花易数，注重人对自然万物的感应，以此推知天地的运行秩序。

◇◇邵雍墓（作者 拍摄）

邵雍作的《伊川击壤集》，很耐看。其中主要写日常所见的平凡物象之后，蕴含着宇宙大道。但宇宙大道是什么，只有他体认得到，只有同道者能看懂。文人写得出景色，却说不出来大道是什么，只是情感的表达，缺乏理趣。

邵雍认为，在没有外部诱惑时，人方能回归到人性之善。孟子的性善论认为，人有恻隐之心、羞恶之心、辞让之心、是非之心，这是人性之善。而邵雍认为，这些善性是宇宙运行的，也是人心的观照，合二为一。

邵雍觉得太虚无形，体现天地之性，化为万物而成气质之性。人蕴天地之性是心，纯然的天地之性是圣人之心；普通人只能体现天地之性的一部分，居仁由义，敦厚崇礼，就能变化气质而立人之性。

孟子认为，善性蕴含于人心；周敦颐、张载都认为，人性是由天地运化出来的。天地有阴阳动静，人性善只有静才能体认得到。邵雍认为，只有去除日常的"我"，形成超越现实的"我"，才能体悟天地运行。

程颢、程颐合称"二程"。邵雍是"二程"的朋友，张载是"二程"的表叔。在"二程"的讨论中，洛学正式确立，程朱理学有了雏形。

程颢被称为明道先生。他认为，人心由天理而来，心性本善。人和动物的区别，在于人有道的存在，动物则没有。人的肉体存在的各种各样的体验，是情。情有善与不善之别，心性、合乎天理的人情就善，不合乎心性、天理的人情就不善。人要用理智约束各种情绪的泛滥。

理智，一是诚，用性善的标准要求自己；二是敬，用力对待自己的内心。诚见之于心是仁，敬见之于心是义；诚见于心是性善，敬见于外是行动。内外结合，就能成至善。程颢认为，人若要定性，就要体会仁，参悟仁，将仁心落实到行动当中。他重视心的作用，认为心能体认宇宙、改变宇宙。这是后来陆九渊、王阳明学术路径的先声。

程颐被称为伊川先生。他认为，天地孕化万物，天地蕴含着天理，将天理注入万物之中。人应当代表天理，人性由天理衍化。人要遵从于天理，按照天理来做事。天理体现在人身上是善。由于每个人体认天地之气不同，人就有了阴阳清浊之分，就有了七情六欲。

◇◇二程故里（索彪 拍摄）

人性合乎天理，情欲逆反天理。人要合乎天理，克制欲望，约束自己，随时随地知道善恶，这是持敬。按照天理辨别情欲善恶，有意识地消除欲望，这是致知。

把学习知识与心性修为结合起来，学习是改变内心，不是掌握一套无用的知识，夸夸其谈。宋儒和汉儒的区别就在于此。汉儒把经书当学问，谈论经学时眉飞色舞，大部分不按照经学的要求做。就像马融"常坐高堂，施绛纱帐，前授生徒，后列女乐，弟子以次相传，鲜有入其室者"[1]，居然被汉儒视为学者风流。在汉儒看来，精通经学是一回事，自己怎么生活是另一回事。

程颐认为，坐而论道不是体认天理，要付诸实践。读《宋元学案》能看到很多宋儒是真的相信道理，做到了心口一致、体用一致。

程颐传杨时，杨时传罗从彦，罗从彦传李侗，李侗传朱熹。程颐和朱熹的学说被称为"程朱理学"。程颐、程颢在洛阳，他们学说也被称为洛学。

朱熹遍注群经，与其他宋儒喜欢讨论义理不同，他立足于经学谈义理，学问更扎实，也更能服人。朱熹认为，人受命于天，本应合乎天理。人秉气有清浊，就分善恶；天理静而为性，心动而生情。人通过穷理问学可以达到贯通天地之理的圣人境地，这就需要格物、致知，观察万物之性。具体的做法就是践行，从实践当中修养自己。

宋儒注重践行，自己怎么说就怎么做。老师与学生相互约束，相互监督，相互劝勉，向着圣人的境地修身养性。格物致知被强化，诚敬也得到重视。

《礼记》中讨论心性的《大学》和《中庸》，被朱熹抽取出来，与《论语》和《孟子》合编为"四书"。

从学术史来看，儒家学说内部也有分歧，在讨论中分头发展。核心问题是人的善性是来自内在认知，还是外物约定。

一派认为，外在的道德决定了人性之善。人只要去除恶的一面，就能回归到本性之善，这是程颐到朱熹的认知，是程朱理学。

一派认为，人心之善不需要外物约束。人的善性是自生的，并没有外物的约定，只要将孟子说的"四心"发展出去就是善

---

[1]〔南朝宋〕范晔撰，〔唐〕李贤等注：《后汉书》卷六十上《马融》，北京：中华书局，1965年，第1972页。

性。这一派从程颢到陆九渊，其学说发展为阳明心学。

理学认为人的善性出于天理，心学认为人的善性源自内在。

陆九渊主张心即理，宇宙便是吾心，吾心便是宇宙。人之善性不是外在的客观约束，而是人心自然生出。陆九渊主张"六经注我"，讲究万物为我所用，经典是用来解释自己的认识的。每个人都有圣明之心，一个人只要把善性发挥出来，就能够体认到道。

王守仁被称为阳明先生。他早年学习程朱理学，龙场悟道后，觉得万物皆在内心。改变内心，就改变了对世界的看法。

在王阳明看来，人要知行合一。这说起来容易，做起来太难了。让自己的行为跟着善性走，在现实中很少人能做到。王阳明的学说只有自觉的人才能做到。

程朱理学和阳明心学好比儒家这棵大树上长出的两根树枝。理学是从外到内讨论，心学从内到外讨论。道路不同，结果却一样，都是引人向善。

程朱理学提倡外物对人的约束，好比学生因师长的严格要求而不得不学，容易缺乏主动性，循规蹈矩地去执行。这适合一般人学习。

心学主张完全依靠心的主动性，优点在于注重发挥人的主观能动性，而其缺点在于缺少一个外在的参照，容易让思考走向迷茫的境地。这适合自觉者学习。

当然，最理想的状态是将师长的教导和自己的主动性结合起来。这是我们现在的看法。程朱理学、阳明心学都是历史的产物，不可避免地存在时代的不足。

现在最缺的不是阳明心学，因为很多人将胡思乱想作为自己的体悟，将道理作为口头禅，流于嘴边之说，并不能体味其真实的修身养性的旨趣。

从元朝开始，朝廷把朱熹的《四书章句集注》作为科举的教材。明朝把《朱子家礼》作为社会的规范，就在于社会中的人缺少遵守规范，而不缺于自己的体悟。

中国儒学有两次哲学的突破：第一次是玄学，第二次是理学，都发生在洛阳。因为魏晋、唐宋时，最高明的人大多集中在河洛地区，他们有时间、有精力、有意愿去讨论芸芸众生不思考的根本问题。

他们是中国历史上一批仰望星空的人，用思考丰富世人的心灵，也用自己的闲暇创造新的历史。

四、《资治通鉴》的创作

宋神宗熙宁四年（1071年），王安石推行新法，司马光却反对他的新法。结果，司马光被贬到西京洛阳，带着一家人在洛阳的尊贤坊居住了十五年。

要是一般的官员，在洛阳闲居，既有高官厚禄，又有灵山秀水，吃喝玩乐就足够了。但小时曾经砸过缸的司马光，是聪明人，也是自觉的人。他在洛阳闲居的十五年，不能没事做，他要好好生活。

司马光在《独乐园记》中介绍了他在洛阳的居住环境：

> 熙宁四年，迁叟始家洛。六年，买田二十亩于尊贤坊北，以为园。……迂叟平日多处堂中读书，上师圣人，下友群贤，窥仁义之原，探礼乐之绪。自未始有形之前，暨四达无穷之外，事物之理，举集目前。所病者学之未至，夫又何求于人，何待于外哉？志倦体疲，则投竿取鱼，执衽采药，决渠灌花，操斧剖竹，濯热盥手，临高纵目，逍遥徜徉，唯意所适。明月时至，清风自来，行无所牵，止无所柅，耳目肺肠，悉为己有。踽踽焉，洋洋焉，不知天壤之间，复有何

乐可以代此也？因合而命之曰"独乐园"。

司马光的独乐园，是他的精神世界之园。人在现实生活中，都有肉体需求，皇帝和走卒一样需要吃喝拉撒睡。在吃喝拉撒睡之外，不同的人思考的问题、做的事情却不一样，这就是格局与境界之分。俗人眼中无圣人，因为他们看不到圣人的精神世界，用庸俗的标准来衡量圣人，看到的只有圣人的穷酸和无奈。

圣人与俗人的区别，关键在于对待穷酸和无奈的态度。圣人安贫乐道，俗人就无底线的"穷斯乱矣"[①]。司马光的独乐园，与裴度的高堂满座、李德裕的胜友如云、钱惟演的饮酒作乐不同，他是被排斥的政敌，是当时的失意者。他不能与民同乐，不能乐其乐，只有自己一个人孤独地读书写作，才能让世人忘记自己，才能让朝廷忘记自己。

他需要自得其乐，就在独乐园建立读书台、钓鱼庵、采药圃、见山台、弄水轩、种竹斋、浇花亭，使之成为心灵栖息的一方乐土。在他感到志倦体疲时，可以栖息，可以流连。

他投竿取鱼，执衽采药，决渠灌花，操斧剖竹，濯热盥手，临高纵目，逍遥倘佯。明月时至，清风自来，独乐园无时无刻不在抚慰着他。他在院子里自由自在，违心的话不说，违心的事不做。心如清风一样自由，人如明月一样通透。

司马光的独乐园，现在位于洛阳伊滨区的温公村。旧居不存在了，留下来的只有《独乐园记》，却比任何复古的建筑更有意味。

独乐园当然不会有现在的园林美丽，《独乐园记》中洋溢的精神力量却熠熠生辉，超过现在很多平庸的园林，成为司马光对

[①]〔魏〕何晏注，〔北宋〕邢昺疏：《论语注疏》卷十五《卫灵公》，北京：北京大学出版社，1999年，第207页。

洛阳的永恒答谢。

苏轼读了《独乐园记》，他认为司马光的独乐，不是和光同尘，不是自我放弃，而是一种藏拙，是远离尘俗的自我保护。世俗的人不理解，看到的是他的失意。明白的人看到的是安贫乐道，静观其变。

苏轼理解司马光，认为他是在放弃中选择自我，其表面的自娱自乐实际是独善其身的自在，独乐之中，蕴含着不以物喜不以己悲的从容。朱熹也认为独乐园是高人的自在之所：

高人山水心，结习自无始。五亩江上园，清阴遍桃李。一堂聊自娱，三径亦可喜。试问避俗翁，何如尊贤里？①

朱熹认为，司马光知道当进则进，当退则退。只知道进的是牛人，能进得去的是猛人，知道急流勇退的是高人。人最难能可贵的是内心不纠结、不拧巴、不内耗，能避开尘俗，做到自由自在，这才是最大的成功。司马光对自己在洛阳生活的自嘲，是自己主动的选择，也是成就司马光美名的重大选择。

主动的选择，是他坚持理想，不愿意改变祖宗成法。他在《酬赵少卿药园见赠》中自嘲性格"鄙性苦迂僻，有园名独乐"。"迂阔"，是宋神宗对自己的评价。宋神宗曾对吕公著说："光方直，如迂阔何？"②宋神宗时朝廷内忧外患，朝廷官员应该想想眼下怎么办，不应该说明天怎么办。

这是两种思维：一种是无利不起早的想法，马上去做，不停地做；另一种是三年不开张，开张吃三年，彻底解决问题。大部

---

① 〔清〕吴之振等撰，〔清〕管庭芬、〔清〕蒋光煦补：《宋诗钞》初集《文公集钞·秀野以喜无多屋宇幸不碍云山为韵赋诗熹伏读佳作率尔攀和韵剧思悭无复律吕笑览之馀賜以斤斧幸甚》，北京：中华书局，1986年，第1663页。
② 〔清〕黄以周等辑注，顾吉辰点校：《续资治通鉴长编拾补》卷二《英宗》，北京：中华书局，2004年，第66页。

分人都是第一种思维，只想马上解决现实问题，不想一劳永逸地解决根本问题。这就造成第一种人总是忙碌，第二种人在现实中不被理解。

王安石是第一种人，是宋儒中追求实用的人。司马光被视为第二种人，就被赶到了洛阳闲居。司马光独乐，并没有忘记儒家的"众乐"理想。他从治国理政的高度观察中国历史，编纂完成一部足以让执政者明白治理得失的史书。

独乐是司马光在洛阳的心态，是传统的"君子固穷"的体现。南宋黄震很理解司马光，他说："温公创独乐园，自伤不得与众同也。"①独乐是孤独的，也能够让人成长。看似是自娱自乐，却是精神生活的自由自在。司马光十五年如一日，编纂了史学界绕不过去的《资治通鉴》。

《资治通鉴》是一部编年体通史，上起周威烈王二十三年（前403年），下迄后周世宗显德六年（959年），贯穿16个朝代，记载了1362年的史事，共294卷。另有考异、目录各30卷。

《资治通鉴》背后，是一个团队在工作。司马光主持编纂，刘羲叟编订年历，作为全书骨架；刘攽、刘恕、范祖禹参与编纂。刘攽负责两汉史，刘恕负责魏晋南北朝史，范祖禹负责唐代及五代史，司马光的儿子司马康负责检订文字。

他们各自收集资料、编写初稿，由司马光综合全书，最后由司马康检订完成。从宋英宗治平二年（1065年）到宋神宗元丰七年（1084年），实际历时19年完成。胡三省《新注资治通鉴序》说，宋神宗认为，该书"鉴于往事，有资于治道"②，并钦赐书名。

司马光在洛阳独乐，实际是在给《资治通鉴》扫尾。全书不录怪奇传闻一类的事件，像"商山四皓"、屈原沉江等都被排斥。

---

① 〔南宋〕黄震撰，黄廷洽等整理：《黄氏日抄》卷四十四《元城语》，郑州：大象出版社，2019年，第139页。

② 〔北宋〕司马光编著，〔元〕胡三省音注：《资治通鉴》新注序，北京：中华书局，1956年，第28页。

据说书成之后，只有他的好友王胜之看过一遍，其他人只翻了一页，便觉得了无趣味。其中的资料和系年，却为后世的史学家所重视。

司马光在《进书表》中说："专取关国家盛衰，系民生休戚，善为可法，恶为可戒者，为编年一书。"①《资治通鉴》着力叙述国家繁荣是如何造就的。司马光系统总结了一千三百多年历代王朝的治理经验，举凡一朝一代的政治变动、军事征战、社会危机、四境纷争等关系治乱兴衰的事迹，都予以全面论载，可谓是"君道在焉，国是在焉，民情在焉"②。

《资治通鉴》是司马光在洛阳的独乐园中编纂成的。司马光说为了编纂它，自己"骸骨癯瘁，目视昏近，齿牙无几，神识衰耗，目前所为，旋踵遗忘"③，付出了毕生的精力和心血。

司马光倦了就在洛阳走走，休息一下。他在《独步至洛滨》中写伊滨：

　　草软波清沙径微，手持筇竹著深衣。白鸥不信忘机久，见我犹穿岸柳飞。④

伊滨柔软的青草、清澈的水波、幽长的小径和自在的白鸥，让司马光感到轻松、舒适，让他暂时忘了疲倦。他在《洛阳看花》中写道：

---

　　①〔北宋〕司马光编著，〔元〕胡三省音注：《资治通鉴》，北京：中华书局，1956年，第9607页。
　　②〔清〕王夫之撰，舒士彦点校：《读通鉴论》卷末《叙论四》，北京：中华书局，1975年，第956页。
　　③〔北宋〕司马光编著，〔元〕胡三省音注：《资治通鉴》，北京：中华书局，1956年，第9608页。
　　④〔明〕马峦、〔清〕顾栋高撰，冯惠民点校：《司马光年谱》卷三《一○七三年》，北京：中华书局，1990年，第367页。

> 洛阳春日最繁华,红绿荫中十万家。谁道群花如锦绣,人将锦绣学群花。

一个"最"字写出了司马光对洛阳牡丹的赞赏之情。司马光在洛阳不是离群索居,也到行人如织的地方去,欣赏得天独厚的山水。他在《过故洛阳城》中写道:

> 烟愁雨啸黍华生,宫阙簪裳旧帝京。若问古今兴废事,请君只看洛阳城。

在司马光的眼中,洛阳是一部完整的古代史。它见证了太多的兴亡衰败,是历史的缩影,也是现实的写照。自古洛阳一直是逐鹿中原的要地,很多兴衰治乱都发生在这里。在洛阳写成的《资治通鉴》,有历史的时间,有地理的便利,还有历史的缩影。司马光可以凭借史料处理历史故事,也可以实际踏访来补充史实。

司马光在洛阳的十五年,是王安石的幸运,他可以心无旁骛地变法;也是司马光的幸运,他可以专心致志撰成《资治通鉴》。中华历史从来不缺一个宰相,因为宰相代代都有。而一部编年体通史《资治通鉴》,那不是谁都能写出来的。

第九章 洛阳才子

在北宋以前，洛阳是中华文明的中心区域，有很多学者来洛阳担任职务、博取功名。李白、白居易、刘禹锡、张籍、欧阳修、司马光等都来过洛阳，然而洛阳只是他们的驿站，不是他们的故乡。

故乡是自幼生活的地方。只有出生在洛阳，成长在洛阳，才能深刻体会到洛阳的风土人情对自己泽被之深。贾谊、玄奘、李贺、王铎等是土生土长的洛阳人，洛阳孕育了他们的所思所想。虽然此后转益多师，藏在骨子里的，仍是故乡的风土人情。①

我们选择籍贯洛阳，在洛阳长大的洛阳人。他们以洛阳为故乡，熟悉洛阳风俗，能说洛阳话，不是洛阳的过客。人是历史的过客，只有老家的人还惦记着自己。这就是故乡的魅力。

一、伊尹如何兴商

伊尹是商朝的开国重臣。《诗经·商颂·长发》说："昔在中叶，有震且业。允也天子，降予卿士。实维阿衡，实左右商王。"阿衡，是伊尹的字，这里说的是伊尹辅佐商王很久，后世商王左右也有一样像伊尹的辅佐者。

伊尹是有莘国人，在洛阳有大莘店，位于伊川平等乡；小莘店在汝阳内埠乡。这一带是夏代有莘国在王畿内的封国。伊尹以陪嫁者的身份接近商汤。《吕氏春秋·孝行览》记载：

> 有侁氏女子采桑，得婴儿于空桑之中，献之其君。其君令烰人养之，察其所以然。曰："其母居伊水之上，孕，

---

① 当然，还有些曾经是洛阳人，如元稹、杜甫等，由于巩义现在划归郑州管辖，故从略。

梦有神告之曰：'臼出水而东走，毋顾。'明日视臼出水，告其邻，东走十里，而顾，其邑尽为水，身因化为空桑。"故命之曰伊尹。此伊尹生空桑之故也。长而贤。汤闻伊尹，使人请之有侁氏，有侁氏不可。伊尹亦欲归汤，汤于是请取妇为婚。有侁氏喜，以伊尹为媵女。①

伊河涨水，居于伊河岸边的有莘国被迫迁徙，伊尹随其母得以逃生。长大后的伊尹"面无须麋"②，胡须黑而短，蓬而髯，丰上而锐下，偻身而下声，与众不同。③他擅长调和五味，懂得怎么致中和。

传说《伊尹汤法》是他创制的，后世用"调和鼎鼐"形容宰相的修为。伊尹借助做汤，悟出了治国之道在于致中和，要能团结大家，吸收不同的意见。为了说服商汤，他主动做了有莘氏公主出嫁的媵臣，"负鼎俎，以滋味说汤，致于王道。……汤举任以国政"④。他五次游说商汤，最后得到商汤的信任。作为厨师，伊尹能够调和五味；作为右相，伊尹能调和大臣的不同意见，实现国家治理的中和。后世将商王的辅佐者皆称为"阿衡"。

《墨子·贵义》记载了商汤去见伊尹之前的对话：

> 昔者汤将往见伊尹，令彭氏之子御，彭氏之子半道而问曰："君将何之？"汤曰："将往见伊尹。"彭氏之子曰："伊尹，天下之贱人也。若君欲见之，亦令召问焉，彼受赐

---

① 〔秦〕吕不韦编，许维遹集释，梁运华整理：《吕氏春秋集释》卷十四《孝行览·本味》，北京：中华书局，2009年，第310页。
② 〔唐〕王先谦撰，沈啸寰、王星贤点校：《荀子集解》卷三《非相篇》，北京：中华书局，1988年，第75页。
③ 〔东汉〕王充著，黄晖撰：《论衡校释》卷二十一《死伪篇》，北京：中华书局，1990年，第901页。
④ 〔西汉〕司马迁撰，〔南朝宋〕裴骃集解，〔唐〕司马贞索隐，〔唐〕张守节正义：《史记》卷三《殷本纪》，北京：中华书局，2014年，第122—123页。

矣。"汤曰:"非女所知也。今有药此,食之则耳加聪,目加明,则吾必说而强食之。今夫伊尹之于我国也,譬之良医善药也。而子不欲我见伊尹,是子不欲吾善也。"因下彭氏之子,不使御。彼苟然,然后可也。

这当然是墨家的想象之辞,认为贤君要不耻下问于名臣。读书只可信其书,不可信其事,墨家认为商汤顾茅庐而见伊尹。实际上,伊尹是以媵臣的身份去见商汤,用做羹汤的道理,谈了治国之道。

《吕氏春秋·本味》是吕不韦亲自编订的书。他曾悬于城门让大家挑错,其所引的故事更符合历史事实。其中记载了伊尹用做汤之理来说治理国家之理。

汤得伊尹,祓之于庙,爝以爟火,衅以牺豭。明日,设朝而见之。说汤以至味,……天子不可强为,必先知道。道者止彼在己,己成而天子成,天子成则至味具。故审近所以知远也,成己所以成人也。圣人之道要矣,岂越越多业哉!①

这段文字使用赋法,出自战国之后学者的手笔,伊尹借调和汤的五味,说明国家治理要兼顾不同意见。这就是"允执厥中"的法则,伊尹立刻得到商汤的认同,成为商汤重要的辅助者。

商汤重用伊尹,可不是只想听他说想法和讲道理,实际上要他作为商朝的间谍,潜入夏朝打探消息,想法接近妹喜,怂恿夏桀不理朝政,为所欲为。

有莘国是夏的王国之一,畿内封国在伊河岸边,距离夏都斟

---

① 〔秦〕吕不韦编,许维遹集释,梁运华整理:《吕氏春秋集释》卷十四《孝行览·本味》,北京:中华书局,2009年,第312—321页。

寻很近。伊尹是有莘国人，可以入夏都斟寻，随时刺探情报。据说伊尹是"五就汤，五就桀者"①，伊尹五次往返商丘与斟寻之间收集情报。有一次他居然在斟寻住了三年，确定了夏桀的胡作非为已经使民怨沸腾，商汤才下了伐夏的决心，《吕氏春秋·慎大览》说：

> 伊尹奔夏三年，反报于亳，曰："桀迷惑于末嬉，好彼琬琰，不恤其众。众志不堪，上下相疾，民心积怨，皆曰：'上天弗恤，夏命其卒。'"汤谓伊尹曰："若告我旷夏尽如诗。"汤与伊尹盟，以示必灭夏。
> ……
> 商涸旱，汤犹发师，以信伊尹之盟。故令师从东方出于国西以进。未接刃而桀走，逐之至大沙。身体离散，为天下戮。不可正谏，虽后悔之，将可奈何？汤立为天子，夏民大说，如得慈亲，朝不易位，农不去畴，商不变肆，亲郼如夏。此之谓至公，此之谓至安，此之谓至信。尽行伊尹之盟，不避旱殃，祖伊尹世世享商。②

这是儒家之外的史述系统流传的故事。实际上，伊尹使用了苦肉计，让商汤亲自射杀自己，以此取得夏桀和妹喜的信任。他往返夏与商之间，不停地替商汤递送情报，成为商汤的战略盟友。这说明伊尹只是以陪嫁的媵臣接近商汤，他应当是有莘国的贵族，方才有可能与商汤结为盟友。最终他与商汤里应外合，灭了夏朝。

当时的传说有二：一是庖厨说服商汤，二是商汤迎之。从小

---

① 〔东汉〕赵岐注，〔北宋〕孙奭疏：《孟子注疏》卷十二上《告子章句下》，北京：北京大学出版社，1999年，第329页。
② 〔秦〕吕不韦编，许维遹集释，梁运华整理：《吕氏春秋集释》卷十五《慎大览》，北京：中华书局，2009年，第353—356页。

说而言，我们习惯相信前者；从历史而言，我们应该相信后者。前者太过传奇，后者符合历史实际。陆贾就说："伊尹负鼎，居于有莘之野，修道德于草庐之下，躬执农夫之作，意怀帝王之道，身在衡门之里，志图八极之表，故释负鼎之志，为天子之佐，克夏立商，诛逆征暴，除天下之患，辟残贼之类，然后海内治，百姓宁。"[①] 伊尹是夏朝的有志青年，胸怀天下。他下决心灭夏，才宁愿以陪嫁者的身份去见商汤，并与之结盟，共谋灭夏大计。

伊尹应该是利用有莘国公主出嫁的机会，主动接近商汤。他证实了商汤灭夏的决心，才多次返回夏都打探情报。他想办法取得了夏桀及妹喜的信任，怂恿他们折腾。《管子·轻重甲》说作为间谍，伊尹用财货、女乐引诱夏桀淫乱。

天怒人怨的夏朝，让商汤成了夏末的大救星。他顺应百姓的愿望灭了夏朝，伊尹因此也成为汤相。汉代时，还有《伊尹》五十一篇，大致是后世根据他的言论写成的论述，现在已经散佚了。

除了朝代兴亡之事，伊尹对中华文明的贡献有二：一是创作了《伊尹汤法》。他通过煮汤制作药膳，通过煮药制作汤剂，奠定了中医汤剂学的基础。二是他发明了区田法，使得商朝的生产力迅速超越夏朝。

再好的政治理想，也首先要让百姓吃上饭穿上衣。伊尹发明了区田法，这才是商汤重用伊尹的关键。《氾胜之书》说："汤有旱灾，伊尹作为区田，教民粪种，负水浇稼。"区田法使单位土地亩产迅速翻番，立刻提高粮食产量，在夏商之际代表着先进生产力。明代徐光启参考《氾胜之书》及《务本书》说："汤有七年之旱，伊尹作区田，教民粪种，负水浇稼。诸山陵倾阪，及

[①]〔西汉〕陆贾撰，王利器撰：《新语校注》前言《慎微》，北京：中华书局，2012年，第89页。

田丘城上,皆可为之其区。当于闲时旋旋掘下,正月种春大麦,二三月种山药芋子,三四月种粟及大小豆,八月种二麦豌豆。节次为之,不可贪多。夫丰俭不常,天之道也。故君子贵思患而预防之。如向年壬辰、戊戌饥歉之际,但依此法种之,皆免饥殍。此已试之明效也。"使用区田法使能种的土地当年就提高产量,在夏末的大旱中能立刻解决燃眉之急。

区田法使得商人种一年就能收好几次。七年大旱之后,他们有足够的产品去贸易,有足够的时间从事祭祀,有大量的积蓄可以隆祀。现在看来,在夏、商、周乃至此前的历史中,哪个部族掌握了先进的生产力,就有机会居于统治地位。历史的兴衰,在三代及之前,是先进的生产力代替旧的生产力,生产力在朝代兴衰中起决定性作用。

商朝依靠更细致的社会分工和贸易集聚实力,最终战胜了夏朝徘徊不前的生产要素组合。商朝富足了,就有力量让老百姓吃饱饭,穿暖衣,商汤就能得到大家的拥护,推翻了不祭祀、不富足的夏朝。

伊尹辅佐商汤建国之后,还做了很多其他贡献。《管子·地数》说:"伊尹善通移轻重、开阖、决塞,通于高下徐疾之策,坐起之费,时也。"《管子》认为伊尹善于经营国家,懂得国家如何治理,充分利用多余的收入让商朝更加富足。《管子》道出了伊尹兴商的秘诀,他利用国家力量去做单个部族无法完成的事业。

儒家说伊尹所用的是尧舜之道,为商朝的长治久安奠定了根基。《盐铁论·非鞅》中说:"伊尹以尧、舜之道为殷国基,子孙绍位,百代不绝。"儒家认为,他继承了传统的治国之道,得到了商人的敬重。其实那时还没有儒家呢,尧舜之道也是后来追述的治国方法。

另外,"汤乃命伊尹作为《大护》,歌《晨露》,修《九招》、

《六列》，以见其善"①。他为商汤创制乐歌。后来，他还流放了商汤的儿子太甲，自己摄政三年，待太甲悔过之后，退归臣位。因为伊尹做了多方面的贡献，被后世视为贤臣的典范。

二、贾谊的悲剧根源

贾谊出生在洛阳孟津。孟津，原在孟地。因都道所凑，置以为津，周武王在此盟会之后，故称盟津，后世改称孟津。武王的会盟地称会盟镇。

贾谊成长在孟津，师从荀子的学生张苍。张苍与韩非、李斯是同门师兄弟，但年龄要小得多。他和师兄一样，学了荀子的富国强兵、德主刑辅的帝王之术。他将这些传给了贾谊。

所以贾谊是荀子的再传弟子。荀子对中华文明的贡献有二：一是培养了韩非、李斯和在稷下就学的士人们。在稷下学宫荀子"最为老师"②，影响了一批人，其中就有年轻的张苍。二是传承了儒家经典，他将《周易》《尚书》《仪礼》《诗经》《春秋》《乐经》传授给学生，使得"六经"在汉代由自己的弟子和再传弟子继承。

汉初，很多书本没有被写定，只是口传文本。贾谊在少年时做过《道德论》《道术》之类的文章，说明他敢于思考关键问题和主流问题，也说明他的学说一下子抓住了问题的根本。

见识是衡量一个人才能的利器。只读书不思考是书呆子，只思考不读书是白费脑子。人生遇到的所有问题，都可以在书本中找到间接经验。遇到现实问题，能想出新的解决办法，讨论问题就有了新的见识。

---

① 〔秦〕吕不韦编，许维遹集释，梁运华整理：《吕氏春秋集释》卷五《古乐》，北京：中华书局，2009年，第126页。

② 〔西汉〕司马迁撰，〔南朝宋〕裴骃集解，〔唐〕司马贞索隐，〔唐〕张守节正义：《史记》卷七十四《孟子荀卿列传》，北京：中华书局，2014年，第2852页。

见识是区别一个人是不是人才的标志。贾谊年轻的时候，洛阳乃至全国都流行帝道学说，讲求因循自然，无为而治。贾谊探讨道德、道术，说明了他的学术是有根的。

贾谊十八岁时，就能诵读《诗经》《尚书》，闻名于洛阳。那时候的洛阳归河南郡管辖。河南郡的太守是吴公。吴公亲自接见贾谊。一试，他发现贾谊确实读书很多，也很有见识。吴公非常喜欢他。

文帝初立，听说河南郡太守吴公的"治平为天下第一"[①]，又与李斯是老乡，就任命吴公做廷尉。吴公任廷尉，他应该掌握了李斯熟悉的刑名之学。文帝本好刑名之言，他愿意向吴公学习。吴公就向文帝推荐贾谊，说贾谊虽然年少，但精通诸家之书。

文帝就征召贾谊担任博士。博士，是秦汉之际皇帝的顾问官。他们读书很多，皇帝遇到什么不懂的问题，博士给解答一下。当时文帝置了很多博士。贾谊十九岁时，相当于现在大一学生的年龄，已经担任了皇帝的顾问。

少年得志的贾谊百无禁忌，没有很深的社会阅历，什么都敢说，什么也能说。汉文帝遇到什么难办的事，就让朝臣们讨论。司马迁说："每诏令议下，诸老先生不能言，贾生尽为之对，人人各如其意所欲出。诸生于是乃以为能不及也。"[②]

历史学者的记述都爱用春秋笔法。司马迁夸贾谊的话，证明贾谊确实比其他朝臣有见识，能看到汉朝的核心问题在哪儿，也能想到解决办法。有很多话，大臣们不愿意说，贾谊全说了。

汉文帝觉得贾谊确实有见识，很快将之提升为太中大夫，随时进宫与汉文帝讨论国家治理问题。文帝时的博士秩四百石，太中大夫秩六百石。汉文帝实际给贾谊升职了。

[①]〔西汉〕司马迁撰，〔南朝宋〕裴骃集解，〔唐〕司马贞索隐，〔唐〕张守节正义：《史记》卷七十四《屈原贾生列传》，北京：中华书局，2014年，第3020页。

[②]〔西汉〕司马迁撰，〔南朝宋〕裴骃集解，〔唐〕司马贞索隐，〔唐〕张守节正义：《史记》卷七十四《屈原贾生列传》，北京：中华书局，2014年，第3021页。

司马迁说:"汉兴至孝文二十余年,天下和洽,而固当改正朔,易服色,法制度,定官名,兴礼乐,乃悉草具其事仪法,色尚黄,数用五,为官名,悉更秦之法。"①贾谊受汉文帝信任,适逢其时。

贾谊的学说吸收了道法家的思想,注重虚静之术,强调公共秩序在国家治理中的基础性作用。他认为,道德落实到现实生活中就是礼制,这是先王治国经验的总结。将礼制作为生活形式,大家都按照规定做事做人,可以解决教育问题、社会问题、经济问题。②

文帝前元二年(前178年),二十三岁的贾谊作《论积贮疏》,建议汉文帝重农抑商,加强农业发展,有了粮食就能稳固国本。汉文帝采纳了他的建议,农业得到了迅速发展。

当时反思秦朝失败的策论中,贾谊的《过秦论》大放光彩。他分析秦亡的教训在于仁义不施,认为国家治理的关键在于"安民"。民心安定,国家就会富强。他反思为什么秦国还只是普通诸侯时能灭掉六大强国,为什么统一天下的秦朝却败给了几个匹夫,答案是"仁义不施而攻守之势异也"③。

汉初推行与民休息的黄老之政,让百姓自化,但这种放任也导致了社会风俗的败坏。贾谊认为,应该用礼法合治来解决问题。他说:"夫礼者禁于将然之前,而法者禁于已然之后。……以礼义治之者,积礼义;以刑罚治之者,积刑罚。刑罚积而民怨背,礼义积而民和亲。"④只有以礼义教化百姓,才能移风易俗。

---

① 〔西汉〕司马迁撰,〔南朝宋〕裴骃集解,〔唐〕司马贞索隐,〔唐〕张守节正义:《史记》卷七十四《屈原贾生列传》,北京:中华书局,2014年,第3021页。

② 参见徐复观《两汉思想史》第二卷,上海:华东师范大学出版社,2001年,第86—95页。

③ 〔西汉〕司马迁撰,〔南朝宋〕裴骃集解,〔唐〕司马贞索隐,〔唐〕张守节正义:《史记》卷六《秦始皇本纪》,北京:中华书局,2014年,第355页。

④ 〔东汉〕班固撰,〔唐〕颜师古注:《汉书》卷四十八《贾谊传》,北京:中华书局,1962年,第2252—2253页。

从孔子开始，儒家已经意识到治理国家不能过度依靠法律而不重视教化，那样只能导致吏治腐败、民风浇薄。① 惠帝时，丞相曹参多用长者为吏，宽厚施政，使秦法的弊端得以缓解。但将治道系于人的做法是缺乏保障的。文帝前元元年（前179年），丞相陈平去世后，刘邦时期的功臣凋零殆尽。靠个人威望治国的时期已经过去，国家治理必须依靠有效的制度保障。

贾谊主张将法制和礼义结合起来，恩威并用。他认为，礼别贵族，法行下民。他在《陈政事疏》中说："凡人之智，能见已然，不能见将然。夫礼者禁于将然之前，而法者禁于已然之后，是故法之所用易见，而礼之所为生难知也。"他主张，借鉴"礼别贵贱"的传统，对秦法进行反拨。

贾谊将礼制作为理民的必要工具，认为只有建立规范的礼制，才能约束大家的行为。正因为没有礼制的约束，西汉的诸侯实力大于皇帝，他们正虎视眈眈地盯着皇位。汉初的三十年推行无为之治，淡化了尊卑分明的等级秩序，诸侯王在名号、服饰、宫室、车舆等方面与皇帝等齐，成为皇帝潜在的隐患。

贾谊认为，汉文帝没有建立起尊卑有序的礼制，"君臣相冒，上下无辨，此生于无制度也"②。他主张必须"定经制，令主主臣臣，上下有差，父子六亲各得其宜"③，形成尊卑有别的差等。他建议汉文帝，规定宫室、器物、舆服的规制，建立起一套区别君臣秩序的礼制，做到"等级既设，各处其检，人循其度。擅退则让，上僭则诛"④。但是，此时诸侯王已经坐大。消除他们要反，不消除他们也要反。

---

① 范学辉：《从吏治角度看"文景之治"》，《齐鲁学刊》2006年第3期，第57—60页。
② 〔西汉〕贾谊撰，阎振益、锺夏校注：《新书校注》卷三《瑰玮》，北京：中华书局，2000年，第104页。
③ 〔西汉〕贾谊撰，阎振益、锺夏校注：《新书校注》卷三《俗激》，北京：中华书局，2000年，第92页。
④ 〔西汉〕贾谊撰，阎振益、锺夏校注：《新书校注》卷一《服疑》，北京：中华书局，2000年，第53页。

他建议，慢慢分削诸侯的土地，以此削弱他们的实力。这件事太敏感，当时的很多人没意识到，或者意识到但不愿触及。贾谊年轻，看到了就说，结果犯了诸侯和功臣的大忌。

加上贾谊的"超迁"，粉碎了很多老臣一步一个脚印的经营，让很多老臣眼红。丞相周勃、太尉灌婴、御史大夫冯敬和东阳侯张相如四人一起上奏："洛阳之人年少初学，专欲擅权，纷乱诸事"[1]，说贾谊无事找事。他们四人认为，其实诸侯的事，可以留待以后解决，现在太平盛世，不好吗？干吗折腾？

年轻的贾谊，得罪了朝廷的功臣。这不是贾谊的错，或许是那些功臣只想着自己的利益，不顾国家利益。总之，削藩的建议，直接得罪了诸侯，这是连汉文帝都只可以想却不敢做的事，贾谊却提出来了，还列出了实施的步骤，岂能不惹怒众人。

在朝臣和诸侯的反对下，汉文帝只好疏远了贾谊——那不是我的想法，是贾谊的主张。贾谊就这样被外放到长沙，做了长沙王太傅。

西汉时期的长沙，地势低洼、气候潮湿。从小就在赞扬声中长大的贾谊被贬至此，内心郁闷。他经过湘水，看到屈原当年被放逐之地，伤悼前辈的怀才不遇，在朝中受到排挤，写下《吊屈原赋》，借缅怀屈原抒发自己的悲愤，感慨自己遇到了小人。司马迁认为屈原和贾谊是一类人，在《史记》中作《屈原贾生列传》写了他们悲愤的人生经历。

在长沙三年，贾谊没有开心的时候。有一天，有一只鵩鸟突然飞进来。鵩鸟是猫头鹰，自周以后被视为不祥之鸟。贾谊进行占卜，结果是"主人将去"。贾谊开始忧愤抑郁，写下《鵩鸟赋》，把被贬长沙的心情贯穿进去，《鵩鸟赋》成为文学史上的名篇。

---

[1]〔东汉〕班固撰，〔唐〕颜师古注：《汉书》卷四十八《贾谊传》，北京：中华书局，1962年，第2222页。

三年后,汉文帝征召贾谊入京。当贾谊见到汉文帝时,汉文帝正坐在正室接受神的降福。汉文帝问他鬼神之事,贾谊讲述自己对鬼神的见解。汉文帝听得非常认真,最后慨叹"吾久不见贾生,自以为过之,今不及也"[①]。

这个说法究竟是什么意思,只有汉文帝知道了。或许是说,三年了,贾谊还是那个样子,没有反思,没有改变。又或许是说,贾谊已经不如从前了。

总之,这次聊天后,汉文帝没有让贾谊留在朝廷中,只是改任贾谊为梁怀王太傅。

李商隐在《贾生》中说:"宣室求贤访逐臣,贾生才调更无伦。可怜夜半虚前席,不问苍生问鬼神。"他感慨汉文帝对贾谊大材小用,也没看懂贾谊轻言削藩之策,那是汉文帝只可碰不能说的马蜂窝。

梁在现在商丘和周边的土地。贾谊到了商丘,开始培养梁怀王。汉文帝前元十一年(前169年),梁怀王不幸坠马身亡。贾谊更加抑郁了,认为自己该为此负责。他终日闷闷不乐,一年后去世,终年三十三岁。

贾谊是第一个被称为"洛阳才子"的人。他的少年时期过于一帆风顺,没能关注到汉文帝即位之初的复杂局势,就直接提出了自己的主张。

那主张是所有人心知肚明的趋势,只是汉文帝时还不适合动手去解决。因为汉文帝是功臣和诸侯王联合扶植上去的,汉文帝没有实力打破他们之间的平衡。贾谊不懂,削藩只能是几十年上百年之后的事情了。景帝削藩,七国叛乱。汉武帝时,中央强大了,才逐步完成。贾谊说得太早,所有条件都不具备,注定他只能一个人承受所有的后果。外放为诸侯王太傅,是汉文帝对他的

[①] 〔东汉〕班固撰,〔唐〕颜师古注:《汉书》卷四十八《贾谊传》,北京:中华书局,1962年,第2230页。

保护。而后来主张削藩的晁错,汉景帝直接让他当了替罪羊。

就像童话《皇帝的新装》里的小男孩,说出了人人不敢说的心里话,他的结果会是什么?贾谊要在政论史上千古留名,就注定一生不会一帆风顺。

一般人只看眼前发生了什么,贾谊却能预见几十年甚至一百年后能发生什么。人与人的差别,就在于此,这就是格局。

三、盐铁专卖的桑弘羊

秦汉之际的洛阳,拥有"天下之中"的便利,很多人去做生意。司马迁说:

> 洛阳东贾齐、鲁,南贾梁、楚。……周人既纤,而师史尤甚,转毂以百数,贾郡国,无所不至。洛阳街居在齐秦楚赵之中,贫人学事富家,相矜以久贾,数过邑不入门,设任此等,故师史能致七千万。[①]

居住在洛阳的商人利用南北交通的优势,通过贸易积累了很多财富。其中最著名的就是白圭。

白圭做生意的秘诀是:"乐观时变,故人弃我取,人取我与。夫岁孰取榖,予之丝漆;茧出取帛絮,予之食。"[②]用现在的话来说,就是利用商品的时间差,低买高卖,赚取差价。他日积月累,成为名闻天下的大富商。

另一个著名的商人就是桑弘羊。他出身洛阳的商人世家,精通计算,善于商贾。他被汉武帝看中,主要是因为汉武帝需要一

[①]〔西汉〕司马迁撰,〔南朝宋〕裴骃集解,〔唐〕司马贞索隐,〔唐〕张守节正义:《史记》卷一百二十九《货殖列传》,北京:中华书局,2014年,第3963—3979页。

[②]〔西汉〕司马迁撰,〔南朝宋〕裴骃集解,〔唐〕司马贞索隐,〔唐〕张守节正义:《史记》卷一百二十九《货殖列传》,北京:中华书局,2014年,第3955页。

个信得过的人帮自己理财。

桑弘羊十三岁时就表现出惊人的计算天赋，在担任侍中期间，帮助武帝处理内务，得到汉武帝的信任。桑弘羊三十三岁担任大农丞，后来以搜粟都尉的身份兼任大农令，掌管全国财政。

汉武帝对匈奴用兵，需要大量的粮草。钱从哪来？桑弘羊觉得可以采用盐铁专卖的政策来解决。

盐和铁是汉朝百姓的必备品，由国家统一经营，可以迅速增加税收。国家能通过每年海量的卖盐、贩铁获得丰厚的利润，民不加赋而国家日饶，这就为后代的专卖制度打下基础。

国家专卖在管仲治理齐国时曾用过，效果不错，但只是在齐国一地实行过。

要在全国实行，效果如何？怎么普及？如何征收？桑弘羊设计出了一套完整的方案。国家垄断盐、铁的经营，百姓购买需要付出相应的税收，国家就将成本价和商品价之间的利润收走了。只能国家经营盐和铁，其他人不准经营，由此形成了国家专卖制度。

桑弘羊的政策帮汉武帝取得了对匈奴作战的资金，让汉武帝可以放开手作战。

专卖政策的缺点也是明显的，那就是民间不能藏富，百姓有点钱都被国家财政搜刮走了。汉武帝穷兵黩武，耗尽了国力。汉武帝晚年觉得再也打不动了，就下《轮台诏》反思自己的政策缺失。

汉武帝的儿子汉昭帝即位时，桑弘羊任御史大夫，实际是副丞相，兼管财政。当时的辅政者是霍光，他决心调整汉武帝时国进民退的政策，重新恢复汉朝的经济活力。

史书评价汉武帝，多肯定他与匈奴长期作战的功绩。然而兵马未动，粮草先行，是打了不少胜仗，也把家底折腾得差不多了。用《汉书》上的话来讲，当时国家财力虚耗，户口减少了一半。全国总共只有那么多钱，不是放在老百姓的口袋里，就是放在国家的口袋里。盐铁专卖是想办法从老百姓的口袋里拿钱让国家使用，老百姓没钱的时候，国家也就没钱了。

始元五年（前82年），谏大夫杜延年看到国家经济困难，就上书对霍光说："连年收成不好，百姓离乡背井，应当恢复文帝时的政策，提倡节俭，为政宽和，顺从天意，取悦民心，收入就会跟着好转。"霍光采纳了他的建议。

第二年春季，汉昭帝下诏命让各郡国举荐贤良和文学来京城讨论，大家都建议："希望取消盐、铁、酒类的专卖制度，罢黜均输官，不要与天下人争利，向百姓表示节俭，然后才可以振兴礼乐教化。"

桑弘羊却表示反对，他认为："盐、铁、酒类的专卖制度和均输措施等，都是国家赖以控制四夷、保卫边疆、充足财用的根本大业，不能废除。"于是，一场关于盐铁专卖等问题的辩论开始了。

这年夏天，由宰相田千秋、御史大夫桑弘羊带着他们的属下，作为一方；各郡国推荐的八位贤良和五十多位文学，作为一方。双方进行了中国有史以来第一次关于财经政策的大辩论。周围是担任旁听和做记录的政府官员。

盐铁辩论围绕富国还是富民展开。桑弘羊代表的政府官员认为开辟财源，严刑峻法，才能把国家治理好，就需要国进民退。贤良文学们来自民间，了解百姓的疾苦，要求发展经济，关注民生，不要再穷兵黩武，严格控制酷刑，保证百姓的合法权益，要求让利于民。汉宣帝时的桓宽根据当时的记录，把正反两方面的意见整合起来，编成一本书叫《盐铁论》。

这场辩论涉及很多国家治理的问题，比如，富国还是富民，何者优先；如何处理文治与武功的关系；如何处理国营与民营的问题；如何处理贫富差距的问题。

当年七月，汉昭帝接受贤良文学们的建议，撤销负责酒类专卖的官员。霍光也顺势减轻赋税和徭役，使百姓得到休息，恢复了社会的繁荣。

这次盐铁辩论，宣布了桑弘羊的经济政策该调整了。

汉武帝临终安排四个大臣——霍光、上官桀、金日磾、桑弘羊辅佐汉昭帝。金日磾第二年就去世了。霍光与上官桀关系最亲密。两人是儿女亲家，霍光的女儿是上官桀之子上官安的妻子。最初，两人配合默契，霍光休假离朝，上官桀常代替霍光入朝裁决政事。

不久，矛盾就出来了。霍光的女儿给上官桀的儿子生了个女儿，只有五岁，上官安想通过霍光的关系，让女儿进入后宫，给八九岁的汉昭帝当皇后。霍光认为外孙女年纪还小，没有同意。

此路不通，再找别的路。上官安想到了汉昭帝的姐姐盖长公主，可自己没法和公主见面。后来他打听到公主与他儿子手下叫丁外人的人私通。上官安平时与丁外人关系很好，许诺事成之后给丁外人封侯。

丁外人非常高兴，将此事告诉长公主。长公主表示赞同，并想办法让汉昭帝颁布诏书，将上官安的女儿召入宫中，封为婕妤，并任命上官安为骑都尉。

这样一来，上官桀父子十分感激盖长公主，就努力想办法封她的情夫丁外人一个侯爵。建议提出后，霍光又拒绝了。上官桀父子觉得很没面子，那就退而求其次，希望丁外人当光禄大夫，霍光也不同意。

上官桀父子连连碰壁，盖长公主也开始怨恨霍光。

上官桀任左将军，上官安任车骑将军，皇后是上官安的亲女儿。霍光事事挡着，上官桀觉得他不是针对事，是针对人。上官父子心里愤愤不平，决心夺权。

要夺权，先要找同盟。上官桀想到了两个人。一个是燕王刘旦，他因为不能继承帝位，正满腹委屈。另一个是御史大夫桑弘羊，他几十年来一直在建盐、铁、酒专卖制度，给政府开辟财源，却被霍光找的一批民间人士给推翻了。桑弘羊帮助汉武帝筹办军需，没有功劳也有苦劳，没想到他的经济政策就这么快被公开批判了。而且用当众辩论的方式进行，等于公开羞辱，桑弘羊也觉得愤怒。

元凤元年（前80年）八月，盖长公主、上官桀、上官安、桑弘羊、刘旦秘密结成一个反霍光联盟。上官桀让人以燕王刘旦的名义，向汉昭帝上疏，说霍光的罪名有二：

一是僭越礼制，有谋逆之心。他说霍光到首都郊外检阅宫廷禁卫军、羽林卫士时，沿途戒严，像皇帝出巡一样；禁止行人走路，教御厨房打前站准备饮食住处，用天子仪式。这是僭越。

二是大权独揽，有营私之实。刘旦指控说，苏武出使匈奴汗国二十年，誓不投降，只不过封了个典属国之职。大将军长史杨敞，毫无功勋，却升任搜粟都尉。霍光还擅自把各军指挥官调到最高统帅部，增加参谋本部人数。

在奏章最后，刘旦表示："霍光独揽大权，为所欲为，恐怕有非常行动。我刘旦愿意交还诸侯王的印信，到宫廷侍奉陛下左右，保护圣躬，督察奸臣。"

上官桀利用霍光休息、自己值班的机会，把奏章单独呈送给汉昭帝。他预计的是，只等汉昭帝把奏章交下查办，他就通知御史大夫桑弘羊立即逮捕霍光，把他处决了。

可是，万万想不到，他将奏章呈送给汉昭帝后，汉昭帝留在案头，不交下查办。这时汉昭帝才十四岁，他的迅速反应和英明判断，使尚书跟左右高官，无不震惊。

那个呈递文书的人，果然逃亡了。汉昭帝下令紧急追捕。上官桀等心虚恐惧，劝解说，这是一件小事，用不着劳烦圣心。

上官桀、盖长公主认为，既然不能用"合法"形式扳倒霍光,那就用采取激烈手段对付他。他们决定由盖长公主摆下酒席,请霍光赴宴,在帐下设伏兵,把霍光格杀,然后罢黜汉昭帝,迎立刘旦继位。

没想到事情急转直下。稻田使者燕仓得知这个阴谋,立即报告。

事不宜迟,霍光立刻行动。九月一日,汉昭帝下诏,命宰相田千秋逮捕孙纵之、上官桀、上官安、桑弘羊、丁外人,连同他们的家族,全部诛杀。盖长公主一看,只好自尽。

司马迁说,汉武帝雄才大略,善于用人。有桑弘羊的运筹,汉武帝实行了盐铁专卖,民不加赋而国库充盈,支持了国家的长期对外用兵。

桑弘羊采用盐铁专卖,增加了国家税收,也为古代中国财政尝试了一条可行的道路。尽管儒家不时批评桑弘羊的国进民退,但历朝历代不得不采用专卖制度,获得大量的财税收入,用于支撑日渐增大的朝廷开支。桑弘羊的盐铁专卖虽然在道义上似乎不够完美,但获得的实效却很突出。霍光虽然在政治斗争中打败了桑弘羊,桑弘羊行之有效的专卖政策却长久回响在中国的财政史上。

四、唐玄奘的取经译经

玄奘在《西游记》中被称为"唐僧"。他对人对妖的开场白是:"贫僧是东土大唐差往西天取经的和尚。"

和尚在西域有的是,唐僧因为来自大唐,就能赢得格外尊重。当时,大唐是世界上最繁荣最强大的国家。大唐派来的高僧,那就要值得被看一眼,人称他为"唐僧"。

在《西游记》中,唐僧是李世民派去取经的,与皇帝结为兄弟,所以被女儿国国王称为"御弟哥哥"。实际上,唐玄奘是自己偷跑出去的,现实中也没有"御弟哥哥"的称呼。

被叫作唐僧的玄奘，本名陈祎，是洛州缑氏人，即现在洛阳偃师人。

玄奘出家，是因为他有慧根，志在佛教。当时很多贵族出家当沙弥、尼姑，是因为他们真信佛教。十三岁时，玄奘在洛阳净土寺剃度。后来的净土寺在洛阳伊川县白元乡水牛沟里，当时是很大的寺庙。明朝人立碑追述寺史，觉得玄奘在此出家值得大书特书，就写了下来。

玄奘二十一岁受具足戒。具足戒是真正的比丘、比丘尼应接受、应坚持的戒律。因为戒品具足，被称为具足戒。也就是说，十三岁之前的唐玄奘居住在洛阳，十三岁至二十一岁主要居住在净土寺修行。

唐朝人对佛教的解释，主要来自佛教经典。佛教经典是陆续传入的，不同的人对佛教经典的翻译不同，不同时期翻译的经典各有侧重。而且，佛教传入中国后按照中国人的思维、风俗、要求、习惯重新解读，经过不同的门派形成了不同的宗派。

玄奘学的是俱舍宗，依据的经典是《俱舍论》。俱舍宗主要讨论色、受、想、行、识五蕴之理，以界品、根品为体用，以世间品、业品、随眠品解释有漏之学，以圣贤品、智品、定品阐述无漏之学。有漏就产生烦恼，无漏就不产生烦恼。

人的境界不同，处世方式不同。芸芸众生为了谋生而奔波，解决了温饱问题的人会思考哲学问题。人们看到的世界都一样，精神的世界却不一样。看客观世界是色，想的主观体验却是受，不同的人会产生不同的判断。各种判断促使人有所行动，就是行。不同的人思想境界不同，遇到同一件事的行为方式也不同，思考的维度也就不一样，这就是识。

有的人局限于细枝末节，格局狭小，境界低下，这叫界品。有的人着眼于根本，格局阔大，境界较高，这叫根品。具备根品之人最接近于佛法，他们能够坚持原则、坚持本性，是开悟的人。无根之人,容易被外部世界左右,容易情绪化,今天一斧头明天一榔头,不会专注做一件事。

容易被外部世界改变的人,内心总是有各种各样的不满足。既得陇,复望蜀,没有边界,由此生出许多烦恼。他的心性是有漏的;圣明之人、聪慧之人和有定力之人,会随时随地消除自己的欲望和烦恼,他的心性是无漏的。

玄奘早年学习俱舍宗。他发现俱舍宗中有许多疑问未能得到解答,翻译多有讹谬,想广求异本作为参验,看看他们究竟说的是什么意思。国内没有更多的经典,只有前往天竺求取佛经,以解答阅读和思考的困惑。

贞观初年,他随商人去西域。当时国家有禁令不能随便出入境,他便偷跑了出去。

唐朝时西域信奉佛教,玄奘的佛学修养在沿途得到发挥。他辩博出众,得到了各国人的尊重,对佛经的讲释论难,得到了佛教界的尊敬。

玄奘辗转游历,到了那烂陀寺,师从戒贤,全面学习了《瑜伽师地论》《显扬圣教论》《对法论》《集量论》《中论》《百论》《俱舍论》《大毗婆沙论》《顺正理论》《因明论》《声明论》等,还研习了《瑜伽师地论》,学了梵文的《声明记论》。本来就是高僧,又学习了大唐没有的经典,这就使玄奘掌握了当时佛教最精深的知识体系和逻辑系统。

玄奘在西域行走了十七年,经行一百多个国家,学会了他们的语言,了解了当地习俗,为后来撰写《大唐西域记》十二卷打下基础。

贞观十九年(645年),玄奘回到洛阳,见到唐太宗。这是他第一次见到唐太宗李世民。唐太宗赞许玄奘带回来了新的佛教经典,"诏将梵本六百五十七部于弘福寺翻译,仍敕右仆射房玄龄、太子左庶子许敬宗，广召硕学沙门五十余人，相助整比"①。李世民更关心西域有什么，就让玄奘先把一百多个国家的事写下来。这就是《大唐西域记》。玄奘口述，由弟子辩机执笔，共同完成了一部西域的口述史。

《大唐西域记》记述了玄奘经行的一百一十个国家，听闻的二十八个国家的情况。这些国家的领土、都城、农业、商业、风俗、文艺、语言、文字、货币、国王、宗教，《大唐西域记》中都有记录，它是研究唐代西域地区的第一手资料，也是理解丝绸之路的重要文献，也是《西游记》的资料来源。

翻译佛经是玄奘的宏愿，也是国家的盛举，由李世民下令，宰相主持翻译。当时的太子李治，为了追福文德太后建造了慈恩寺。他用皇家仪仗，奏九部乐，送玄奘和他翻译出来的佛经入住。

唐高宗即位后，玄奘继续翻译佛经。显庆元年（656年），高宗又令左仆射于志宁，侍中许敬宗，中书令来济、李义府、杜正伦，黄门侍郎薛元超，国子博士范义硕，太子洗马郭瑜，弘文馆学士高若思等，帮助玄奘润色翻译佛经。在高宗时期，终于翻译出了佛经七十五部。

玄奘是高僧，能耐得住寂寞。他以长安人众竞来礼谒，受到打扰，不能安心翻译佛经为由，请求到清净的地方去居住。高宗让他移居于宜君山故玉华宫。

麟德元年（664年），时年六十二岁的玄奘去世，归葬于白鹿原兴教寺，有几万士女为他送葬。翻译的佛经中，有一部《般若波罗蜜多心经》，翻译者便是玄奘，直到现在还在使用。

在学习和翻译中，玄奘创立了唯识宗。唯识宗又名法相宗，是佛教八大宗派之一。

---

① 〔后晋〕刘昫等撰：《旧唐书》卷一百九十一《玄奘》，北京：中华书局，1975年，第5108—5109页。

唯识宗依托的经典是《解深密经》《唯识论》，参照了六经十一论，概括了佛教的逻辑方法。法相在实践上是修行佛法时的一切形式、方式，在理论层面阐释了佛法的宗旨、要义。

《唯识论》讲述了怎样从相对之空到绝对之空的学理。相对之空看到的是色外之空，绝对之空看到的是色中之空。人要破除我执、法执，能够中道去观，体悟到心外法无、内识非无、识外境空。要分清相对真实是依据他者产生的理解，妄想是依据自己经验所形成的理解，绝对真实是依据性空而形成的理解。

人要想理解佛理，要经过由浅入深、由粗入细的五重境界，是为五识。一是遣虚存实，放弃虚妄之相，洞察真实。二是舍滥留纯，观察事理，看透本真。三是摄末归本，放弃枝梢，抓住关键。四是隐劣显胜，以心观物，显露本相。五是遣相证性，将法相与本心结合起来，体悟事理的根本。《唯识论》采用直接修证来讨论佛法，融理论与实践为一体。

玄奘所总结的因明学，被视为世界上三大逻辑体系之一。

因明学的逻辑是印度大乘佛教对逻辑学、辩论术与知识论三种学说的总称，建立在知识论的基础上，研究对象是佛教知识的起源、形式及表达。

佛教传入中国后，因传入路径不同，因明学逻辑形成了汉传、藏传两大系统。汉传因明的主线，是玄奘西游后带回的因明学大师陈那的理论。玄奘翻译了陈那的《正理门论》及商羯罗主的《入正理论》。为表明主要内容，在书名前加上"因明"二字。

在翻译佛典及传授弟子的过程中，玄奘建立了汉传因明学的理论体系。他的弟子研读阐释，使因明学盛极一时。在佛教中国化的过程中，此学成为具有丰富思辨性的逻辑系统。

佛教在因明逻辑的基础上形成了独特的世界观。它对时间空间的认识，对因缘的讨论，在思考世界的存在方式与人类的理解方式时，有很多独特的视角。

因明逻辑后来也被称为佛教逻辑。在佛教中国化的过程中，内化入中华文化，如等量齐观、现身说法、六根清净、大彻大悟、胡说八道、见风使舵、将错就错、冷暖自知等，融合着因明逻辑的观点、结论和方法，成了中华文化的组成部分。

五、李贺歌诗的风物

曾任寿安县尉的张耒到过李贺宅院，他评价说："独爱诗篇超物象，只应山水与精神。"①他认为李贺诗歌中大量出现的神仙鬼怪与歌舞描写，有来自《楚辞》等经典的积累，更多受所居昌谷风物的滋养。

在李贺二十七年的生命中，有二十一年居于昌谷。他"听讲依大树，观书临曲沼"②，熟悉昌谷的风物，从中寻觅灵感，求取情状。外求于景，内应乎心，建构起虚荒诞幻的想象世界，终成名闻天下的诗人。昌谷风物是他最为基础的创作源泉。

连昌宫又称兰昌宫，为隋初置，唐开元年间达到盛时。连昌宫位于寿安县西二十九里、福昌县西十七里③，在李贺旧居昌谷附近④。顾祖禹说："福昌宫，县西十七里。隋置，后废。唐显庆三

---

① 参见〔北宋〕张耒撰，李逸安、孙通海、傅信点校《张耒集》卷二十四《岁暮福昌怀古四首·李贺宅》，北京：中华书局，1990年，第427页。
② 〔唐〕李贺著，吴企明笺注：《李长吉歌诗编年笺注》卷四《春归昌谷》，北京：中华书局，2012年，第462页。本文所引李诗原文均以吴注为底本，后文不再另行出注。
③ 〔北宋〕欧阳修、〔北宋〕宋祁撰：《新唐书》卷三十八《河南道》，北京：中华书局，1975年，第983页。
④ 钱仲联著：《梦苕盦专著二种·李贺年谱会笺》，北京：中国社会科学出版社，1984年，第5页。

年复置,改为兰昌宫。"①

按王灼《碧鸡漫志》卷三《霓裳羽衣曲》的说法,唐玄宗动了排演霓裳羽衣舞的想法,是在连昌宫望仙楼上。

> ……刘梦得诗云:"开元天子万事足,惟惜当年光景促。三乡陌上望仙山,归作《霓裳羽衣曲》。仙心从此在瑶池,三清八景相追随。天上忽乘白云去,世间空有秋风词。"……刘诗谓明皇望女几山,持志求仙,故退作此曲。当时诗今无传,疑是西凉献曲之后,明皇三乡眺望,发兴求仙,因以名曲。②

刘禹锡诗,今本《全唐诗》作《三乡驿楼伏睹玄宗望女几山诗,小臣斐然有感》,言及唐明皇在连昌宫望仙楼开始排练霓裳羽衣曲。

开元十四年(726年),唐玄宗在东都洛阳居住。元稹的《连昌宫词》作于元和十三年,也言及唐明皇、杨贵妃在此排练霓裳羽衣曲。

> 上皇正在望仙楼,太真同凭栏干立。……夜半月高弦索鸣,贺老琵琶定场屋。力士传呼觅念奴,念奴潜伴诸郎宿。……春娇满眼睡红绡,掠削云鬟旋装束。飞上九天歌一声,二十五郎吹管逐。逡巡大遍《凉州》彻,色色《龟兹》轰录续。李谟擪笛傍宫墙,偷得新翻数般曲。平明大驾发行

---

① 〔清〕顾祖禹撰,贺次君、施和金点校:《读史方舆纪要》卷四十八《宜阳县》,北京:中华书局,2005年,第2255页。

② 彭东焕等著:《碧鸡漫志笺证》卷三《霓裳羽衣曲》,成都:巴蜀书社,2019年,第104—105页。清人姚配中《书学拾遗》云:"元微之《连昌宫词》云:'李謩擪笛傍宫墙。'箫笛谓之擪,则大指当用上节外之肉际,斜向上以按管矣。大指斜向上,余四指皆斜向下。"参见〔清〕震钧撰,蒋远桥点校《清朝书人辑略》卷十《姚配中》,上海:上海书画出版社,2020年,第346页。

宫，万人鼓舞途路中。①

元稹言参与排练的乐工有贺怀智、念奴、春娇、李承宁、李謩等。其中提到的念奴，亦见于《碧鸡漫志》卷五《念奴娇》："然明皇不欲夺侠游之盛，未尝置在宫禁。岁幸温汤，时巡东洛，有司潜遣从行而已。"并引《开元天宝遗事》说："念奴有色，善歌，宫伎中第一。"②此为唐人旧说，谓念奴曾至于洛阳排演《霓裳羽衣曲》。

沈括在《梦溪笔谈》卷五中写道：

> 元稹《连昌宫词》有"逡巡大遍《凉州》彻"。所谓"大遍"者，有序、引、歌、觖、嗺、哨、催、撷、衮、破、行、中腔、踏歌之类，凡数十解，每解有数叠者，裁截用之，则谓之"摘遍"。今人大曲皆是裁用，悉非"大遍"也。③

他认为《连昌宫词》排练的是大曲，其中有歌唱。张祜在《连昌宫》中写道："龙虎旌旗雨露飘，玉楼歌断碧山遥。"④他言连昌宫曾彻夜歌声不断排练曲子，其中就有《霓裳羽衣曲》。⑤

连昌宫在安史之乱后被废弃。元稹在《连昌宫词》中写道：

---

① 〔唐〕元稹撰，冀勤点校：《元稹集》卷二十四《连昌宫词》，北京：中华书局，2010年，第311—312页。

② 彭东焕等著：《碧鸡漫志笺证》卷五《念奴娇》，成都：巴蜀书社，2019年，第201页。

③ 〔北宋〕沈括撰，金良年点校：《梦溪笔谈》卷五《乐律一》，北京：中华书局，2015年，第42—43页。

④ 〔唐〕张祜撰，尹占华校注：《张祜诗集校注》卷三《连昌宫》，成都：巴蜀书社，2007年，第151页。

⑤ 唐传奇《龙城录》："八月望日，唐明皇与申天师游月宫，寒气逼人，霜露沾衣，过一大门，在玉光中见一大府，榜曰广寒清虚之府。少前，见素娥十余人，乘白鸾，笑舞于广庭大桂树下，乐音清丽，上皇归，制《霓裳羽衣曲》"，言唐明皇受到启发而作。参见邓子勉编《明词话全编》，南京：凤凰出版社，2012年，第370页。

"明年十月东都破,御路犹存禄山过。驱令供顿不敢藏,万姓无声泪潜堕。两京定后六七年,却寻家舍行宫前。庄园烧尽有枯井,行宫门闭树宛然。……庙谟颠倒四海摇,五十年来作疮痏。……年年耕种宫前道,今年不遣子孙耕。"①

据《旧唐书》记载:"天宝十五载,玄宗西幸,禄山遣其逆党载京师乐器乐伎衣尽入洛城。寻而肃宗克复两京,将行大礼,礼物尽阙。"②包括连昌宫在内的乐工被安禄山俘虏。安禄山在洛阳凝碧池大宴,其中就有演奏《霓裳羽衣曲》的乐工。

唐肃宗在恢复二京后,对参加凝碧池的乐工按出任伪职论处,导致《霓裳羽衣曲》乐工流散③,原先居于连昌宫的乐工亦被赶出宫居住。

贞元、元和年间的连昌宫虽已废弃,但尚有人居。曾经行连昌宫的韩愈描述其境:"夹道疏槐出老根,高甍巨桷压山原。宫前遗老来相问,今是开元几叶孙?"④这些"宫前遗老",指的就是居住于宫前而不被朝廷使用的老乐工。

李贺家在连昌宫附近,自幼不仅听闻连昌宫故事,常至连昌宫游玩。他的《昌谷诗》(五月二十七日作)言及旧宫:

> 纡缓玉真路,神娥萼花里。苔絮萦涧砾,山实垂颏紫。小柏俨重扇,肥松突丹髓。鸣流走响韵,垄秋拖光穟。莺唱闵女歌,瀑悬楚练帔。风露满笑眼,骈岩杂舒坠。乱条迸石岭,细颈喧岛嶅。日脚扫昏翳,新云启华閟。謐謐厌夏光,

---

① 〔唐〕元稹撰,冀勤点校:《元稹集》卷二十四《连昌宫词》,北京:中华书局,2010年,第312—313页。

② 〔后晋〕刘昫等撰:《旧唐书》卷二十八《音乐一》,北京:中华书局,1975年,第1052页。

③ 曹胜高:《中晚唐"开教坊"与曲子词的繁荣》,《中国诗歌研究》第七辑,北京:中华书局,2010年,第91—122页。

④ 〔唐〕韩愈著,〔清〕方世举编年笺注,郝润华、丁俊丽整理:《韩昌黎诗集编年笺注》卷十《和李司勋过连昌宫》,北京:中华书局,2012年,第556页。

商风道清气。高眠复玉容，烧桂祀天几。雾衣夜披拂，眠坛梦真粹。待驾栖鸾老，故宫椒壁圮。鸿珑数铃响，羁臣发凉思。阴藤束朱键，龙帐著魑魅。碧锦帖花棂，香奁事残贵。歌尘蠹木在，舞彩长云似。

自己行于连昌宫中，走在杨贵妃曾经走过的路上，想起闵女的歌声，看到倒塌的故宫椒壁，感知连昌宫当年的情形。

李贺十五岁以歌诗知名洛阳，他精通音乐的技艺从何而来？

当得益于连昌宫旧乐工的滋养。李贺入职协律都尉时为十九岁，掌管雅乐。此前一直居住于故乡昌谷，连昌清唱是连昌乐工所擅长的。很多旧乐工在肃宗后居于连昌宫外，李贺受其滋养而精通音乐。

唐宪宗晚年好神仙，李贺曾作《河南府试十二月乐词》十二首，依次描写十二月的场景。其中《九月》写自己对离宫的感受，便来自他在连昌宫的体验，而其音乐素养，则来自连昌乐工的教习。

女几山位于连昌宫对面，与李贺故居相对。《山海经》记载女几山为豫西名山。《水经注》卷十五状其景："迢遰层峻，流烟半垂，缨带山阜，故坞受其名。"[1]女几山多流岚，气象万千，成为南北朝时北方的隐居修仙之所。元稹在《连昌宫词》中说"上皇正在望仙楼，太真同凭栏干立"[2]，言唐玄宗、杨贵妃在望仙楼远眺女几山。

女几山得名于女几成仙。刘向《列仙传》载：

> 女丸者，陈市上沽酒妇人也。作酒常美，遇仙人过其家饮酒，以素书五卷为质。丸开视其书，乃养性交接之术。丸

---

[1]〔北魏〕郦道元著，陈桥驿校证：《水经注校证》卷十五《洛水》，北京：中华书局，2007年，第366页。

[2]〔唐〕元稹撰，冀勤点校：《元稹集》卷二十四《连昌宫词》，北京：中华书局，2010年，第311页。

◇◇连昌宫对面的女几山（作者 拍摄）

私写其文要，更设房室，纳诸年少饮美酒，与止宿，行文书法。如此三十年，颜色更如二十时。仙人数岁复来过，笑谓丸曰："盗道无私，有翅不飞。"遂弃家追仙人去，莫知所之云。①

《太平广记》卷七叙其事："女几随仙人去。居山历年。人常见之。其后不知所适。今所居即女几山也。"魏晋时，女几山与华山、泰山齐名。隋唐人多传说隐居在女几山的为得道者。②如张轨作"与同郡皇甫谧善，隐于宜阳女几山"③；王真说"乡人计

---

① 王叔岷撰：《列仙传校笺》卷下，北京：中华书局，2007年，第156页。
② 臧荣绪称，"孙登尝经宜阳山，作炭人见之与语，登不应，作炭者觉其情神非常，咸共传说，太祖闻之，使阮籍往观与语，亦不应。籍因大啸，登笑曰：复作向声。又为啸，求与俱出，登不肯，籍因别去。登上峰行且啸，如箫韶笙簧之音，声振山谷。籍怪而问作炭人，作炭人曰：故是向人声。籍更求之，不知所止，推问久之，乃知姓名。余按孙绰之叙高士传，言在苏门山，又别作登传。孙盛魏春秋亦言在苏门山，又不列姓名。阮嗣宗感之，著大人先生论，言吾不知其人，既神游自得，不与物交。阮氏尚不能动其英操，复不识何人而能得其姓名"。参见〔北魏〕郦道元著，陈桥驿校证《水经注校证》卷十五《洛水》，北京：中华书局，2007年，第366页。
③ 〔唐〕房玄龄等撰：《晋书》卷八十六《张轨传》，北京：中华书局，1974年，第2221页。

真之年，以四百余岁。后登女几山，仙去"①。

李白曾有隐居女几山的想象，他在《赠韦秘书子春》中说："谷口郑子真，躬耕在岩石。……却顾女几峰，胡颜见云月。"他勉励郑子春在女几山安心隐居。岑参对隐居女几山的梁判官说："女几知君忆，春云相逐归。草堂开药裹，苔壁取荷衣。老竹移时小，新花旧处飞。可怜真傲吏，尘事到山稀。"②言语中充满羡慕之情。羊士谔作《过三乡望女几山，早岁有卜筑之志》："女几山头春雪消，路傍仙杏发柔条。心期欲去知何日，惆怅回车上野桥。"他期望未来能隐居女几山。

裴度曾偕白居易、韩愈经过女几山，皆有功成身退隐居女几的想法。白居易说："晋公出讨淮西，时过女几山下，刻石题诗，末句云'待平贼垒报天子，莫指仙山示武夫'。"③裴度提到女几山为仙山，曾有游仙于女几山的想象。韩愈《奉和裴相公东征途经女几山下作》："旗穿晓日云霞杂，山倚秋空剑戟明。敢请相公平贼后，暂携诸吏上峥嵘。"他期望裴度得胜归来，一起隐于女几山。

李贺在《南园十三首》（其十一）中言："长峦谷口倚嵇家，白昼千峰老翠华。自履藤鞋收石蜜，手牵苔絮长莼花。"他在家能看到女几山。女几山多神仙，唐人亦好仙游。其中的神仙想象使李贺从小便浸染其中，能倜傥不羁地去想象他们。

李贺曾作《仙人》，言及仙人形象，与女几山中的游仙想象相关。其中的南山正是故乡南面的女几山。《神弦曲》又言神仙境界：

西山日没东山昏，旋风吹马马踏云。画弦素管声浅繁，

---

① 〔北宋〕李昉等撰：《太平御览》卷六百六十二《道部四·天仙》，北京：中华书局，1960年，第2957页。
② 〔唐〕岑参撰，廖立笺注：《岑嘉州诗笺注》卷三《送梁判官归女几旧庐》，北京：中华书局，2004年，第587页。
③ 〔唐〕白居易撰，谢思炜校注：《白居易诗集校注》卷三十《题裴晋公女几山刻石诗后》，北京：中华书局，2006年，第2303页。

花裙綷縩步秋尘。桂叶刷风桂坠子,青狸哭血寒狐死。古壁彩虬金贴尾,雨工骑入秋潭水。百年老鸮成木魅,笑声碧火巢中起。

以桂叶刷风、青狸寒狐的意象出之,又言古壁雨工、百年老鸮的形象,这些皆见于深宫古宅中。其《巫山高》想象巫山神女的样子,绝非偶然得之,正是出于自幼形成的神仙想象。因此,女几山游仙传说,打开了李贺的想象世界,使其能融合文学积累,为文学创作开辟新的境界。

李群玉《送郑子宽弃官东游便归女几》言,其曾至女几山游玩,到三乡见女神庙:"回车三乡路,仙菊正堪摘。寄谢杜兰香,何年别张硕。"诗中写到女几山有兰香祠。张耒《女几祠下》:"山边白云闲不扫,庙前上马荒春草。山下松花龙甲光,东风古柏吹暖香。朝霞为裳水为佩,守庙千年老龙在。清风扫堂神暮还,山头月出溪潺潺。"他以写守庙千年的老龙,谓兰香庙久远。若以千年论之,宋时女几山仍有汉代古祠。

李贺看到的兰香神女庙为唐代所建,其《兰香神女庙》(三月中作)中塑造的兰香神女,是基于唐人想象的兰香形象,集瑶姬、湘君、湘妃的想象形象于一身。李贺描写的兰草、桂花、菱角、藕花,是兰香神女庙的实景,也构成了他对神女的基础想象。

兰香传说起源于汉,经魏晋流传开来。《杜兰香传》言:"晋太康中,兰香降张硕,为诗赠硕云:'纵辔代摩奴,须臾就尹喜。'摩奴是香御车奴,曾忤其旨,是以自御。硕说如此。"①《杜兰香别传》谓:"杜兰香,自称南阳人。"②

东晋南迁后,兰香传说南下。《郡国志》曰:"金陵西浦,亦

---

① 〔北宋〕李昉等撰:《太平御览》卷五百《人事部·奴婢》,北京:中华书局,1960年,第2289页。
② 〔唐〕欧阳询撰,汪绍楹校:《艺文类聚》卷七十九《灵异部·神》,上海:上海古籍出版社,1965年,第1348页。

云项口,即张硕捕鱼遇杜兰香处也。"[1]《神女杜兰香传》言:"神女姓杜,字兰香,自云家昔在青草,湖风溺,大小尽没,香时年三岁,西王母接而养之于昆仑之山,于今千岁矣。"[2]该传言其生长在洞庭湖上。神女家从南阳到了南康,再到洞庭。若不是神女在信口胡说,表明神女传说本就是传说,不足细究。

兰香神女传说在唐代广泛流行,成为著名的神仙故事。李康成的《玉华仙子歌》,引兰香典故为之。曹唐的《张硕重寄杜兰香》中有详细的情节。曹唐分别替张硕、兰香拟辞,可见兰香、张硕的典故已经广为人知。女几山的兰香祠,表明唐时仍流传兰香传说,李贺当听闻之。

这些诗歌中的神女形象,是他看到兰香庙而形成的神仙想象。李贺作《贝宫夫人》言神女在天宫的样子,其中的"长眉凝绿",与兰香庙中兰香浓眉小口的形象刻画相合。他的《湘妃》,想象湘妃及其居住环境,其中就有古龙的描写,也是以他所见的兰香庙为原型展开的想象。《李夫人》中的"翩联桂花"、《帝子歌》中的"山头老桂"、《神弦别曲》中的"南山老桂",种种意象与《兰香女神庙》所言"兰桂吹浓香"相似,可见李贺对神女的想象中,兰花、桂树是神女居所的必备之物。

现在的文学史言李贺之作,多言其受中唐诗文风气影响,少言其受所居环境的泽被。李贺居昌谷二十一年,其诗其文得家乡风物泽被甚深,足见昌谷风物对少年作家影响的深刻。

六、王铎的书法意义

王铎故居在洛阳孟津区会盟镇。他字觉斯,自号嵩樵,顺治

---

[1] 〔北宋〕李昉等撰:《太平御览》卷七十五《地部·浦》,北京:中华书局,1960年,第352页。

[2] 〔北宋〕李昉等撰:《太平御览》卷三百九十六《人事部·溺》,北京:中华书局,1960年,第1829页。

九年（1652年）病逝，谥号文安，安葬于洛河边，可见他对洛阳眷恋之深。

王铎在历史上留名，主要是因为他的书法成就。据说，他的《拟山园帖》传入日本，日本人把他列为"第一流"的书法家，一度提出了"后王胜先王"的说法。后王是王铎，先王是东晋王献之。王铎的书法生发了一个新的派别，称为"明清调"。

王铎在书法上取得的成就，不是偶然的，而是中国书法发展到清初的必然产物。

王铎是山西洪洞的移民后代，出生在孟津。他是祖居山西太原王姓之后。据说，他的始祖是王成。洪武十年（1377年），从山西洪洞迁居河南巩县，后移居洛阳孟津。在明代，巩县、孟津都属于洛阳管辖。当时洛阳残破，很多山西人迁到了洛阳居住。现在的洛阳人，很多是山西洪洞县遗民的后代。而汉魏、唐宋居住的洛阳人，很多已经南迁走了。

◇◇王铎故居（作者 拍摄）

王铎曾祖是王几乾。王几乾的二儿子王价是万历二年（1574年）的进士，任职于南户曹。这让王铎的父亲王本仁见识了知识改变命运的力量，全力支持儿子王铎读书。

王铎十二岁开始临习王羲之《圣教序》，学习二王笔法。当时，他家里田地不多，有时尚不能一日两粥，全靠在乡里办学的舅父陈具茨资助，他才勉强学得小学知识。

书法和绘画入手需正，后世学习前代的笔意、结构和章法。若没有书法基本功，书写就变成了自娱自乐的练习，或者没有根底的翻新出奇。

万历三十七年（1609年），王铎到山西蒲州的河东书院读书，试图博取功名，改变此前的苦寒。三年后，他赴乡试不中，回来后隐居嵩山读书。其间，他在孟津家的园子里产出两棵灵芝，他认为是好兆头，取名为"再芝园"。

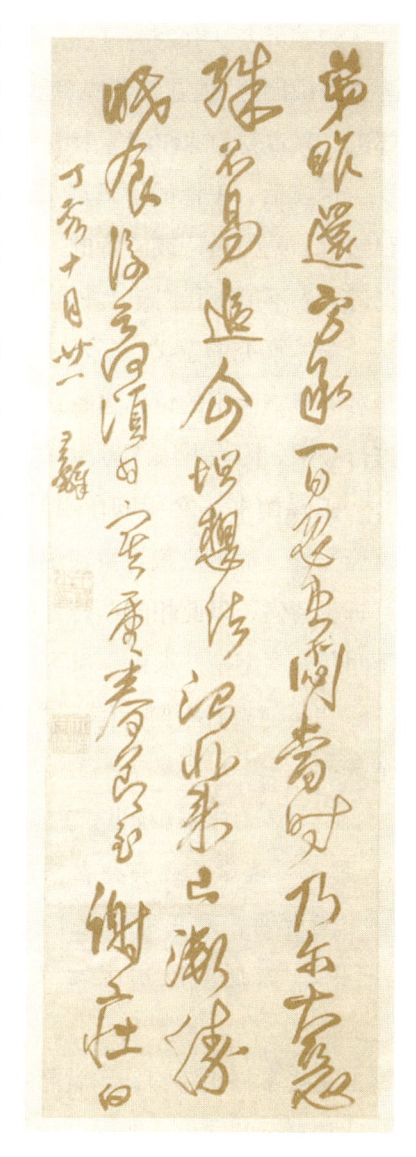

天启元年（1621年），王铎中乡试。第二年，他以殿试名列二甲第58名，赐同进士出身。他在这一年荣归故里，放松了一段时间。

◇◇王铎草书临谢庄帖轴
（作者 拍摄）

崇祯元年（1628年）夏，他再次回到孟津，修整"再芝园"为"拟山园"。他在孟津见到了以前的故友，与乡里的友人登览邙山，兴致勃勃地作诗《南山登高同友苗家村夜归漫兴》。

说实话，王铎的诗只是二流，用来记事而已。明代的诗写得很熟滑，是仿唐诗或宋诗的，缺乏亲近感。王铎写了很多诗，单论诗，尚不值得我们记上一笔。

学术研究的意义，是对一流大家的一流创作进行研究，而不是对一流书法家的诗作进行赏析，也不是对一流诗人的书法作品进行夸耀。因为书法优劣，有时候看作品，有时候看帽子。

王铎的书法之所以在当时被人称赞，原因有二。一是字写得确实好，值得收藏。清代倪灿说："王觉斯写字课，一日临帖，一日应清索，以此相间，终身不易。"①说王铎天天临帖临碑，从不间断。写字精益求精，当然越写越好。

二是他来者不拒，待人诚恳。清代王士禛《分甘馀话》卷二记载：

> 孟津王文安公在京师，诸公欲乞书，辄置酒邀之饮，无算爵，或烹鸡卵数十，盛以巨盎，破馎饦、蒸饼亦数十枚，杂投其中，而食之立尽。

王铎不靠卖字挣钱，就超越了大部分书法家的以技自售。他对欣赏自己的同僚、朋友、故人和不相识的，都能做到好酒好饭相待。这使得王铎的官越做越顺，名气也越传越大。他的很多书法作品，都是为朋友、同乡所写的墓志铭。字写得从容，气也很顺，少见媚俗。

媚俗是书法的大敌，很多书法家常常字里带着媚俗的成分。

---

① 〔清〕震钧撰，蒋远桥点校：《清朝书人辑略》卷一《王铎》，上海：上海书画出版社，2020年，第19页。

原因是写字时想法太多，或者为了钱，或者为了奖，或者为了让看的人夸自己。媚了俗卖的是帽子，而不是字。

崇祯三年（1630年），王铎返回孟津，与洛阳亲友到处游玩，创作了很多诗作和书法作品。随后，他奉旨出使山西潞安府，完事后经太行返回孟津，见到了黄河泛滥决口，百姓溺死无数，作诗以纪念之。

崇祯八年（1635年），王铎与温体仁、吴宗达意见不合，自请调任掌南京翰林院事，这段时间他做官做得比较郁闷。九月，先返孟津居住，携家人游邙山，在家待了一段时间。十二月，率家人乘舟沿黄河赴南京上任。

王铎在南京任詹事时，幼女、次女先后去世。他已经两度上疏，要求乞归省亲。三年后，老父病故，王铎服丧在家。不久，母病故，王铎再次返回。李自成火烧洛阳之后，王铎见家乡一片残破，就将藏书数车运到河南辉县的孟庄山志园贮存。国仇家恨让王铎精疲力竭，王铎六次请求告归，换来的只是南明晋升他为少傅进行安抚。

顺治二年（1645年）清军攻陷扬州时，王铎与礼部尚书钱谦益等开南京城门投降。第二年，王铎任清朝的礼部尚书，加少保衔。

陈寅恪先生的《柳如是别传》写了钱谦益降清前后的心态。我们不知道王铎心里怎么想，他在兵荒马乱中经历了国破家亡，应当身心俱疲，无可奈何。两年后，他返回孟津，第二年就病逝了，享年六十一岁，葬于偃师南，谥为文安。现在在偃师的王铎墓前石马高有二米，墓碑为顺治的"谕祭碑"，用颜体书写，远不及王铎的字儒雅。

王铎与董其昌齐名，有"南董北王"之称。只不过两个人在历史上名声都不太好。董其昌在松江被民众自发抄家。《江南闻见录》也说南京城破时王铎的样子：

> 奸悍兵民乘机入大内，抢夺金帛甚多，大半为强者所得。太子虽为百姓拥入，文、武元老无一至者。百姓遂擒相国王铎，禁中城，拔须掯发，极其殴打。旋入其家，抢劫一空。

王铎经历了人生最大的耻辱，被百姓自发殴打，家财被抢劫一空。虽然清朝给了他安慰，但他始终被贴上了"贰臣"的身份，无法直起腰杆。这也是学界回避他的原因，认为他只是没骨气的书法家而已。

这些年书法界开始重视王铎，是因为他的字写得确实好。他独尊王献之，还学习钟繇、颜真卿、米芾的书法，钻研《阁帖》，楷书、行书、隶书、草书都写得十分精妙。

王羲之、王献之的书法被称为"二王笔法"。唐朝的张彦远在《法书要录·传授笔法人名》中说：

> 蔡邕授于神人，而传之崔瑗及女文姬，文姬传之钟繇，钟繇传之卫夫人，王夫人传之王羲之，王羲之传之王献之，王献之传之外甥羊欣，羊欣传之王僧虔，王僧虔传之萧子云，萧子云传之僧智永，智永传之虞世南，世南传之欧阳询，询传之陆柬之，柬之传之姪彦远，彦远传之张旭，旭传之李阳冰，阳冰传徐浩、颜真卿、邬彤、韦玩、崔邈。凡二十有三人。文传终于此矣。

他们的字不是写出来的，而是用心性和学问养出来的。唐太宗喜欢王羲之的字，据说《兰亭序》原本就是给他陪葬了，现在我们看到的是后人的摹本。

他们的字介于行楷之间，是唐代褚体、柳体、颜体的来源。

"二王"是世族，他们做官是副业。唐代的人做官是主业，写字是副业。唐代书法用得最多的地方，一是写给皇帝的奏疏，二是为他人写的墓志或碑文。前者重视规矩，后者需要媚俗。这就注定了唐代书法缺少随心所欲的空间，字多写得规规矩矩，主要通过章法来体现修养，通过字体的法度来形成自己的风格。

法度成为唐代书法的秘诀。宋人打破的正是唐人的法度，继承了中晚唐追求的高古。高古是一种格调，是蕴含在无字处的艺术修养。宋元四大家的字，写得最好的不是奏疏和碑刻，而是各种帖子。

王铎的书法从"二王"进入，继承的是中国书法的主流。他学习历代名家的书法。能从中吸收法度、意趣和书法的张力，前提是自己熟练的"二王笔法"成为自己写字的基础。只要能在"二王笔法"上融入自己的思考和体验，写出来的字就与众不同。

很多学者讨论王铎的用笔，说他有规矩、有力度、有布局，这些观点更多看到了王铎书法的形。王铎在天启和崇祯初年的作品，重视字体，充满才情，有更多自信。他的《临王羲之修载帖轴》《再芝园诗轴》《与大觉禅师草书启》更偏重于自我的升华，书写自己的才性和法度。他在崇祯后期的作品多了一些忧虑，有一丝苦涩。特别是《赠今础先生扇面八帧》《望白雁潭作诗轴》《飞人诗轴》《怀州作诗轴》，增加了越来越多的无可奈何。

书法可以从字法和章法上进行学术分析，也可以从起笔落笔的节奏中看到书写者的心情，还可以从通篇的布局中看到书写者的气息。王铎在考上进士的天启年间写的《临王羲之修载帖轴》、崇祯年间写的《临兰亭序卷》，投降后写的《临古法帖轴》，可以作为王铎书法创作的三次升华。这也是他书法不断精进的基础。不同年龄有不同的感悟，三次临帖的书写各具意趣。

天启年间，他的书法更张扬才情和个性，用现在的话来说就是写得好，靠的是书法功力，他追求有意突破，讲求技法的创新。崇祯年间,他的书法成了心性的书写,新的突破更多来自平复心情,创新体现在用笔的顿挫上。顺治时期,他的书法有一种无可无不可的态度,是奉天承运的自然态度。这时的作品有一种看穿了世事的冷落寂寞,更趋理性,有明显的孤冷情调。

在河南孟津流传着很多王铎神笔的故事。有的或许有原型,有的可能是讹传。老家的人并不知道王铎的字如何延续着中国书法的主流。这在媚俗、油滑的明末,是多么难能可贵。

中国书法以"二王笔法"为主流。从王羲之、王献之,到智永、赵孟頫、董其昌、王铎,坚持的是这条路线,其特点是书写雅致,字重正统,写出来的字是典型的阁帖体。书法史上往往记载了太多书法家对技法的改进、创新、打破乃至反叛,忽略了一以贯之的正统书写。

他们的创新是对"二王笔法"的扬弃,不是彻底放弃。现在书法界的乱象,就是很多人不学书法的主流,只去学习某些技巧。光想着出新,忘记了书法的首要使命是让人看懂,进而形成审美愉悦。

书法是一回事,书法史是另一种书写。就像文学是一回事,而文学史要创新出奇。只想着创新出奇,是因为很多人只读文学史,而不看文集,自然没有自己的体会。

王铎的绘画艺术得益于书法的滋养。他学习了五代至宋元的绘画技巧,追求高古的画风,这在明代也是难得的坚持。

会画画并不难,跟着老师学几年就可以,而要进入绘画的主流,既要继承传统的绘画技巧,又要守正出新。美术史的责任是强调如何创新,厘清谁做了哪些创新,于是,很多渴望被载入美术史的画家,都迫不及待地想形成自己的风格。

王铎的画,继承了王维、荆浩、董源、关仝的笔法,重视画面美感,能以元人的笔墨创作出宋人的高古,追求画外之趣。他的画作有限,与董其昌一样追求意境幽远,用画来写自己的心情，只不过他的画相比于董其昌的媚，多了平淡沧桑，正好延续了宋元追求的高古。

从上海博物馆藏的《花卉卷》来看，王铎画的竹、兰、菊、竹叶、菊瓣是书法家的笔法，常以中锋写出，有几分书法家绘画特有的藏锋，显出明显的笨拙之气，与他的书法放而有敛的情调类似。

现在我们纪念王铎，不能回避他在明清易代之际的苦闷。那是一个农村孩子身不由己的选择，还有父母去世、儿女去世、夫人和姬妾接二连三去世的悲伤。我们苛责他不能做到宁死不屈，那是杀历史的回马枪，换作自己，可能同样无可奈何。一个人注定无法逃离他的时代。他已经通过自己的努力，实现了中国书法主流的"中兴"，这是他的坚持，也是他的价值所在。

第十章 风俗之美

司马光在洛阳居住了十五年，觉得东汉的洛阳是首善之区。他在《资治通鉴》中说："自三代既亡，风化之美，未有若东汉之盛者也。"[1]认为东汉洛阳是实行礼乐教化最好的地方。顾炎武也说："三代以下风俗之美，无尚于东京者。"[2]其说或导源于司马光，对东汉洛阳风俗之美的评价却来自他的见识。

一、东汉的礼乐教化

周公在洛阳制礼作乐。他还政于周成王后，成王依然在洛阳会见东方诸侯，用的正是周公之礼。

周公制定礼乐，是对中华文明最大的贡献，他使礼乐超越刑政，成为国家治理的手段。古代中国以"礼乐刑政"四位一体进行社会治理。礼乐以教化的方式引导百姓知道哪些应该做，这就确立了社会发展的理想方向；刑政通过惩罚进行警戒，约束百姓知道哪些不能做，形成个人行为的规范。

《孟子·滕文公上》中说：

> 人之有道也，饱食、暖衣、逸居而无教，则近于禽兽。圣人有忧之，使契为司徒，教以人伦：父子有亲，君臣有义，夫妇有别，长幼有序，朋友有信。

禽兽生存，只有觅食和交配。人类在发展中建立了伦理秩序，形成了父子有亲、君臣有义、夫妇有别、长幼有序、朋友有

---

[1]〔北宋〕司马光编著，〔元〕胡三省音注：《资治通鉴》卷六十八《孝献皇帝癸》，北京：中华书局，1956年，第2173页。
[2]〔清〕顾炎武撰，〔清〕黄汝成集释：《日知录集释》卷十三《两汉风俗》，北京：中华书局，2020年，第678页。

信的道德和伦理。人类与动物的区别，不在于人能直立行走，而在于人类在进化中形成了动物所没有的道德伦理，使人类文明得以确立。

父子关系泛指有血缘关系的长辈与晚辈之间的关系。血缘关系要用亲情维系，孔子言之为"父为子隐，子为父隐，直在其中矣"①，鼓励亲人之间相互包容。君臣关系是上级与下级的关系，要靠相互的责任来维持，上级要对下级负责，下级也要对上级负责，二者相互负责，关系就能长期稳定。夫妇之间既要相互尊重，又要有所分工，才能相敬如宾。长幼关系主要指兄弟关系，兄友弟恭才能长久。朋友关系泛指一般社会关系，要靠信用来维持。

早期中国将常见的人伦关系固定化为道德伦理，形成了人与人的相处之道，确定了父子、君臣、夫妇、长幼和朋友的相处方法，这就是人与人交往的基本边界。边界确立了，人际也就确立了。司徒教会百姓熟悉道德伦理，建立起顺畅的运行秩序。

来源于周王朝实践的《礼记·王制》，规定司徒教民的主要职责：

> 司徒修六礼以节民性，明七教以兴民德，齐八政以防淫，一道德以同俗，养耆老以致孝，恤孤独以逮不足，上贤以崇德，简不肖以绌恶。

六礼指的是冠、婚、丧、祭、乡、相见礼，是士大夫在日常生活中使用的礼节。七教是教导百姓学会父子、兄弟、夫妇、君臣、长幼、朋友、宾客七种社会关系如何相处，与孟子所言的"教以人伦"相对应。

---

① 〔南宋〕朱熹撰：《四书章句集注·论语集注》卷七《子路》，北京：中华书局，1983年，第146页。

八政规定了饮食、衣服、事为、异别、度、量、数、制八种生产生活的原则。六礼、七教、八政所形成的规范，蕴含着通用的道德修养和行为准则。司徒通过分类指导，引导百姓懂得礼仪，遵守秩序。

儒家反对不教而诛。《礼记·缁衣》中言："夫民，教之以德，齐之以礼，则民有格心；教之以政，齐之以刑，则民有遁心。"百姓要形成道德认同，确立行为自觉。百姓知道孰对孰错、孰是孰非，就能自我管理。

若单纯以行政和刑法来约束百姓，百姓就会逃避责任，抱着侥幸免祸的心态，因为所有的行为不仅需要外在的监督，更需要自我约束。缺少了道德自觉，个人会不断突破社会底线和道德底线，导致公共秩序纷乱。社会必须建立教化体系，让人人知道礼义廉耻，形成自运行的公共秩序。

司徒负责在社会中推行礼乐教化，乐正负责对贵族子弟进行教育。《礼记·文王世子》言：

> 凡三王教世子必以礼乐。乐，所以修内也；礼，所以修外也。礼乐交错于中，发形于外，是故其成也怿，恭敬而温文。

世子是天子、诸侯、卿、元士的嫡子，是王位或爵位的继承人。这些担负家国责任的人，必须接受九年系统的礼乐教化。九年之中，他们以礼乐涵养心性，养成恰当的待人接物方式，能得体地参加各种国家典礼。

礼自外，让行为得当；乐自内，让身心相合。礼乐交错，内心温和愉悦，情感得以畅达。外表恭敬温文，行为得当展现。这就培养了精神温和自足、内心无愧无咎、举止恰如其分的修为。

贵族接受礼乐教育，用于国家典礼，用于日常生活，可以体现个人修为,可以作为百姓的表率。早期中国常通过观礼、观乐来评判一个人的道德修养和行为规范。

在射礼中观察一个人的行为举止,可以确定其所受礼乐教化的程度:

> 是故古者天子以射选诸侯、卿、大夫、士。射者,男子之事也,因而饰之以礼乐也。故事之尽礼乐,而可数为以立德行者,莫若射。故圣王务焉。①

大射,表面上是射箭,实际是通过射箭来观察射者的举止是否合乎礼乐规范。观其礼,是观察射者是否心志专一,站姿笔直,持弓矢牢固,按照规范行射。观其乐,是观察射者是否按照乐奏、乐拍去射箭,考察射者对乐的理解。

礼乐相合就可以评价一个人的德行修为。射箭既是竞技比赛,更是调养身心。无论输赢都要坦然接受结果。射礼要求射者不要怨天尤人,失败后要从自身查找原因,养成自省的习惯。

礼教人敬让而不争,乐教人中和而文明。按照礼义、乐义教化百姓,就形成了礼教、乐教。礼教养成恭俭庄敬的心性,乐教养成广博易良的心性。百姓通过学礼,知道行为规范;通过学乐,增强个人修为。礼乐教化成为古代中国社会改良的手段,得到历代王朝的实践。

中国被称为礼义之邦,礼义成为人人心中的良知,乐义成为涵养心性的手段。社会通过礼乐教化建构了自身的评判标准,可以在每一次动荡之后重新形成社会秩序,不是依赖外部的约束,而是依靠内在的自觉,才形成稳定持久的公共秩序。

东汉刘秀立都洛阳之后,以节俭为尚。这给东汉政坛带

---

① 〔东汉〕郑玄注,〔唐〕孔颖达疏:《礼记正义》卷六十二《射义》,北京:北京大学出版社,1999年,第1643页。

来清新的风气，也减少了百姓的赋税负担，与他所提倡的"仁政""德化"观念相呼应。当时的知识分子看到了与西汉豪奢浮华截然不同的政治风尚，立刻合力歌颂。

光武帝刘秀"尊崇节义，敦厉名实，所举用者，莫非经明行修之人，而风俗为之一变"[1]，洛阳的社会风气变得比长安朴实而简约，得到了士大夫的主动效仿。

东汉太守将光武帝确立的文治，以礼乐教化的方式在全国各地推广。

秦彭任山阳太守。他建立学校，让士大夫读书明理。通过定期的礼仪教化，让百姓了解日常的行为方式。他还在乡里设置"三老"负责教化，劝导百姓知书达礼。官府不用惩罚伤人自尊，山阳的人心日渐厚道。

汉和帝时，许荆初任桂阳太守，为当地百姓设立"丧纪婚姻制度，使知礼禁"[2]，设置日常规范，约束百姓的行为，让百姓知禁。

一次，许荆来到耒阳县。蒋均兄弟为争夺财产，互相告状。荆封看到兄弟俩侵夺而不愿谦让，感叹自己教化做得不好。他对兄弟俩说："吾荷国重任，而教化不行，咎在太守。"[3]居然让属下向朝廷上疏为自己请罪。兄弟俩听完后这才悔悟，知道谦让自省是美德，主动承认自己以前做得不好。

太守亲自处理兄弟争讼，并将兄弟成仇看作自己的失职，当然可以看作许荆个人自觉的道义担当。他以耿介之性出任桂阳太守，任职十二年，始终推行礼乐教化，让当地的社会风气焕然

---

[1]〔清〕顾炎武撰，〔清〕黄汝成集释：《日知录集释》卷十三《两汉风俗》，北京：中华书局，2020年，第678页。

[2]〔南朝宋〕范晔撰，〔唐〕李贤等注：《后汉书》卷七十六《许荆》，北京：中华书局，1965年，第2472页。

[3]〔南朝宋〕范晔撰，〔唐〕李贤等注：《后汉书》卷七十六《许荆》，北京：中华书局，1965年，第2472页。

一新。

东汉太守对社会风气的关注，是基于东汉推行文治立场而形成的自觉行为。

汉顺帝时，周举出任并州刺史，致力改变风俗。太原郡推崇介子推，有寒食之俗。周举认为纪念介子推的精神可行，但冬天长时间不食温食，不利于身体健康，就引导百姓改良不健康的风俗，也成为一时的典范。

东汉官吏自觉关注民间教化，引导社会风气，得到了范晔的充分肯定，《后汉书》称之为实现了东汉的风俗之美：百姓知禁，人心向善。

洛阳，作为这种风俗的策源地，也被司马光、顾炎武称赞为东汉的风俗之美。这种风俗使得汉末政治板荡时，却有清流依然坚持礼乐精神，自觉践行已经形成的文人风骨，形成与时风不同的风度，为魏晋风流提供了先声。

二、牡丹花会的形成

洛阳之美，首推牡丹。洛阳的牡丹花会是怎么形成的呢？

崔豹《古今注》说，"芍药有三种：有草芍药，有木芍药。木有花，大而色深，俗呼为牡丹，非也"。草芍药是中药里用的芍药，现在用的白芍、红芍，就来自芍药。木芍药是牡丹，与芍药的药性不同。当时人认为牡丹是芍药的一种，但崔豹认为不是。

白芍镇痛镇痉、祛瘀通经，红芍则凉血散瘀、清热解毒，二者皆取自芍药之根。被称为木芍药的牡丹，其根制作的丹皮，气寒，苦辛，归手厥阴经，足少阴经，与芍药的药性不同。在隋唐之际可能被混入药中使用，后来丹皮发展成为另一种中药，与芍药有别。

在此之前，时人多种芍药，却没有牡丹的称呼。明代谢肇淛总结说：

> 牡丹，自唐以前无有称赏，仅《谢康乐集》中有"竹间水际多牡丹"之语，此是花王第一知己也。杨子华有"画牡丹处极分明"之诗。子华，北齐人，与灵运稍相后。段成式谓隋朝《种植法》七十卷中初不说牡丹，而《海山记》乃言炀帝辟地为西苑，易州进二十相牡丹，有赭红、颓红、飞来红等名，何其妄也！自唐高宗后苑赏双头牡丹，至开元始渐贵重矣。然牡丹原止呼"木芍药"，芍药之名著于风人吟咏，而牡丹以其相类，依之得名，亦犹木芙蓉之依芙蓉为名耳。但古之重芍药亦初不赏其花，但以为调和滋味之具，而牡丹不适于口，古无称耳。今药中有牡丹皮，然惟山中单瓣赤色，五月结子者堪用，场圃所植不入药也。①

北齐采用"牡丹"的称呼，或来自鲜卑语。汉、魏、隋唐之际的长安、洛阳是没有"牡丹"称呼的。

宋代吴曾在《能改斋漫录·辨误》中说"汉以牡丹为木芍药"。他认为称呼"木芍药"为"牡丹"，是汉朝就开始的事。在中原，人们习惯用"木芍药"称呼这种作物。唐代段成式的《西阳杂俎》记载："牡丹，前史中无说处。惟《谢康乐集》中，言竹间水际多牡丹。"可见南朝时才有"牡丹"的称呼。成式检在《隋朝种植法》七十卷中写道，"初不记说牡丹，则知隋朝花药中无所也。"他认为隋朝无"牡丹"称呼，也不重视此花。

郑樵《通志·昆虫草木略》也说：

---

① 〔明〕谢肇淛撰：《五杂组》卷十《物部二》，上海：上海书店出版社，2009年，第202—203页。

然牡丹亦有木芍药之名,其花可爱如芍药,宿枝如木,故得木芍药之名。芍药著于三代之际,风雅之所流咏也。牡丹初无名,故依芍药以为名,亦如木芙蓉之依芙蓉以为名也。牡丹晚出,唐始有闻,贵游趋竞,遂使芍药为落谱衰宗。

在开元年间,唐玄宗尚不知道"牡丹"称呼,他用"木芍药"称呼之。北宋李昉的《太平广记》记述:

开元中,禁中初重木芍药,即今牡丹也。(《开元天宝花木记》云,禁中呼木芍药为牡丹。)得四本,红、紫、浅红、通白者,上因移植于兴庆池东沉香亭前。会花方繁开,上乘照夜白,太真妃以步辇从,诏特选梨园弟子中尤者,得乐十六部。李龟年以歌擅一时之名,手捧檀板,押众乐前,将歌之。上曰:"赏名花,对妃子,焉用旧乐词为?"遂命龟年持金花笺,宣赐李白,立进《清平调》辞三章。白欣然承旨,犹苦宿酲未解,因援笔赋之。……龟年遽以辞进。[①]

李昉认为,唐玄宗时宫中才种牡丹,其实是否认了武则天种牡丹的传说。也就是说,牡丹与武则天没有关系。

唐玄宗时种牡丹,又见于北宋乐史的《杨太真外传》:

先,开元中,禁中重木芍药,即今牡丹也。得数本红紫浅红通白者,上因移植于兴庆池东沉香亭前。会花方繁开,上乘照夜白,妃以步辇从。

---

① 〔北宋〕李昉等编:《太平广记》卷二〇四《歌·又》,北京:中华书局,1961年,第1549—1550页。

这一说法最早见于唐代王睿的《松窗录》:"禁中呼木芍药为牡丹,命李白为新辞,有'汉宫谁第一,飞燕倚新妆'之语。"可见唐玄宗并不认识"牡丹"。

唐玄宗禁牡丹的原因,是因为牡丹开得太艳,他将之视为"花木之妖":

> 初有木芍药植于沉香亭前。其花一日忽开,一枝两头,朝则深红,午则深碧,暮则黄,夜则粉白。昼夜之间,香艳各异。帝曰:"此花木之妖,不足讶也。"①

这说明此前,唐玄宗没见过牡丹,他将牡丹赏赐给了杨国忠。《开元天宝遗事》记载:"上赐国忠木芍药,国忠以百宝为栏。"②杨国忠专门修建名贵的园子来种植牡丹。明代郎瑛的《七修类稿》中记载:"杨国忠尝以沉香为阁,檀香为栏槛,麝香和泥为壁,至牡丹开时,登阁以赏,谓之四香阁。"③杨国忠曾以珠宝装饰牡丹的园子。

唐代开始向长安进献牡丹,牡丹由此在长安贵族中流行开来。合州给朝廷的贡赋里就有牡丹,"合州巴川郡,中。本涪陵郡,天宝元年更名。土贡:麸金、葛、桃竹箸、双陆子、书筒、橙、牡丹、药实"④。杜佑《通典·食货六》记载:"巴川郡(贡牡丹皮十斤,药子二百颗,今合州)。"合州就是现在的重庆,每年进献丹皮和牡丹种子。

---

① 〔清〕俞樾撰,贞凡等点校:《茶香室续钞》卷二十五《唐宫牡丹花》,北京:中华书局,1995年,第947页。

② 〔清〕冯贽编,张力伟点校:《云仙散录》云仙杂记卷十《百宝栏》,北京:中华书局,2008年,第217页。

③ 〔清〕郎瑛撰:《七修类稿》卷十五《义理类·四雪》,上海:上海书店出版社,2009年,第149页。

④ 〔北宋〕欧阳修、〔北宋〕宋祁撰:《新唐书》卷四十二《剑南道》,北京:中华书局,1975年,第1090页。

《海山记》也记载,"易州进二十相牡丹:赭红、赭木、鞓红、坯红、浅红、飞来红、袁家红、起州红、醉妃红、起台红、云红、天外黄、一拂黄、软条黄、冠子黄、延安黄、先春红、颤风娇。天下共进花木、草卉、鸟兽、鱼虫,莫知其数,此不具载"。在唐玄宗后期,各地进贡大量的牡丹到京城。

段成式在《酉阳杂俎》中也说唐玄宗后期开始从山野中移植牡丹到长安:"开元末,裴士淹奉使回至汾州,得白牡丹一窠,植于长兴私第。至德中,马仆射领太原,又得红紫二色者,移于城中。元和初犹少,今兴戎葵角多少矣。"①在长庆年间,长安城中并无太多牡丹。唐玄宗之后,长安的贵族从山野中移植牡丹,越来越多,到元和时成为时尚。

长安从唐玄宗开始才有赏牡丹的传统。《辇下岁时记》言:"说新进士牡丹宴,或在永达亭子。"②新科进士大雁塔题名之后,到大慈恩寺欣赏里面特有的紫牡丹。裴士淹在《白牡丹》中说:"长安年少惜春残,争认慈恩紫牡丹。别有玉盘乘露冷,无人起就月中看。"他惋惜白牡丹被冷落。李益在《咏牡丹赠从兄正封》中说:"紫蕊丛开未到家,却教游客赏繁华。始知年少求名处,满眼空中别有花。""紫蕊"是紫色的牡丹,是唐朝最名贵的品种。

徐光启在《农政全书·树艺》中说洛阳人把"牡丹"称为花:"物之广生而利用者,皆以其公名名之,如古今皆称稷为穀也;晋人称蔓菁为菜,吴人称枣为果,称陵苕为草,洛阳称牡丹为花。"在京城看的紫牡丹,是最为珍贵的品种。卢纶的《裴给事宅白牡丹》中说:"长安豪贵惜春残,争赏街西紫牡丹。"当时

---

① 《五百家注韩昌黎集·戏题牡丹》注引,参见〔唐〕韩愈撰,〔南宋〕魏仲举集注,郝润华、王东峰整理《五百家注韩昌黎集》卷九《戏题牡丹》,北京:中华书局,2009年,第598页。

② 清人徐松《唐两京城坊考》卷四注引,参见〔清〕徐松撰,〔清〕张穆校补,方严点校《唐两京城坊考》卷四《西京》,北京:中华书局,1985年,第96页。

洛阳是东都，这种赏牡丹的风俗随着达官贵人的往来传到了洛阳。

长安、洛阳原有的牡丹，与芍药差别不大。外地的稀有品种到了京城，引起京城贵族的疯狂追捧。

中唐时，牡丹被贵族炒热。柳浑的《牡丹》中说："近来无奈牡丹何，数十千钱买一颗。今朝始得分明见，也共戎葵不校多。"这与段成式的说法一样，两京开始炒牡丹。张又新的《牡丹》言："牡丹一朵值千金，将谓从来色最深。"千金才能买紫牡丹。王毂的《牡丹》诗中说："牡丹妖艳乱人心，一国如狂不惜金。"达官贵人最喜欢牡丹的雍容华贵。白居易的《移牡丹栽》中写："金钱买得牡丹栽，何处辞丛别主来。"他也曾花重金买来牡丹种植。李涉的《山花》言："六出花开赤玉盘，当中红湿耐春寒。长安若在五侯宅，谁肯将钱买牡丹。"山野移植的牡丹被高价卖给京城的贵族，牡丹的身价随之而涨。

白居易的《买花》写了中唐买卖牡丹时的欣喜若狂：

帝城春欲暮，喧喧车马度。共道牡丹时，相随买花去。贵贱无常价，酬直看花数。灼灼百朵红，戋戋五束素。上张幄幕庇，旁织巴篱护。水洒复泥封，移来色如故。家家习为俗，人人迷不悟。有一田舍翁，偶来买花处。低头独长叹，此叹无人喻。一丛深色花，十户中人赋。

这首诗见于《秦中吟》，买卖牡丹习俗是从长安兴起的。当时形成了赏牡丹的风俗。刘禹锡的《赏牡丹》言："唯有牡丹真国色，花开时节动京城。"《唐诗纪事》说："长安三月十五日，两街看牡丹甚盛。"薛能的《牡丹四首》虽说写牡丹的形态，却写出了万人空巷看牡丹的情形："万朵照初筵，狂游忆少年。"牡丹开时，长安人在大街小巷遍赏牡丹。

白居易的新乐府辞《牡丹芳》写到当时的赏花风俗：

牡丹芳，牡丹芳，黄金蕊绽红玉房。千片赤英霞烂烂，百枝绛艳灯煌煌。照地初开锦绣段，当风不结兰麝囊。仙人琪树白无色，王母桃花小不香。宿露轻盈泛紫艳，朝阳照耀生红光。红紫二色间深浅，向背万态随低昂。映叶多情隐羞面，卧丛无力含醉妆。低娇笑容疑掩口，凝思怨人如断肠。秾姿贵彩信奇绝，杂卉乱花无比方。石竹金钱何细碎，芙蓉芍药苦寻常。遂使王公与卿士，游花冠盖日相望。轻车软舆贵公主，香衫细马豪家郎。卫公宅静闭东院，西明寺深开北廊。戏蝶双舞看人久，残莺一声春日长。共愁日照芳难驻，仍张帷幕垂阴凉。花开花落二十日，一城之人皆若狂。三代以还文胜质，人心重华不重实。重华直至牡丹芳，其来有渐非今日。元和天子忧农桑，恤下动天天降祥。去岁嘉禾生九穗，田中寂寞无人至。今年瑞麦分两岐，君心独喜无人知。无人知，可叹息，我愿暂求造化力，减却牡丹妖艳色。少回卿士爱花心，同似吾君忧稼穑。①

牡丹只有二十天的盛花期，吸引了长安人都来欣赏。白居易希望牡丹不要开得那么艳，让人少些追捧。韩愈的《戏题牡丹》、元稹的《与杨十二、李三早入永寿寺看牡丹》、姚合的《和王郎中召看牡丹》、李贺的《牡丹种曲》都写到了当时看牡丹的热闹。

喜欢牡丹的李德裕作《牡丹赋》，其序言写中唐赏牡丹风俗，还有很多文人作诗作赋举行文会：

予观前贤之赋草木者多矣，靡不言托植之幽深，采撷之莫致，风景之妍丽，追赏之欢愉。至于体物，良有未尽。

---

① 〔北宋〕郭茂倩编：《乐府诗集》卷九十九《新乐府辞十·牡丹芳》，北京：中华书局，1979年，第1378页。

惟牡丹未有赋者，聊以状之。仆射十一丈蔚为儒宗，词赋之首，声气所感，或能相和。又见陈思王赋序，多言命王粲、刘桢继作，今亦效之，邀侍御裴舍人同作。①

李肇在《唐国史补》卷中也说："京城贵游尚牡丹，三十余年矣。每春暮，车马若狂，以不耽玩为耻。"李肇为唐宪宗元和中人，他说三十年前才有赏牡丹的风俗。看来赏牡丹的风俗不早于贞元年间，牡丹花会应是在中唐之后才形成的。

舒元舆在《牡丹赋》序中说：

> 古人言花者，牡丹未尝与焉。盖遁于深山，自幽而芳，不为贵者所知，花则何遇焉。天后之乡西河也，有众香精舍，下有牡丹，其花特异。天后叹上苑之有阙，因命移植焉。由此京国牡丹，日月寝盛。今则自禁闼泊官署，外延士庶之家，浃漫如四渎之流，不知其止息之地。每暮春之月，遨游之士如狂焉，亦上国繁华之一事也。近代文士，为歌诗以咏其形容，未有能赋之者。余独赋之，以极其美。②

他说的"天后"，就是武则天。武则天在上元元年（674年）改皇后为"天后"。他说武则天曾经在上林广种牡丹，这是将牡丹与武则天联系起来较早的说法。

若依此说，唐玄宗为武则天之孙，不可能不知道牡丹是木芍药，所以牡丹与武则天相关是晚唐的后起之说。要么是舒元舆听民间的说法，要么是民间听他的说法，至少有一个是误传。

南宋洪迈的《容斋随笔》卷二说唐重牡丹。从咏牡丹之诗来

---

① 〔唐〕李德裕撰，傅璇宗、周建国校笺：《李德裕文集校笺》别集卷九《牡丹赋》，北京：中华书局，2018年，第692页。
② 〔清〕董诰等编：《全唐文》卷七百二十七《舒元舆·牡丹赋》，北京：中华书局，1983年，第7485页。

看，多在玄宗之后，可知牡丹在初唐、盛唐时本并不流行。舒元舆是元和年间进士，唐文宗曾读其《牡丹赋》。他将武则天与牡丹联系起来，可见晚唐已经开始附会起来。倘若武则天下令种植牡丹，当时就会像后世一样，有大量咏牡丹的诗赋。既然无史料记载，那么武则天与牡丹的关系只能是后世的附会。

当时在洛阳有很多贵族的园林，也种植牡丹。他们是从全国各地移植来的："洛阳所谓丹州花、延州红、青州红者，皆彼土之尤杰者。然来洛阳才得备众花之一种，列第不出三已下，不能独立与洛花敌。"① 这些牡丹到了洛阳后，开得更加妍丽，其他地方的牡丹不能与之相比："牡丹出丹州、延州，东出青州，南亦出越州。出洛阳者，今为天下第一。"② 洛阳牡丹顿时超越长安，也超越了很多原产于陕北丹州、延州的牡丹。

生长在洛阳的牡丹，逐渐进化成千叶盛开的形态。作《洛阳牡丹记》的欧阳修说："洛阳地脉花最宜，牡丹尤为天下奇。……洛人惊夸立名字，买种不复论家资。比新较旧难优劣，争先擅价各一时。……传闻千叶昔未有，只从左紫名初驰。四十年间花百变，最后最好潜溪绯。"③ 洛阳土厚，适合牡丹生长开花。到宋仁宗时，洛阳依然有高价从山野中移植牡丹的传统，经过培育，才能获得一株新奇的牡丹。

《渑水燕谈录》记载，北宋时洛阳广种牡丹。洛阳的应天禅院是宋太祖赵匡胤的出生地，仁宗初年在后园"植牡丹万本，皆洛中尤品"④。官方和民间的大量移植，使洛阳进一步成为牡丹之城。

---

① 〔宋〕陈景沂编辑，〔宋〕祝穆订正，程杰、王三毛点校：《全芳备祖》卷二《牡丹·事实祖·杂著》，杭州：浙江古籍出版社，2014年，第71页。
② 〔宋〕陈景沂编辑，〔宋〕祝穆订正，程杰、王三毛点校：《全芳备祖》卷二《牡丹·事实祖·杂著》，杭州：浙江古籍出版社，2014年，第71页。
③ 〔北宋〕欧阳修著，李逸安点校：《欧阳修全集》卷二《洛阳牡丹图》，北京：中华书局，2001年，第34页。
④ 〔北宋〕王辟之撰，吕友仁点校：《渑水燕谈录》卷一《帝德》，北京：中华书局，1981年，第1页。

天禧二年（1018年），宋真宗以牡丹遍赐群臣。北宋有了看牡丹、宴牡丹的风俗。宋金盈之在《醉翁谈录》卷三《京城风俗记》中写道：

> 西京多重此日，京城合郡不以朝贵士庶为间，每于此月当牡丹盛开之际，各出其花于门首及廊庑间，名曰"斗花会"。富贵之家设宴以赏，恣倾城往来游玩。都人是日盛饰子女，车马阗街，珠翠溢目，一春游赏，无出于此。

宋仁宗时，洛阳有了牡丹花会。梅尧臣任河南主簿时，曾作《王待制清凉院观牡丹赋诗》《和王待制牡丹咏》《洛阳牡丹》；欧阳修作《洛阳牡丹记》，自称"曾为牡丹花下客"，写他在洛阳看花、种花。

洛阳的牡丹超越长安，成为天下最奇艳的品种。牡丹花会从唐中叶持续到北宋，由赏牡丹发展成为画牡丹。郭若虚言："梁相国于兢，善画牡丹。幼年从学，因睹学舍前槛中牡丹盛开，乃命笔仿之。不浃旬夺真矣。"[1]大画家徐熙有《牡丹戏鱼图》、《牡丹》独幅图、《牡丹丛图》，黄筌有《牡丹驯狸图》[2]，以牡丹象征富贵。

《宣和画谱》载黄居寀有《牡丹图》三、《牡丹雀猫图》二、《牡丹鹦鹉图》一、《牡丹竹鹤图》六、《牡丹锦鸡图》五、《牡丹山鹧图》四、《牡丹鹁鸽图》八、《牡丹黄莺图》二、《牡丹雀鸽图》一、《牡丹戏猫图》三，赵昌有《牡丹图》六、《牡丹锦鸡图》一、《牡丹鹁鸽图》二、《牡丹猫图》一、《牡丹戏猫图》一、

---

[1] 〔北宋〕郭若虚撰，吴企明校注：《图画见闻志校注》卷二《五代九十一人·于兢》，上海：上海书画出版社，2020年，第121页。

[2] 〔北宋〕邓椿撰，〔元〕庄肃补遗，王群栗点校：《画继·画继补遗》卷八《铭心绝品》，杭州：浙江人民美术出版社，2019年，第316页；《画继·画继补遗》卷八《铭心绝品》，第317页；《画继·画继补遗》卷八《铭心绝品》，第318页。

《写生牡丹图》一。可见北宋宣和年间已经形成了画牡丹的热潮。

后来，北宋赏牡丹的风俗传到外地。辽在长春宫种牡丹，辽圣宗以牡丹遍赐近臣。金世宗在燕京，"亦尝修赏牡丹故事，晋王允猷赋诗，和者十五人"①。辽仿照北宋也举行花会。元代大乐种有"妇女二十人，冠广翠冠，销金绿衣，执牡丹花，舞唱前曲，与乐声相和，进至御前"②。

牡丹象征着富贵，成为皇后服饰的图案，也成为朝廷贡纱的样式，天下流传。明代命妇的礼服以牡丹为图案，其中皇后"前后珠牡丹二，花八蕊，翠叶三十六"③，用牡丹象征雍容富贵。

长安则经历黄巢之变，开封也经历靖康之耻。京城移植的牡丹在战争中被破坏殆尽。洛阳是后晋的首都、北宋的西京、金的中京，唐宋两朝种植的牡丹得以保存，繁花似锦，洛阳赏牡丹、画牡丹的传统延续下去。

现在洛阳的大街小巷广泛种植牡丹，只要有园林就种牡丹。牡丹不仅被视为洛阳的市花，而且成为盛大的文化产业，随着牡丹画、牡丹瓷、牡丹茶、牡丹饼的研发已经走向全国。每逢牡丹花会，隋唐故城植物园、洛阳牡丹园、西苑公园游人如织。

三、葬于北邙的传统

在洛阳流传着一句话："生在苏杭，葬在北邙。"说最幸福的人，在苏杭的鱼米之乡长大，身后安葬在北邙山。洛阳的"北邙"是怎样的所在呢？

---

① 〔清〕赵翼著，王树民校证：《廿二史劄记校正》卷二十八《金代文物远胜辽元》，北京：中华书局，2013年，第623页。

② 〔明〕宋濂等撰：《元史》卷七十一《乐队》，北京：中华书局，1972年，第1174页。

③ 〔清〕张廷玉等撰：《明史》卷六十六《舆服二》，北京：中华书局，1974年，第1623页。

《说文解字》说:"邙,洛阳北土上邑也。"洛阳北边有邙山坂,风水上佳,上面筑城,就是本字。东汉时梁鸿过洛阳作《五噫之歌》:"陟彼北邙兮,噫!顾览帝京兮,噫!宫室崔嵬兮,噫!人之劬劳兮,噫!辽辽未央兮,噫!"他沿北邙山的坡脊行走,就像现在沿着连霍高速自西向东行驶,生出了很多感慨。
　　西晋苏韶给苏节的信说:

> 吾性爱好京洛,每往来出入,瞻视邙上,乐哉!万世之基也。北背孟津,洋洋之河;南望天邑,济济之盛,此志虽未言,铭之于心矣。不图奄忽,所怀未果。前去十月,可速改葬。在军司墓次,买数亩地,便足矣。①

　　他认为,邙山土厚,希望自己死后葬于此。唐代的《元和郡县图志》说:"邙山是陇山之尾,一名平逢山,亦名郏山。"杨佺期在《洛城记》中也说:"北山连岭,修亘四百余里,实古今东洛九原之地也。"邙山绵延在洛阳北侧,是洛阳的门户。历史上多次攻占洛阳的大战,都发生在邙山周边。
　　洛阳人习惯将邙山称为北山。《河洛记》说:"洛阳北山,谓之邙山,其上无大树。大业都城之北岭,上有古樗树,不知其来,早晚婆娑,周回四五亩,已来在伊阙正南相当。越挂甈将建都城之日,据此树以为南北定准,嫌樗木名恶,号曰婆娑罗树矣。"伊阙正对的大椿树,便是隋唐洛阳城的中轴线。现在树不存在,在鳞次栉比的高楼背后,仍能看到隋唐洛阳城遗址公园背靠的景山。
　　托名为西晋葛洪所作的《西京杂记》卷四说,西汉时邙山已经埋葬了很多人:

---

① 〔清〕严可均编:《全上古三代秦汉三国六朝文》全晋文卷一百六十七《苏韶·授第九子节书》,北京:中华书局,1958年,第2438页。

安定嵩真玄菟曹元理，并明算术，皆成帝时人。真尝自算其年寿七十三，绥和元年正月二十五日晡时死，书其壁以记之。至二十四日晡时，死。其妻曰："见真算时，长下一算，欲以告之，虑脱有旨，故不敢言。今果校一日。"真又曰："北邙青陇上孤槚之西四丈所，凿之入七尺，吾欲葬此地。"及真死，依言往掘，得古时空椁，即以葬焉。

这是只有民间才相信的占卜故事。曹元理看好的墓穴位置中挖出空棺，可见西汉时洛阳邙山已经有很多古冢了。

曹魏时的北邙，写作"北芒"，陈寿作《三国志》时还沿袭旧字。刘伶的《北芒客舍诗》写当时北邙的情形。那时的北邙山是洛阳后山，植被尚好，景色优美。西晋张协有《登北芒赋》，说魏晋时的北邙山很有气势：

陟峦丘之岵屺，升逶迤之修坂，回余车于峻岭。聊送目于四远，灵岳郁以造天，连岗岩以塞产。伊洛混而东流，帝居赫以崇显。山川汨其常弓，万物化而代转。……于是徘徊绝岭，踟蹰步趾。前瞻狼山，却阚大坯。东眺虎牢，西睨熊耳。邪亘天际，旁极万里。莽眩眼以芒昧，谅群形之难纪。临千仞而俯看，似游身于云霓。抚长风以延伫，想凌天而举翮。瞻冠盖之悠悠，睹商旅之接枙。尔乃地势窊隆，丘墟陂陁。坟陇崣叠，基布星罗。松林掺映以攒列，玄木搜寥而振柯。壮汉氏之所营，望五陵之蒐裁。丧乱起而启壤，僮竖登而作歌。

山不在高，有仙则名。北邙山因为是洛阳的景山，虽然不高，却在文学作品中被写得气象万千。东周、东汉、曹魏时，洛阳是都城，人口众多。很多人去世后葬在北邙，西晋时上面已经筑有很多坟丘，其中有五座帝陵。郭缘生在《述征记》中说它们是："北邙，东则乾脯山，山西南晋文帝崇阳陵；陵西武帝峻阳陵；邙之东北宣帝高原陵、景帝峻平陵；邙之南，则惠帝之陵也。"现在考古界、历史界的观点与民间的传闻不同，这五座帝陵的主人还待一一确定。

孝文帝迁都洛阳后，要求达官贵人以后葬在洛阳。他在太和十九年（495年）下诏，鲜卑人死后逐渐葬在洛阳，这也使北魏贵族更多选择在邙山安葬。

李冲就是在孝文帝时葬在北邙的。太和二十三年（499年）正月，孝文帝经过他的墓葬时说："司空文穆公，德为时宗，勋简朕心，不幸徂逝，托坟邙岭，旋銮覆舟，躬睇茔域，悲仁恻旧，有恸朕衷。可遣太牢之祭，以申吾怀。"①傅永常登北邙，希望自己死后能葬在北邙。"于平坦处奋矛跃马，盘旋瞻望，有终焉之志。远慕杜预，近好李冲、王肃，欲葬附墓。遂买左右地数顷，遗敕子叔伟：'此吾之永宅也。'"②

在南朝的文学作品中，"常归北邙"被作为著名的典故。陶渊明《拟古九首》其四言："一旦百岁后，相与还北邙。松柏为人伐，高坟互低昂。颓基无遗主，游魂在何方。"陶渊明没有到过洛阳，北邙的情景只是其文学想象。梁简文帝在《司徒始兴忠武王》中说："天弗报善，哲人其萎，响哀挽于北邙，去承明而不入。"其中提到的北邙之歌，也是流传下来的文学意象。陈江总的《陈宣帝哀策文》："北邙已谢，西陵何有，远宿苍梧，便乖仁寿。"这两人都没到过洛阳，也没葬在洛阳，文章却用"葬于北邙"的典故来形容他们去世。

① 〔北齐〕魏收撰：《魏书》卷五十三《李冲》，北京：中华书局，1974年，第1188页。
② 〔唐〕李延寿撰：《北史》卷四十五《傅永》，北京：中华书局，1974年，第1669—1670页。

南朝人从书里读了太多的典故，习惯用魏晋葬在北邙的习俗代称人的去世和安葬，日积月累就成为文学意象。

隋唐的北邙，既可以从书中读到，也可以在洛阳看到，作为文学意象，多用来形容人生无常，无论是富贵还是贫贱，最后都同归邙山。刘希夷的《公子行》言："百年同谢西山日，千秋万古北邙尘。"他在《洛川怀古》中说："君看北邙道，髑髅萦蔓草。……碑茔或半存，荆棘敛幽魂。"新坟压旧坟，到处可见破败的石碑，人人身后皆是如此。白居易的《浩歌行》言："贤愚贵贱同归尽，北邙冢墓高嵯峨。"他说人活到最后，不过是北邙山的一堆尘土而已，何必斤斤计较于眼前的名利呢？白居易在《挽歌词》中说：

> 丹旐何飞扬，素骖亦悲鸣。晨光照闾巷，輀车俨欲行。萧条九月天，哀挽出重城。借问送者谁，妻子与弟兄。苍苍上古原，峨峨开新茔。含酸一恸哭，异口同哀声。旧垄转芜绝，新坟日罗列。春风草绿北邙山，此地年年生死别。

北邙年年都有富贵的、穷贱的、有名的、无名的人埋进去，在清明时"冢墓累累人扰扰"，看似热闹，更多的是让人伤心、惆怅，这就是最终的归宿。

《洛阳志》载："北邙山多植白杨，予以北邙古公卿葬地也，今哀挽故用之。"[①]杨树速生，洛阳地湿，后人常种杨树在墓侧。现在洛阳的风俗中还有"家里不种鬼拍手"之说，就是房前、屋后不种杨树。黄河、洛河、伊河的河谷容易生长杨树，邙山以前也种植很多，现在还有很多速生的杨树。

唐代王建写《北邙行》，记叙了邙山祭祀的情形。他在序言

---

① 〔清〕郎瑛撰：《七修类稿》卷二十六《辩证类·白杨》，上海：上海书店出版社，2009年，第276页。

中说:"《北邙行》,言人死葬北邙,与《梁甫吟》《泰山吟》《蒿里行》同意。"这些是他根据挽歌写成的。挽歌是下葬时所唱。王建的拟乐府不再用于歌唱,却写出了中晚唐人习惯葬于邙山的情形。

北邙山上埋葬了一代代的逝者。新坟压旧坟,使得北邙山上没有"卧牛之地"。就是说每一块地方都被动过,连卧牛那样大的地方都找不到。张籍在《北邙行》中说,人生何必忧愁呢,看看邙山上所有帝王将相、普通百姓,最终不过是一把尘土。

杜光庭在《历代崇道记》中说:"高宗龙朔二年,诏洛州长史谯国公许力士,于邙山建上清宫以镇鬼。"北邙山上坟墓太多,为安抚亡灵,除去鬼魂,不得不修筑上清宫镇服。元代纳新的《河朔访古记》卷下记载了他看到的上清宫,宫壁上仍有吴道子画的神尧、太宗、中宗、睿宗、元宗五帝。当年杜甫的《冬日洛城谒元皇帝庙诗》,就是写上清宫的情形。

现在上清宫仍在,已经被包括在闹市之中。很多洛阳人不知道上清宫是为了镇鬼所建,节假日游人熙熙攘攘,成为洛阳最受欢迎的道观。

◇◇洛阳上清宫(作者　拍摄)

为什么要葬在北邙呢?明代王士性在《广志绎》中解释说:

洛阳水土深厚，葬者至四五丈而不及泉，辘轳汲绠有长十丈者。然葬虽如许，盗者尚能以铁锥入而嗅之，有金银铜铁之气则发。周、秦、汉王侯将相，多葬北邙。然古者冢墓大，隧道至长里余者，明器多用金银铜铁。今三吴所尚古董，皆出于洛阳。

◇◇千唐志斋主楼（作者　拍摄）

　　王士性认为隋唐洛阳城合乎堪舆法则，只是南北稍显狭窄而已。洛阳地理居于天下之中、土气最盛，北邙坐北朝南，以洛川为明堂，以伊阙为望山，被视为得天地之气的葬所。

　　邙山古墓太多，很多墓碑倒塌，墓志被挖，历代遗存、出土的碑刻就散佚在洛阳城中的百姓手里。张钫守洛阳时，修建千唐志斋，专门收集唐代的墓志和碑刻。宋元之后的碑刻，很多已经被作为建筑材料，压在洛阳的大街小巷下。

　　还有些墓志或者墓碑已经流散，有好事者根据传下来的碑文重新复制，拓片以假乱真。不经意挖出或者故意盗墓的墓葬几乎每天都见，使出土的陪葬品成为洛阳地下文物市场的重要来源。

这就催生了洛阳的一个行业。寻找古墓或者挖掘文物，被考古学界广泛使用的"洛阳铲"就由此产生，并且根据洛阳铲判断土层成为专门的学问。最初，洛阳铲用于勘探地下的沙土，以寻找好的墓穴，避免新坟压旧坟。但不经意间挖出古代夯土而来的地层，就使得洛阳铲流传开来。自古以来，因为盗挖的古墓太多，在洛阳形成了仿制文物的风气。

清代张潮辑《虞初新志》卷二十记载：

◇◇洛阳铲等（杨艳丽　拍摄）

> 余最僻古器，幸而购得，宝玩不已。倘或失去，经时怏怏，如忆故人。向在东都，所得当道之赆，悉置三代尊彝，真赝各半。橐负抵舍，家人意其赀重。启视之，确确然皆邙土中物也。余夸而家人笑，不久即星失。假使余囊金以归，要亦垂手尽，不能作临沮守钱翁。人言介人痴，不痴也。

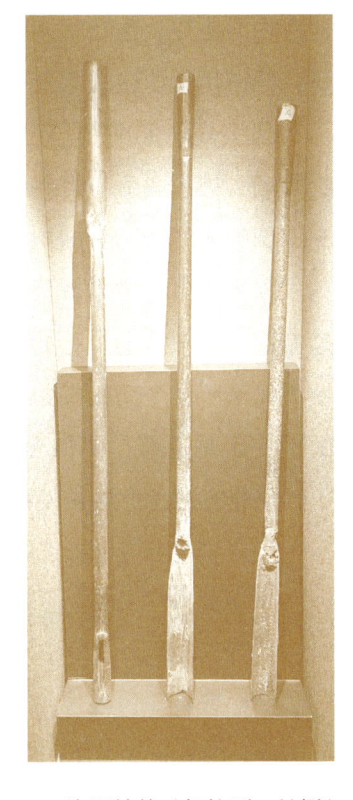

明末清初，在洛阳贩卖的文物就有一半是假的。张潮说家人笑自己痴，但很多出土的古器转眼就看不到了，自己因错过购买而怅然若失。

今天到洛阳去文物市场看，也是如此，弄不好就会买到现代的工艺品和仿制品。伊川烟涧仿制青铜器、孟津仿制唐三彩、涧西仿制陶瓷器，以及说不清来历的墓志铭拓片和仿制的墓碑。这让考古界头疼，也让很多研究者花费了一辈子心血，才发现自己研究的拓片是伪造的。

很多高仿的文物早已进入了陕西、北京、南京等古都的文物市场，被人收藏。有些仿制之粗陋、伪造之拙劣，让稍有点历史知识的人汗颜。有的仿制品却了无破绽，让考古文物界难辨真伪。因为很多考古学者只挖过旧坟，没见过假文物，更何况有些墓原本也是假造的。比如曹操的疑冢，后人造的衣冠冢，还有曾被清代洛阳县令龚松林张冠李戴立的墓碑，都证明照墓碑挖下去的不一定是真墓，更何况很多古墓没有立碑或者后世碑被毁弃了，只能有意无意地被发掘。

四、洛阳羹汤的由来

洛阳饮食，以羹汤为主。

羹，是中华文明创造的饮食制作方法。夏商之际的伊尹，擅长做羹。他最为核心的经验，是调和五味。酸、苦、甘、辛、咸是自然界形成的物性。中医认为，五味对应人的五脏。饮食调和五味，才能被脏器吸收，人才能五脏平衡。五脏有偏则生病，药以偏纠偏，以毒攻毒，才能有疗效。

调和五味就成了古代中国做羹汤的秘诀。一是一碗之中要用五色配五味。洛阳传统的烩面，用木耳之黑、黄花菜之黄、辣椒油之红、葱花之绿和面条之白，调和五味。兰州的拉面、关中的臊子面、山西的刀削面都讲究五色配五味。二是一桌之中要调和五味，各个菜肴味道不同，配合起来需要讲求五色俱全、五味俱佳。洛阳水席就是在各个菜肴之间寻求平衡。酸、苦、甘、辛、咸相互配合，一顿饭下来五味皆有。

菜各有不同，吃各有所需。点菜最能看出主人的修养。一种是以形为美，卖得多的、没吃过的、喜欢吃的，凑合一桌，以为琳琅。另一种是以神为美,讲究五色相配,五味中和。食物各有偏胜,一顿饭吃下来,调和五味,应乎五脏,这既是饮食,又是养生。这是洛阳水席的妙处。

伊尹的调和五味,是将荤素食材放在鼎中做成和羹,商汤觉得味美。使用梅、盐的和羹成为商人饮食最大的特征。《诗经·商颂·烈祖》中还说:"亦有和羹,既戒既平。"《商颂》是殷商遗民祭祀先祖的乐歌,其中将和羹献给先祖,作为祭祀。周文王伐崇时说殷商"如蜩如螗,如沸如羹"①,用羹来形容商朝的水深火热。

周人做大羹祭天、祀地、享祖。大羹是不调五味的肉汁,就是洛阳人说的清汤,依靠肉的自然香味,最见熬汤者的功夫。《左传·桓公二年》载臧哀伯说:"大路越席,大羹不致,粢食不凿,昭其俭也。"大羹不放调料,是象征祭祀者俭约,没有口腹之欲。《周礼》中说亨人掌共鼎镬,在祭祀时供应大羹、铏羹。铏羹是将调和五味的羹盛于铏中,就成了有五味的汤。

周礼中,以"羹定"作为仪礼开始的前提。乡饮酒礼、乡射礼、公食大夫礼、少牢馈食礼这些接近日常生活的礼仪,都有"羹定"的环节。在婚礼、大射礼、饮酒礼上要使用"大羹"。这意味着国君、士大夫宴请宾客时都要准备大羹,才能举行礼仪。

宋人喜欢羊羹,将军招待手下多用羊羹。《吕氏春秋》记载主将华元在大战前用羊羹请将士,只有驾车的羊斟没有分到。他觉得受了羞辱,大战时驾着车闯入了郑国的军队,以致华元打了败仗。

华元请将士喝的"羊羹",是用羊肉做成的肉羹。平常宋人喝不到,羊羹才被羊斟视为如此珍贵。《战国策》也记载:

> 中山君飨都大夫,司马子期在焉,羊羹不遍。子期怒而走于楚,以伐中山君。中山君亡走,有人挈戈随其后者,

---

① 〔西汉〕毛亨传,〔东汉〕郑玄笺,〔唐〕孔颖达疏:《毛诗正义》卷十八《荡》,北京:北京大学出版社,1999年,第1159页。

顾谓二人："子奚为？"对曰："臣父尝饿且死，君下壶餐铺臣父。臣父且死曰：'中山有事，汝必死之。'故来死君也。"中山君慨然曰："吾以一杯羊羹亡国，以一壶餐得二人。"①

这又是一个因羊羹分配不均而觉得被羞辱的故事。也是一个因为喝了国君赏赐的羊羹而活命，其子来报恩的故事，可见春秋时的羊羹确实是难得的美味，值得人们为了一碗羊羹而翻脸。

羊羹是怎么做成的呢？清代袁枚的《随园食单》中列出了"羊羹"的做法：

> 取熟羊肉斩小块，如骰子大。鸡汤煨，加笋丁、香蕈丁、山药丁同煨。

这是清代讲究的做法，熟羊肉加作料、食材熬成汤。需要熬很长时间，让羊肉充分吸收其他食材的味道。这种做法不是做羊汤，而是将羊肉加在鸡汤里。

◇◇洛阳羊肉和羊肉汤（作者　拍摄）

---

① 〔唐〕欧阳询撰，汪绍楹校：《艺文类聚》卷三十三《人部·报恩》，上海：上海古籍出版社，1965年，第582页。

其实，羊羹就像现在的烩羊肉，就是把羊肉和其他食材混在一起煲汤。现在餐厅都是提前备好煮好的羊肉和煮好的汤，客人点单后，餐厅把两者混在一起加热一下，几分钟就好了。

猪肉性寒。牛、马是古代主要的畜力，民间至今不食马肉。牛最劳苦，唐、宋严禁私自宰杀，贵族、官吏、百姓主要吃羊肉。《古今诗话》说："唐制：三班奉职，月俸七百驿券，羊肉半斤。祥符中，有人题于驿舍曰：'三班奉职实堪悲，卑贱孤寒即可知。七百料钱洎甚使，半斤羊肉几时肥？'朝廷闻之，谓如此何以责廉，遂议增俸。"唐代一般官员每月只有半斤羊肉的供给，北宋官员每月发的俸禄也买不了几斤羊肉。羊肉是当时的奢侈品，只能用来做羹。

北宋时流行"苏文熟，吃羊肉。苏文生，吃菜羹"的说法，说的是考中了进士以后就能吃羊肉了，普通百姓只能天天吃菜羹。菜羹是用各种蔬菜做成的和羹，就是用蔬菜煲成的汤。北宋不仕的邵雍讥讽宰相富弼食肉，说：

> 富郑公晚居西都，尝会客于第中，邵康节与焉。因食羊肉，郑公顾康节云："煮羊惟堂中为胜，尧夫所未知也。"康节云："野人岂识堂食之味，但林下蔬笋，则常吃耳。"郑公赧然曰："弼失言。"①

北宋的一般百姓吃不起羊肉，只有高官才能吃得起。富弼请邵雍吃羊肉，邵雍说自己只吃素菜，富弼觉得自己失言了。北宋的洪皓在《松漠纪闻》中说，当时金国的使者来汴梁，汴梁给他们供给羊肉。

到了明朝，一般还是供应羊肉食用，规定"亲王妃既日支羊

---

① 〔南宋〕王明清撰：《挥麈后录》卷二《邵尧夫讥富郑公肉食者鄙》，上海：上海古籍出版社，1961年，第105页。

肉一斤，牛肉即免，或免支牛乳"①。虽然有牛肉食用，但常常供给不上。百姓吃不起羊肉，猪肉日渐流行开来。

北宋的汴梁街北就有羊饭、热羊肉铺。瓠羹店里挂有猪、羊，卖各种羹。有单一的肉羹、菜羹，也有做得仔细的和羹。价格不同，食材不同，待遇不同。这些单羹、和羹的做法和吃法，与洛阳水席的做法一脉相承。

吴自牧《梦粱录》卷十六也详细记载北宋有很多羹汤。其中的三色肚丝羹、银丝肚还可以从洛阳水席的肚丝汤中品得其味。蒸软羊、鼎煮羊、羊四软、酒蒸羊、绣吹羊、五味杏酪羊、千里羊、羊杂㸆、羊头元鱼、羊蹄笋、细抹羊生脍、改汁羊撺粉、大片羊粉都是洛阳羊肉店常用的做法。

洛阳在北宋是西京，大量新进进士和退休官员聚集在此。靖康之变后，汴梁被毁，金以洛阳为中京，北宋的饮食习惯在洛阳得以保存。洛阳水席继承了北宋羹汤的做法，吸收了明代规定的"以四为用"的定制，结合洛阳的地方特产，讲究四荤四素，并需十六个热菜。

洛阳喝汤，是民间将羹简化，便于普通人食用。唐刘恂《岭表录异》卷上记载岭南的风俗：

> 羹以羊鹿鸡猪肉和骨同一釜煮之，令极肥浓；漉去肉，进之葱姜，调以五味，贮以盆器，置之盘中。羹中有觜银勺，可受一升，即更相揖让，多自主人先举，即满斟一勺，内觜入鼻，仰首徐倾之。

唐朝的官员还没见过这种吃法，说明这种煮汤的做法在洛阳、长安并不流行。他们只觉得新奇，才记载在书里进行嘲弄。

---

① 〔明〕徐复祚著，谭帆、张玄整理：《三家村老委谈》卷一《物价》，上海：华东师范大学出版社，2021年，第22页。

这种煮好汤、随时吃随时盛的吃法，是从边疆传到内地的，便于匆匆喝了就走。

洛阳喝汤也是如此，肉很少，汤可以续。这就注定羊肉汤是以喝汤为主。店家把大块的羊肉甚至羊骨放在锅中煮熟，汤熬好后，越煮越浓，食客可以随时取用，迅速喝上，减少了排队等候的时间，普通百姓吃完就走。

元代刘一清的《钱塘遗事》卷十记载，当时羊羹与饼店相伴而生，一般人吃"天花饼二枚（只是素饼），羊肉饭一盂（并羊羹饭，内有荡粉，皆三品饼）"，这与现在的洛阳羊肉汤店与饼店并立的情形大致一致。

现在洛阳一般是在早上喝羊肉汤，但在老洛阳话里见面就问"你喝汤了吗"，却是指"吃晚饭了吗"。喝汤本是以前洛阳晚上就餐的传统。经济条件好的喝肉汤，条件不好的喝菜汤。菜汤里加上面条就是面汤，有时面汤不那么稀就做成浆面条。明清的洛阳降格为府县，百姓贫困，就生发出很多地方小吃。

羊羹是贵族的吃法，烩羊肉、羊肉烩面是改良的做法，羊肉汤是最便利的吃法。历经二十个世纪在洛阳仍有流传，近三十年发展成洛阳特色了。牛肉汤、驴肉汤、豆腐汤、不翻汤有的是在古代单羹、和羹、菜羹的基础上发展而来的，有的是近些年才出现的美食。

余 论

　　元代之后的洛阳，湮没于普通城市之中。

　　地缘政治的变化，使北方游牧文明与南方农耕文明不断在冲突中融合。北宋之前，黄河流域是北方游牧文明和南方农耕文明的交汇区。它们之间的冲突主要在黄河中下游进行，洛阳、长安、开封成为那时候农耕文明最辉煌的地区，农耕文明也铸造了这些都城的繁华。

　　北宋时，西夏兵锋直抵长安。关中成为国家的西北防线，现在的陕西南至重庆，北到内蒙，南北很长而东西很短，正是防备西夏、防御西北而形成的地理区划。长安自然不能作为都城。汴梁占有交通运输的便利，但缺少洛阳的天然屏障。

　　宋初也有过立都洛阳还是汴梁之争。李焘在《续资治通鉴长编》中记载：赵匡胤更熟悉故乡洛阳的风土人情，希望能迁都洛阳，至少那里有山川可依。李符则认为宋可以行周政，不需要依靠地理形势来建都城。汴梁经过后梁、后晋、后汉、后周的营建，已经形成都城设置，中原百姓习惯了定都于此。

　　赵匡胤意识到，相对于洛阳而言，开封只有交通的便利，没有山川的拱卫。相对于长安来说，洛阳的优势不足，但长安当时是西北的国防前线。一比较，洛阳只是稍好于汴梁。赵匡胤当时最为重要的考量是统一全国，最终决定利用交通便利，立都汴梁。

他也意识到，汴梁只有黄河一道屏障，无险可守，将来会成为都城防卫最大的隐患。交通便利会使皇帝、重臣不知满足，横征暴敛。果不其然，宋徽宗的"花石纲"使南方的百姓苦不堪言。汴梁无险可守，只能对北方的辽、金采取守势。北方的宿敌辽、金可以直抵黄河岸边，宋人议论未定，兵已渡河，直逼淮河、长江北岸。

东晋和南朝、南宋和南明，大量洛阳人往南迁徙，从信阳、南阳迁到江西、江浙，再到福建、广东，成为绵延不绝的客家人。这些迁徙，促进了江淮、华南的开发，客家人成为南方开发的重要力量。

元朝的洛阳为河南府府治，在瀍河西岸的周王城，只领司一、县八、州一，只有户九千五百二，人口六万五千七百五十一。现在的巩义、登封在其中，那时不设嵩县、栾川。

到了明朝，设嵩县、卢氏归其管辖，洛阳只是河南一个普通的州府。洪武二十四年（1391年）曾在洛阳设置伊王府，嘉靖四十三年（1564年）废置。万历二十九年（1601年）十月重设福王府。后来，李自成便是沿着当时永宁的山区一路攻打，占领了洛阳。

清朝的洛阳是河南府的府治，下辖十三县。顺治九年（1652年），敕封忠义神武关圣大帝。雍正三年（1725年），增春、秋二祭。在洛阳、解州的关羽后裔并授五经博士，世袭承祀，从此洛阳有春、秋祭祀关羽的盛典。其仪式为："前殿大臣承祭，后殿以太常长官。届日质明，大臣朝服入庙左门，升阶就拜位，上香，行三跪九拜礼。三献，不饮福、受胙。"[1]后来，二程、邵雍都得到增封。

民国时期，吴佩孚驻洛阳，设"西工"练兵，位于现在洛阳

---

[1]〔清〕赵尔巽等撰：《清史稿》卷八十四《礼三·关帝圣君》，北京：中华书局，1977年，第2541页。

西工区一带。1932年九一八事变后，南京国民政府迁都洛阳，洛阳再次成为首都。由于洛阳残破，不足承担首都的功能，加之政府工作人员多为南方人，政府不到一年旋即迁回南京，却为洛阳留下了上海"燕菜"的吃法。

1949年之后，洛阳再次繁荣起来。现在洛阳已经拓展到了洛河以南地区，形成了南达龙门，北抵黄河，东括偃师，西连宜阳的地级城市。经过元明清的没落后，洛阳城市人口和城市面积超越了最为繁华的唐宋，人称"十三朝古都"，其中还未包括宣布迁到洛阳的国民政府。

现在洛阳很多传说都与武则天有关，并在洛阳复建了明堂景区。其实，历史上有106位皇帝在洛阳称帝，至少有十三个朝代宣布在此定都。都城聚集了大量的文人墨客，遗迹留在洛阳的山山水水中。我们可以踏幽访古，寻访邙山的帝陵和万安山的古墓，可以踏访青要山、王屋山、云梦山、女几山、九皋山、老君山、永宁寺、净土寺、灵山寺等，去看看那些灵山秀水如何孕育历史传奇，造就洛阳的风流。

洛阳不只有龙门、白马寺、明堂、老君山和洛邑古城，还有数不清的古刹、古庙和古墓"养在深闺人未识"，等待我们去关注、去发掘、去思考。只有从中看出历史精神和文化气质，将洛阳的底蕴发挥到极致，才对得起洛阳曾经有过的辉煌创造。

现在的洛阳人责无旁贷。

曾经的洛阳人也义不容辞。

参考文献

《十三经注疏》，中华书局，1980年影印本。

《二十四史》，中华书局，1959年至1978年版。

《二十五史补编》，中华书局，1956年版。

〔春秋〕左丘明撰，〔三国·吴〕韦昭注：《国语》，上海古籍出版社，1978年版。

〔西汉〕贾谊撰，阎振益、钟夏校注：《新书校注》，中华书局，2000年版。

〔西汉〕刘向辑：《战国策》，上海古籍出版社，1985年版。

〔西汉〕刘向撰，向宗鲁校正：《说苑校正》，中华书局，1987年版。

〔西汉〕刘向撰，石光瑛校释：《新序校释》，中华书局，2001年版。

〔东汉〕许慎撰，〔清〕段玉裁注：《说文解字注》，上海古籍出版社，1981年版。

〔东汉〕刘珍等撰，吴树平校注：《东观汉记校注》，中华书局，2008年版。

〔南朝宋〕刘义庆撰，〔梁〕刘孝标注，徐震堮校笺：《世说新语校笺》，中华书局，1984年版。

〔南朝梁〕萧统编，〔唐〕李善注：《文选》，中华书局，1977年版。

〔唐〕欧阳询撰，汪绍楹点校：《艺文类聚》，上海古籍出版社，1982年版。

〔唐〕杜佑撰，王文锦等点校：《通典》，中华书局，1984年版。

〔唐〕李林甫等撰：《唐六典》，中华书局，1992年版。

〔北宋〕王溥撰：《唐会要》，中华书局，1955年版。

〔北宋〕李昉等撰：《太平御览》，中华书局，1960年版。

〔北宋〕司马光撰，〔元〕胡三省音注：《资治通鉴》，中华书局，1956年版。

〔北宋〕郭茂倩编：《乐府诗集》，中华书局，1979年版。

〔南宋〕郑樵撰，王树民点校：《通志二十略》，中华书局，1995年版。

〔南宋〕李焘撰：《续资治通鉴长编》，中华书局，2004年版。

〔南宋〕黎靖德编，王星贤点校：《朱子语类》，中华书局，1986年版。

〔元〕马端临撰：《文献通考》，中华书局，1986年版。

〔明〕黄宗羲撰，〔清〕全祖望补修，陈金生、梁运华点校：《宋元学案》，中华书局，1986年版。

〔明〕黄宗羲著，沈芝盈点校：《明儒学案》，中华书局，2008年版。

〔明〕顾炎武撰，〔清〕黄汝成集释，栾保群、吕宗力点校：《日知录集释》，上海古籍出版社，2014年版。

〔明〕王夫之撰，舒士彦点校：《读通鉴论》，中华书局，1975年版。

〔清〕顾祖禹撰，施和金、贺次君点校：《读史方舆纪要》，中华书局，2005年版。

〔清〕严可均辑：《全上古三代秦汉三国六朝文》，商务印书馆，1999年版。

〔清〕毕沅撰：《续资治通鉴》，中华书局，1957年版。

黄怀信等辑校：《逸周书汇校集注》，上海古籍出版社，2007年版。

逯钦立辑校：《先秦汉魏晋南北朝诗》，中华书局，1983年版。

中国社会科学院考古研究所编：《中国考古学·夏商卷》，中国社会科学出版社，2003年版。

中国社会科学院考古研究所编：《中国考古学·两周卷》，中国社会科学出版社，2004年版。

杨作龙、毛阳光主编：《洛阳考古集成·原始社会卷》，北京图书馆出版社，2006年版。

杨作龙、韩石萍主编：《洛阳考古集成·夏商周卷》，北京图书馆出版社，2005年版。

杨作龙、毛阳光主编：《洛阳考古集成·秦汉魏晋南北朝卷》，北京图书馆出版社，2007年版。

中国社会科学院考古研究所编：《汉魏洛阳故城南郊礼制建筑遗址：1962—1992年考古发掘报告》，中国社会科学出版社，2010年版。

陈燕妮著：《居住的诗篇：论唐诗中的洛阳城市建筑景观》，人民出版社，2011年版。

陈义初主编：《二程与宋学：首届宋学暨程颢程颐国际学术研讨会论文集》，华东师范大学出版社，2013年版。

段宇京著：《泱泱帝都：北魏洛阳》，河南人民出版社，2014年版。

冯建主编：《宝藏里的历史·洛阳》，大象出版社，2014年版。

许宏著：《何以中国：公元前2000年的中原图景》，生活·读书·新知三联书店，2014年版。

韩建业著：《早期中国：中国文化圈的形成与发展》，上海古籍出版社，2015年版。

洛龙区档案史志局编：《洛阳战争史话》，中州古籍出版社，

2016年版。

徐金星等著：《天下洛阳》，大象出版社，2016年版。

刘彦卿著：《天下洛阳：洛阳城外的洛阳往事》，中国炎黄文化出版社，2016年版。

王鲁民著：《营国：东汉以前华夏聚落景观规制与秩序》，河南大学出版社，2017年版。

聂晓雨、桑永夫主编：《一城阅千年：汉魏洛阳故城与汉魏王朝》，中州古籍出版社，2017年版。

吴涛著：《汉代洛阳研究》，科学出版社，2017年版。

杨炳旭主编：《千年帝都洛阳》，河南科学技术出版社，2018年版。

张占仓主编：《洛阳学研究》，经济管理出版社，2018年版。

程刚主编：《洛阳老君山文化志》，清华大学出版社，2018年版。

苏秉琦著：《中国文明起源新探》，生活·读书·新知三联书店，2019年版。

王静著：《北魏洛阳城南的居民与居住环境》，社会科学文献出版社，2019年版。

王治涛著：《帝都余韵：北宋以后的洛阳》，郑州大学出版社，2019年版。

吴业恒、史家珍著：《考古洛阳》，科学出版社，2019年版。

刘余力著：《西周成周研究》，文物出版社，2020年版。

徐金星、王建国主编：《三杜与洛阳》，上海交通大学出版社，2020年版。

黄婕著：《华夏之心：中日文化视域中的洛阳》，科学文献出版社，2020年版。

齐岸青著：《河洛古国》，大象出版社，2021年版。

徐宏著：《最早的中国：二里头文明的崛起》，生活·读书·新知三联书店，2021年版。

高兵兵著：《长安月 洛阳花：日本古代文学中的中国都城景观》，西北大学出版社，2021年版。

李伯谦著：《从古国到王国：中国早期文明历程散论》，上海古籍出版社，2021年版。

李峰著：《早期中国社会与文化史》，生活·读书·新知三联书店，2022年版。

尧晓军、赵鸣著：《北宋洛阳城园林》，中国建筑工业出版社，2022年版。

黄婕著：《洛阳传·京洛风华意无限》，外文出版社，2022年版。

于春斌著：《河洛访古记》，上海交通大学出版社，2022年版。

王贵祥著：《古都洛阳》，清华大学出版社，2021年版。

马明谦著：《唐诗洛阳记：千年古都的文学史话》，浙江人民出版社，2022年版。

马明谦著：《唐诗里的洛阳》，浙江人民出版社，2022年版。

后　记

二十五岁之前，我住在洛阳。

印象最深的是，小学窗台是用墓碑做成的，我们小时候一边听老师讲课一边用铅笔临摹上面的碑文。我还经常听洛阳曲剧《寇准背靴》《陈三两》《卷席筒》《风雪配》的唱段。现在眼前有时还会浮现出那些碑文的字体，耳边响起特有的唱腔。

后来到洛河边乘凉，在伊河里游泳。年轻时，我常常骑着自行车沿着那时候的龙门大道欣赏粗大挺拔的白杨树，听人讲程门立雪、千唐志斋、北邙帝陵的典故，还曾到汝阳去看高平陵、伊川看范仲淹、邵雍、二程墓，回来翻书去查"高平陵之变"，阅读《伊川击壤集》，背会了范仲淹的很多诗词。

在洛宁看了闯王坡的古树，让我连续三周读完了《李自成》。又到宜阳三乡和花果山，回来后读了《李长吉歌诗编年笺注》，还读了张耒的作品。后来为李贺故园写碑文，又看了刘因在三乡写的《论诗三十首》。

当时在洛河边背诵《洛神赋》的情景，仍历历在目。回来的路上雨水打湿了衣裳，我把图书馆借来的书放在衣服里，匆匆往学校跑。每次到金谷园换乘2路电车，就会想起石崇的金谷雅集。

考上研究生后，我就离开了洛阳。中间偶尔回去，也是行色匆匆。2020年给伊川县做文旅融合规划时，我写了几篇关于伊川的历史故事，其中有欧阳修对伊川山水的感慨，有范仲淹"不以物喜，不以己悲"的情怀，还有李白《将进酒》中的岑夫子和丹丘生。这些文章先后在《光明日报》《文史知识》《洛阳日报》刊发。当时计划的还有伊川之叹、杜康造酒、西王母传说等，后来忙于求田问舍之类的俗事，就放下了。

这段时间，我多次回洛阳。有时候和朋友一起去孟津、偃师看看，再到洛宁、宜阳、栾川走走。我留意观察洛阳的地理形势，想到了缑氏为何有那么多的神仙，看到了唐僧庙和太学遗址，再次目睹曾经穿流了至少八千年的洛河；到了青年时曾经魂牵梦萦的洛阳师范学院，看到了曾到此自习的图书馆；还到西苑路的河南科技大学旧址，回忆当年在此考研的情形。

洛阳是一座曾经繁华的城市。玄学、理学两次哲学的突破都发生在这里，不是偶然的。我曾经在西北某地工作过九年，知道那里也同样繁华，更知道古都为何衰落。所有的都城都是人的聚集，当年的精英离开了，这座城市注定会衰落。

洛阳也是如此。天下大乱时迁走的都是贵族，天下安定时迁来的多是百姓。创造魏晋风流的洛阳人走了，创造唐宋繁荣的洛阳人四散了。只留下无数的古墓和残破的洛阳城。元明之际，有了山西洪洞的移民；修建陇海铁路，有了豫东的民工；开发涧西，有了上海的支援。

洛阳是天下之中，是逐鹿中原的战场，是你来我往之地，有很多天然的优势，自然也有历史的局限。现在回过头再看洛阳，我们看到的是有形的遗址，看到的是遗址背后的历史进程，看到的是洛阳为什么创造了璀璨的文明，文明为何走出洛阳，走向全国。

洛阳是中国人家喻户晓的名词，有很多写洛阳的书，历数家珍地说洛阳有什么。有些是都城必然会有的墓葬和遗址，有些是历史必定会发生的大战。我主要思考洛阳的为什么，为什么中华文明在洛阳创造，洛阳为什么成为"十三朝古都"；讨论洛阳创造了中华文明，为什么中华文明选择了洛阳。

我循着这条线索思考，不着重写都城遗址、寺庙建筑、历史制度和文化掌故，而是从第一手资料入手，看看洛阳的文明进程，以及中华文明进程中的洛阳，正本清源地说清楚洛阳的过去和现在。

感谢很多朋友的关心，在初稿出来之后，我让他们提意见，张献文、于涌、张甲子、彭鹏、陈舒婧都提出很好的意见和订正。也感谢杨艳丽编辑的鼓励，使我读了很多关于洛阳的文献，也读了很多写洛阳的书，并有兴致继续写出别样的洛阳，期待更多的朋友关注洛阳的发展。

2024年春节于广州